首都流通业研究基地项目
JD—2014—YB—15

洪涛 著

商品交易市场通论

The General Theory of Commodity Trading Markets

图书在版编目（CIP）数据

商品交易市场通论/洪涛著.—北京：经济管理出版社，2014.8
ISBN 978-7-5096-3267-3

Ⅰ.①商… Ⅱ.①洪… Ⅲ.①国内市场—商品市场—研究—中国 Ⅳ.①F723.8

中国版本图书馆CIP数据核字（2014）第171480号

组稿编辑：张永美
责任编辑：张永美
责任印制：黄章平
责任校对：超　凡

出版发行：经济管理出版社
　　　　　（北京市海淀区北蜂窝8号中雅大厦A座11层　100038）
网　　址：www.E-mp.com.cn
电　　话：(010) 51915602
印　　刷：三河市延风印装厂
经　　销：新华书店
开　　本：720mm×1000mm/16
印　　张：17.75
字　　数：348千字
版　　次：2014年8月第1版　2014年8月第1次印刷
书　　号：ISBN 978-7-5096-3267-3
定　　价：49.00元

·版权所有　翻印必究·
凡购本社图书，如有印装错误，由本社读者服务部负责调换。
联系地址：北京阜外月坛北小街2号
电话：(010) 68022974　邮编：100836

目 录

引 子 ·· 001

第一章 批发交易与零售交易 ·· 003
 第一节 批发交易的概念 ·· 003
 第二节 批发交易与零售交易的区别 ································ 005
 第三节 利丰集团模式及其借鉴 ······································ 008

第二章 中国商品交易市场发展的轨迹 ······························· 017
 第一节 商品交易市场及其概念 ······································ 017
 第二节 我国商品交易市场发展的轨迹 ····························· 018

第三章 中国商品交易市场的现状及其特点 ························· 025
 第一节 我国商品交易市场总体发展态势 ·························· 025
 第二节 我国商品交易市场的结构特点 ····························· 027
 第三节 我国商品交易市场的地区发展分布 ······················· 030
 第四节 我国商品交易市场模式概览 ································ 031

第四章 中国商品交易市场的功能与竞争力 ························· 037
 第一节 我国商品交易市场的功能 ··································· 037
 第二节 商品交易市场的核心竞争力 ································ 042
 第三节 品牌交易市场 ··· 044

第五章 中国商品交易市场发展中存在的问题 ······················ 047
 第一节 商品交易市场概念混淆 ······································ 047
 第二节 不重视商品交易市场及其运营规律 ······················· 048
 第三节 批发交易税负较高和交易方式单一 ······················· 050
 第四节 市场基础建设滞后,分布不均衡 ·························· 052

> 第五节　缺乏市场细分，管理滞后 ··· 053
> 第六节　市场发展无创新，功能没充分发挥 ································· 054
> 第七节　市场法制落后，缺乏统一协会 ····································· 055

第六章　关于中国商品交易市场的理论与观点 ································· 057
> 第一节　"短命论"与创新论 ··· 057
> 第二节　公益性理论与市场企业化经营理论 ································· 060
> 第三节　市场集群与市场联盟理论 ··· 065
> 第四节　商品交易市场的长尾理论 ··· 069
> 第五节　商品交易市场体系与模式理论 ····································· 073
> 第六节　商业同业损害与市场同业损害理论 ································· 078

第七章　中国商品交易市场的体系与模式 ····································· 081
> 第一节　中国特色的"金字塔型结构"市场体系 ····························· 081
> 第二节　物流商品交易市场 ··· 085
> 第三节　商流商品交易市场 ··· 086
> 第四节　电子商务交易市场 ··· 089
> 第五节　股份制商品交易市场 ··· 100
> 第六节　会员制交易所市场 ··· 103
> 第七节　连锁商品交易市场 ··· 106
> 第八节　拍卖商品交易市场 ··· 107
> 第九节　尾货市场模式 ··· 109
> 第十节　旧货市场、租赁市场及案例 ······································· 113
> 第十一节　市场服务中心的再转型 ··· 116

第八章　中国农产品交易市场 ··· 121
> 第一节　农产品交易市场的概念及发展阶段 ································· 121
> 第二节　农产品分销渠道及增值链创新 ····································· 123
> 第三节　农产品交易市场的科技创新 ······································· 126
> 第四节　借鉴国外农产品交易市场 ··· 131

第九章　中国日用工业品交易市场 ··· 137
> 第一节　日用工业品市场的概念及其发展 ··································· 137
> 第二节　案例：义乌小商品城 ··· 145
> 第三节　绍兴轻纺城案例 ··· 151

第四节　天意小商品市场案例 …………………………………… 155
　　第五节　涵江商贸批发中心——小商品批发"B2B"模式 ……… 157
　　第六节　永外城文化用品市场——国有企业改制成功的市场案例 … 160
　　第七节　天虹服装城——第三级市场、标杆市场案例 …………… 161

第十章　我国生产资料交易市场 ………………………………… 165
　　第一节　我国生产资料交易市场回顾 ……………………………… 165
　　第二节　我国生产资料交易市场展望 ……………………………… 178
　　第三节　我国生产资料批发市场的警示与启发 …………………… 179
　　第四节　我国大宗商品交易市场 …………………………………… 182

第十一章　商品交易市场的微观管理 …………………………… 187
　　第一节　建市 ………………………………………………………… 187
　　第二节　造市 ………………………………………………………… 192
　　第三节　用市 ………………………………………………………… 196
　　第四节　管市 ………………………………………………………… 197

第十二章　商品交易市场法律与宏观调控 ……………………… 205
　　第一节　商品交易市场法律体系与政策 …………………………… 205
　　第二节　商品交易市场的宏观调控 ………………………………… 209

第十三章　中国商品交易市场的发展趋势 ……………………… 217
　　第一节　商品交易市场大型化趋势 ………………………………… 217
　　第二节　商品交易市场专业化、特色化趋势 ……………………… 218
　　第三节　商品交易市场标准化趋势 ………………………………… 219
　　第四节　商品交易市场多功能化趋势 ……………………………… 220
　　第五节　商品交易市场现代化趋势 ………………………………… 221
　　第六节　商品交易市场外向型趋势 ………………………………… 222
　　第七节　商品交易市场法人主体化趋势 …………………………… 222
　　第八节　商品交易市场主导供应链及多渠道趋势 ………………… 223
　　第九节　商品交易市场严格准入制度及全面质量提升趋势 ……… 224

第十四章　商品交易市场专论 …………………………………… 227
　　第一节　我国建材市场的"多资本运营模式" …………………… 227
　　第二节　我国粮食交易市场体系创新 ……………………………… 242

第三节　北京市商品交易市场结构创新 ………………………………… 250
附件：关于进一步加强农产品市场体系建设的指导意见 ………………… 261
参考文献 …………………………………………………………………… 267

引 子

1975年7月，我作为知识青年上山下乡到湖北省天门市石河花垸知识青年队，任知青队长，管30多人的吃饭问题，当年我们向国家交了公粮、水费，卖了两头猪，算是对国家做贡献了吧。按理，知识青年第一年是免交公粮的，但是我们还是做了额外的贡献。为了改善生活，我们还将剩余的蔬菜挑到集市去卖，当时没有市场，天不亮我们就挑着蔬菜去赶集，在集市上，有一个人专门负责给我们称重量，收取手续费，这就是当时的"商品交易市场"，现在叫"集市"，过去将其称为"资本主义尾巴"！

一晃改革开放35年过去了，情况已经发生了翻天覆地的变化，全国出现了各种各样的商品交易市场，这也是我经常讲的35年改革开放最大的贡献——创造了8万多个各种类型的商品交易市场，初步形成了期货市场、大宗商品交易市场、批发市场、农村集贸市场、城市各种零售业态和菜市场等多层次市场体系，2013年商品交易市场交易额超过99254亿元，从业人员超过1亿人，承载着我国80%的农产品和60%的工业产品流通任务。商品交易市场在引导生产、引导消费、解决劳动力就业、活跃市场、满足消费等方面发挥了重要作用。

但是，我国商品交易市场在发展过程中存在许多问题，如布局结构不合理、结构趋同、运行不规范、交易方式陈旧、假冒伪劣商品、偷税漏税普遍、市场功能没有得到充分发挥、市场准入制度还没有建立起来、各类市场运行模式还有待进一步完善，需要提档升级、规范运行。

2001年我国加入世界贸易组织后，商品交易市场在交易创新、管理升级过程中进一步发挥作用，外国商品进入市场、出口商品在市场采购、国家储备商品在市场抛售和轮换、企业与企业之间的商品交换在市场实现等，各种商品交易量大幅增加，在新时期，商品交易市场的地位进一步提高，功能和作用得到进一步发挥。

近几年来，许多商品交易市场在调整中不断创新交易方式，规范市场管理与运作，取得了令人瞩目的成绩。但仍然存在许多问题，而这些问题不解决，必然阻碍商品交易市场的健康有序发展，有碍我国统一、开放、竞争、有序、安全的商品市场体系的建立和完善，我认为，规范的商品交易市场的发展和运作具有重要的现实意义和历史意义。

1986年11月，我的第一篇论文入选参加首届中青年流通经济理论讨论会，后来我一直从事贸易经济研究，1993年被评为高级经济师，1993年考入中国社会科学院研究生院攻读商业经济博士学位，其主攻方向就是市场理论。28年来，我的研究生涯也经历了社会对商品交易市场由不重视到重视的过程，商品交易市场的地位在逐步提高，作用越来越大。可以这么说，中国拥有世界上最多的商品交易市场，拥有世界上最大的钢材市场——上海物资中心有色金属交易市场年交易额超过2532.42亿元（2011年），拥有世界上最大的小商品交易市场——义乌小商品城，年交易额达到515.12亿元（2011年）；拥有全球最大的农产品批发市场——深圳农产品市场有限公司，截止到2012年，已经在北京、上海、青岛、南昌、寿光、合肥、西安、长沙、柳州、成都、惠州、昆明等国内21个省市自治区投资建设了蔬菜、水果、水产品、糖类等32家农产品批发市场，2012年总交易量达2400万吨，总交易额达1400多亿元，中国市场走出国门，在世界200多个国家中建设了中国商贸城。可以说，改革开放促进了中国商品交易市场的发展，中国的繁荣昌盛、可持续发展、对外开放离不开商品交易市场。

　　为此，我认真研究了我国商品交易市场的发展轨迹、现状和特点、宏观功能与微观功能、市场核心竞争力、13大问题与原因分析、各种不同理论与观点、商品交易市场体系与基本模式、各种不同的商品交易市场的类型、现代市场企业制度、商品交易市场的微观管理、商品交易市场法律与宏观调控，探究了21世纪中国商品交易市场的10大发展趋势等。

第一章 批发交易与零售交易

第一节 批发交易的概念

一、批发交易的概念

批发交易的含义。批发交易是指批发交易主体（含生产者）将商品批量转售给商业用户及其他业务用户，供其转卖、加工或使用的批量商品买卖方式。

二、批发交易的特点

与零售交易相比，批发交易经营活动具有以下特点：

（1）批量交易与批量作价。这是批发交易最显著的特点。批发交易一般要达到一定的交易规模才进行，通常有最低交易量的规定，即批发起点。零售交易没有此限制。因此，批发交易比零售交易平均每笔交易量大得多，原因是批发交易对象是各类用户，而不是广泛而分散的最终消费者。

一般来讲，批发交易的价格往往与交易量成反比。即批发交易量越大，批发成交价越低；批发交易量小，批发成交价相对较高。

（2）由于批发交易的对象是各类用户，尤其是商业用户（或再转售单位）和产业用户，他们购买商品的目的不是供终端消费者享用，而是供进一步转卖或加工所用。因此，通过批发交易后，商品还没有最终进入消费领域。

（3）批发交易的范围比较广。首先，批发交易的主体来源广泛。它有"商业用户"、"产业用户"与"业务用户"三类采购者；而零售交易只有最终消费者这一类购买者。其次，批发交易机构数量比较少，但服务覆盖范围大，而不像零售交易那样到处设立服务网点。最后，中小批发商多集中在区域性的中小城市，并以此为交易范围。大批发商多集中在全国性的大城市，并以全国为其交易范围。

（4）批发交易的双方购销关系易于稳定。这是因为批发交易的对象主要是专门的经营者和使用者，比较固定，变化较小；而零售交易的对象是消费者，消费者的购买行为随机性很大。因此，在批发交易中很容易使双方的关系固定下来。

（5）批发交易正朝着专业化方向发展。综观世界各国批发交易的现状及发展趋势，专业化发展方向日益明显。究其原因，主要在于随着社会商品的种类日益繁多，采购者的选择余地越来越大，为了适应和满足客户的需要，批发商必须备有充足的货源。所谓"充足的货源"主要是指产品线的长度要长，深度较深，即所经营产品品种、花色、品格、型号、款式等比较齐全，以利于采购者的任意挑选。

三、批发交易的功能

（1）集散商品。集散商品是批发交易的首要功能。商品从生产领域向消费领域转移的过程，本身就是从分散到集中、再从集中到分散的过程。由于生产部门一般是批量生产，所以品种单一，而零售部门往往经营品种多，每次交易量较少。批发交易先把分散在各地的生产企业的产品收购集中起来，然后经过编配分别批发给各个零售商。这样既满足了生产部门单一品种大批量生产（大批量是销售商品的需要），又满足了零售部门多品种、小批量购进，勤进、快销的需要。通过批发交易把生产商与零售商有机联系起来，从而疏通了商品流通渠道，缩短了商业流通过程。

（2）加工、整理、分拣、配送商品。进入流通领域的产品并不是都具备了马上进入零售或消费的外在或内在条件。批发商在进行批发交易前，往往需要对从生产部门采购来的商品进行挑选、分级、分装、改装、编配等活动，从而将品种齐全、数量适当的系列化商品及时提供给零售店铺，以提高流通效率。

（3）调节功能。商品生产与消费在时间和空间上存在不一致性，需要以批发环节为枢纽，根据消费的具体需求，通过商品的吞吐来缓解供求矛盾。批发商根据市场规模，考虑到购买力、市场特点、销售状况、货源因素等条件，对商品的储存做统筹安排，从而有利于支持生产，有利于支持零售商勤进快销，以加快商品流转。

（4）融通资金功能。预约—赊销：批发商进行批发交易时，以预购形式向生产部门购进商品，从而为生产部门提供再生产所需资金；也可以以赊销的方式向零售部门销售商品，从而使零售商不至于因资金短缺而不能正常进货。

（5）承担风险功能。批发商因集中了多品种、大批量的商品，而承担了商品损耗、变质、过时滞销、贷款拖欠、丢失、退换以及其他经营风险和商业风险。

第二节　批发交易与零售交易的区别

一、零售的定义

零售是指把商品和服务直接出售给最终消费者的销售活动。零售业除了销售商品之外，还包括餐饮、服务、旅游、酒店业，零售主要是指商品的小量销售、中转和销售。从事零售活动的基本单位和具体场所是商店，而商店依据销售形式不同又区分出不同的经营形态，即零售业态。零售业态，是指针对特定消费者的特定需要，按照一定的战略目标，有选择地运用商品经营结构、店铺位置、店铺规模、店铺形态、价格政策、销售方式、销售服务等经营手段，提供销售和服务的经营形态。

二、零售的特点

1. 现代零售业的社会性特点

（1）零售业活动过程的社会性。商业网点散布在社会的各个角落，是由各种经济形式和经营方式构成的，零售业职能在商品流通全过程的发挥，本身就具有社会性。

（2）零售业活动制约因素的社会性。商品流通的规模、结构、速度、形式和流通方向，要受到社会各种因素的制约，政治的、经济的、法律的等商业过程必须充分考虑到各种社会因素，协调与社会各方面的经济关系和经济联系。

（3）零售业活动成果的社会性。零售业活动直接关系着社会的生产和消费，其成果首先是社会性，为社会提供有用的产品、有效的供给，以保持社会生产和生活的正常进行。没有这种社会性，零售业就失去了存在的意义。

2. 现代零售业的动态性特点

现代零售业流通过程是商流、物流、信息流以及与之相适应的资金流、消费流的动态过程，包含着价值运动、使用价值实体运动、信息流运动、资金运动、消费需求运动，它们既遵循其特有的运动规律，又遵循其共同的市场运行规律，它们既相互联系又相互区别，在动态中运行和发展。

3. 现代零售业的复杂性特点

现代零售业活动的多样性决定了其复杂性。①交易对象的复杂性，其商品客体具有复杂多样性；②交易主体的复杂多样性；③交易行为的复杂多样性；④交易管理过程的复杂多样性；⑤衡量的标准也具有复杂多样性，即有经济效益标准,也有社会效益标准等。

4. 现代零售业管理的系统性特点

现代零售业是一项系统工程,表现为:①交换活动是一系列的流通过程;②相互制约因素较多;③国家对流通产业的宏观调控需要运用经济、法律、行政等多种调控手段。

三、零售的功能

1. 零售业竞争力已经成为提高国家竞争力的重要部分

国家竞争力是衡量一国投资环境和经济竞争力的主要指标。迈克尔·波特提出了国家竞争优势的四个决定性因素:第一,要素条件;第二,需求条件;第三,相关的产业支持;第四,企业的战略与竞争状况。按照波特的解释,国家竞争力的核心是产业竞争力。产业竞争力是经济竞争力的反映,离开了产业竞争力,国家经济竞争力就成了空中楼阁。零售业作为联系生产与消费的中枢产业,它对社会再生产的顺利进行具有不可替代的作用。零售业已经成为利润额增长最快的产业之一。因此,在提高产业竞争力的选择上,许多国家都把提高零售业的竞争力放在十分重要的地位。如日本通过20世纪60年代第一次流通革命和90年代第二次流通革命,解决了流通体系不适应大生产和大消费的问题,克服了日本泡沫经济崩溃后消费市场低迷的问题,大大提高了零售业的效能,促进了零售业竞争力的提高。许多国家经历了百货店、连锁店、超级市场网店、智能商店五次零售革命,使流通领域的竞争力快速提高,如美国的零售业已经成为本国最富竞争力的产业,沃尔玛21世纪以来多年居世界500强之首。

2. 零售业是一个未来增长潜力很大的产业

流通是经济增长的发动机,发达的工业需要发达的流通,21世纪是零售业的世纪,流通领域财富的增长成为经济增长的主要动力。特别是流通行业中的物流业,被称为当代经济的第三利润源泉,更加体现出流通未来美好的发展前景。正因为如此,流通领域已经成为投资的重要增长点。

从发达国家的现实看,现代零售业已经成为全世界财富聚集最快的行业。世界500强排名中流通企业占到10%,在美国50强排名中占到20%;在2001年的全球富豪排行榜上,前10位中有6位来自流通企业。发达国家的流通产值占国民生产总值的比重均超过12%,1991~1993年,英国的流通产业占国民生产总值的12.5%,日本为13.9%,韩国为12.8%,德国为13.9%,美国最高,达到16.7%,发达国家的流通产业已经成为经济增长的重要推动力。

3. 零售业对优化产业结构和增加就业具有重要作用

经济发展必然伴随着产业结构转换,产业转换能力是一国经济发展能力的主要决定性因素。产业结构转换的核心就是产业转型。在经济发展过程中,产业结构普遍呈现出从劳动密集型为主→资本密集型为主→技术、知识密集型为主的演进轨迹。具体来讲，表现为农业为主的产业结构→工业为主的产业结构→服务业支配的产业结构这样一个演进路径。工业化的过程就是产业不断创新的过程，改革开放以来，流通产业在经济发展、结构优化中的重要作用已逐渐被人们所认识。流通业的发展尤其是批发零售、连锁超市、专业市场的发展，带动了交通、邮电、金融、房地产、饮食服务业和其他第三产业的迅速发展，它对我国优化产业结构、促进经济发展起到了重要的作用。

　　根据配第·克拉克定理，在产业结构调整过程中，第一产业、第二产业原有的劳动力就会显得相对过剩，必然向第三产业转移。第三产业大多数属于劳动密集型产业，可以吸纳较多的劳动力；而且兴办第三产业，需要的资金相对较少，见效快，可以用较少的投资安排较多的劳动力就业。西方发达国家的流通产业对就业的贡献是很大的，发展最快的韩国为22.8%，平均就业贡献最大的是日本，基本维持在22%，是我国同期就业贡献的4.2倍。德国的流通产业对就业贡献相对而言较少，但也是我国同期就业贡献的2.74倍。从目前的情况看，我国流通产业的从业人员已达11000万人，就业贡献率在非农业产业中居第二位，占全社会总就业量的7%，是第三产业就业的主力军。因此，我国流通业也发挥着"就业机器"的职能。从动态来看，我国流通产业的就业贡献不断增加，由1980年的3.2%，增加到2003年的7%，20多年增加了两倍多。

　　4. 零售业是一个事关国家安全的产业

　　随着贸易自由化进程的加快，零售业已经全面对外开放。由于流通产业作为交换中介产业的特点，特别是在零售商与供应商的博弈中，具有垄断地位的零售商就可以运用自己的资金优势和市场优势，压低供应商的商品价格，迫使供应商成为商品供应链的一个附属链条，使供应商成为零售商的贴牌生产厂商，进而通过分销渠道控制一个国家的制造业，使大量的利润被具有垄断地位的零售商所占有。

　　因此，外资进入流通行业后，如果不加以控制和约束，就很可能在流通行业占据垄断地位，进而操纵一个国家的工业，使东道国的制造业成为跨国垄断分销商的打工仔，从而威胁东道国的产业发展，影响东道国的产业结构升级和转换。许多拉美国家在分销领域放开后，被跨国垄断分销商控制了国家的经济命脉，造成了这些国家产业发展畸形，产业竞争力微弱，国民经济发展滞后的局面，迄今难以扭转。因此，一些流通研究专家提出了"没有主权流通，就没有主权工业；没有主权工商业，就没有主权经济"。一家法国媒体对法国零售业曾做出过如下评论：谁控制了法国的零售业，谁就控制了法国经济，谁就拥有了法国。

四、批发交易与零售交易的关系

　　批发交易不同于零售交易，二者既相互区别，又相互联系，在实践中，同一经济组织在经营活动中采取批零兼营的方式,如批兼零,即批发兼零售,零兼批,即零售兼批发。批发交易与零售交易的关系见表1-1和图1-1。

表1-1 批发与零售的区别

环节	批发	零售
交易数量	大宗	少量
数量与价格的关系	反比	无
交易对象	商业用户、产业用户	最终消费者
商品停留领域	流通领域	消费领域
机构与范围	点少面广	点多面窄
购销关系	比较稳定	随机性很大
发展方向	专业化、细分化	综合化、多样化、特色化

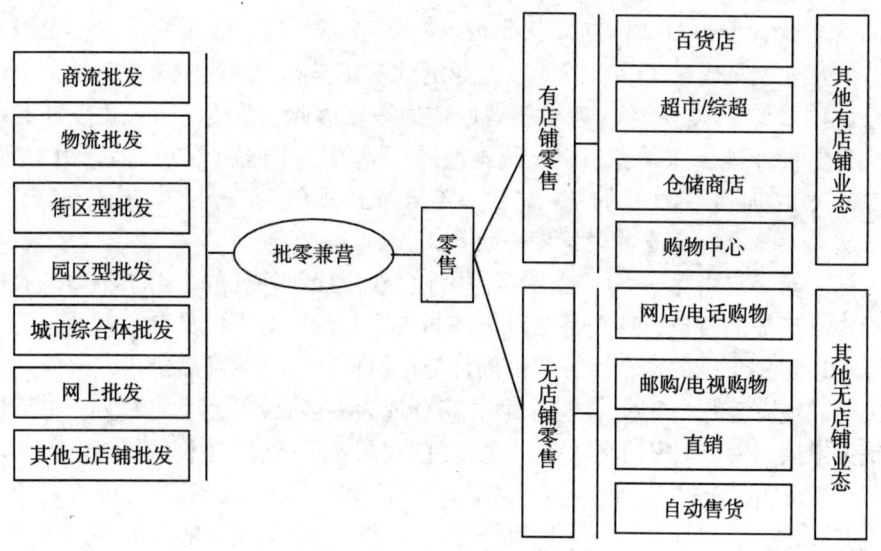

图1-1 批发与零售的联系

第三节 利丰集团模式及其借鉴

改革开放后,我国专业批发企业逐渐减少,大型的批发企业不多,较大型具有影响的有北京朝批有限公司、中国香港利丰集团等，特别是利丰集团[①]是我国大型批发交易企业的发展"标杆企业"，代表着现代大型批发企业的发展方向。

利丰集团是以香港为基地的跨国商贸集团，是世界上最大的消费品贸易公司，1906年于广州成立，目前总部设在中国香港，至今有108年的历史，利丰集团虽然占据了市场的很大一部分份额，但是它却被称为"没有一个工厂"。利丰在全球40个经济体系已建立260多个办事处及仓库，聘用员工超过43000名，拥有15000多家全球供应商，其营销网络遍布全球。但是，该集团没有一个工厂，被称在平的世界上竞争——建立一个在无边界世界上的企业——全球网络整合者，即在全球性网络体系中发挥着关键性的作用。

一、利丰的四大核心业务

（一）进出口贸易

利丰（贸易）有限公司（1937年上市）是全球最具规模的出口及采购集团之一，运用供应链管理的概念，提供高增值及高流量消费品的原料采购、制造及出口统筹服务；业务网络遍布全球40个地区。采购网络遍布全球，出口贸易产品主要包括服装、玩具、运动用品、手工艺品、服装辅料、家居用品、旅游用品、节日用品和家具等。其中，服装占68%，其他占32%。

（二）利和经销（批发）

利和经销在亚洲为业务伙伴提供全面的综合分销服务，三项核心业务包括制造、物流及市场营销。集团以物流为基础，把三项核心业务互相紧扣，成为一条完整的价值链，覆盖产品从原材料至消费者的整个过程。与超过300个跨国企业合作，很多都属于"财富500"。

（三）利丰零售

集团的零售业务包括上市公司利亚零售有限公司及其他私营业务：玩具"反"斗城，Branded Lifestyle及利邦集团有限公司，分店网点分布于中国大陆市场及新加坡、马来西亚、泰国、印度尼西亚、韩国及菲律宾。

（四）利丰物流

利丰集团在物流与供应链方面具有核心竞争力，其中有9个案例被哈佛大学收录，且在第四方物流、供应链的国际化运营方面具有较强的优势。

二、利丰集团的核心能力——供应链

（一）供应链管理进入哈佛大学的案例

供应链是围绕核心企业，通过对商流、物流、信息流、资金流的控制，从采

[①] 利丰集团现改名叫"冯氏集团"，利丰集团案例被美国哈佛大学引为经典案例。

购原材料开始,制成中间产品以及最终产品,最后由销售网络把产品送到消费者手中的将供应商、制造商、分销售、零售商、直到最终用户连成一个整体的功能网链结构。

利丰集团的供应链管理包括:①优化供应链;②将正确的产品在最低定价、在最短时间和正确的地点交付给终端用户;③供应链管理的好处:可以以最大值效率减少总成本。利丰(贸易)有限公司全面的供应链管理服务内容如图1-2和图1-3所示。

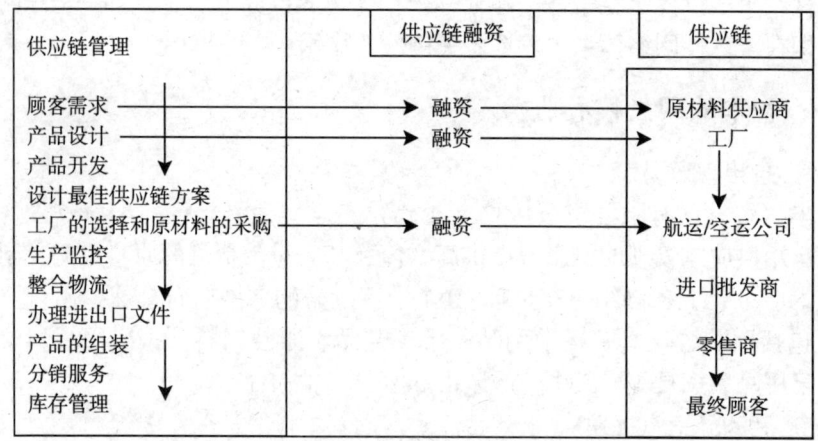

图1-2 利丰(贸易)有限公司供应链管理服务内容

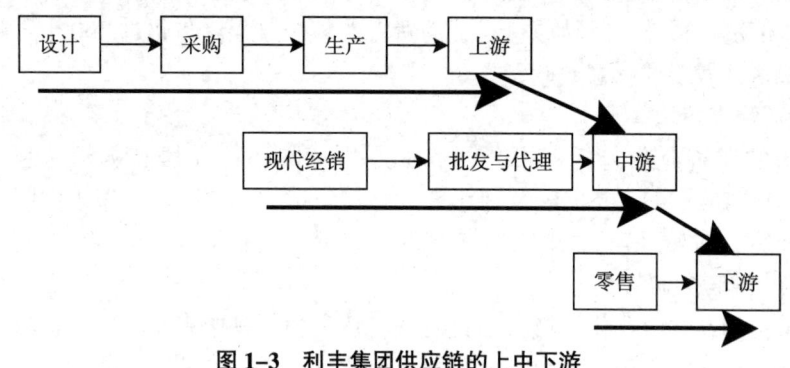

图1-3 利丰集团供应链的上中下游

(二)利丰供应链管理的七个概念

(1)以顾客为中心,以市场需求为原动力。以需求拉动供应的生产和流通模式,不但能快速地回应市场的变化,迅速满足消费者需求,而且可以减少因产品过季减价而带来的促销风险,有利于减少库存,促进企业资金流转,并增加企业利润,拉动供应的优势如图1-4所示。

第一章　批发交易与零售交易

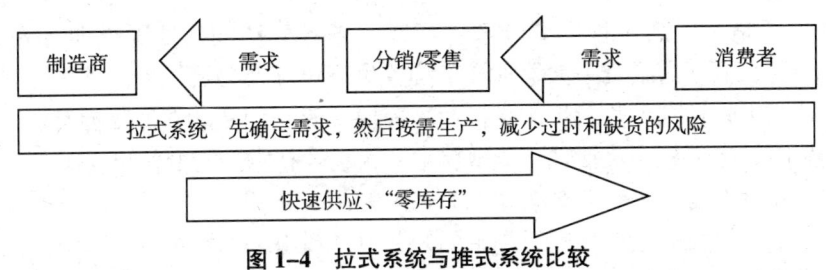

图1-4　拉式系统与推式系统比较

（2）强调企业应专注于核心业务，建立核心竞争力。在供应链上定位，将非核心业务外包，这样企业就能更有效地集中利用资源，强化主业，并通过企业间的合作增强业务的能力。

（3）各企业紧密合作，共担风险，共享利益。从原料供应商到最终用户，供应链上的企业除了追求自身利益外，还应追求供应链整体的竞争力和盈利能力，通过合作减少环节间的交易成本，提升供应链的整体效率。

（4）利用信息系统优化供应链的运作。使各环节更快速地获得相应的信息并处理信息，及时就最新的市场变化作出适当反应，从而使供应链做到即时反馈，以满足顾客需求。

（5）对商流、物流、信息流和资金流进行设计、执行、检查并不断改进，以顾客为中心，将各个流程有机地配合，提升整个供应链的整体效率。

（6）缩短产品完成时间，使生产贴近实时需求，使各环节的企业实现按需生产，回应瞬息万变的市场，以减少存货积压的风险。

（7）降低在采购、库存和运输环节上的成本。通过企业合作和流程整合使供应链更有效率，提升企业以及整条供应链的竞争力[①]。

（三）网络整合与供应链

1. 网络整合的三项功能

（1）设计及管理网络。在全球最健全的供货商中抽取最佳的供应链，还可以请网络指挥家创造、开发和扩展网络，从里面得出供应链。

（2）以授权来管控。与其用一套硬性的管控制度，还不如由网络指挥家糅合授权、培训及认证制度等技巧来管理一个网络。在供应链中每一分子都可以运作自己的企业。

（3）通过整合创造价值。运用网络内各公司的专长及特别资源创造新的价值。网络整合——分散生产网络整合，整合网络不单是采购材料及组合配件，它包括：①将供应链每项步骤分拆，把它们分配给位于不同地点的各家公司管理，这些分散了的工序，整合网络需要设计整条供应链、从网络中抽取合适的成员、

---

① 利丰研究中心.供应链管理：利丰集团的实践［M］.中国香港：三联书店有限公司，2003.

优化及管理整个生产过程。②分散生产或无疆界生产的好处等于拥有 8300 家"无烟工厂",而不需投资一大笔资金来购置生产设施及物流设备;动用合作伙伴的资产及能力来达到增长及生产目标而不需要拥有它们。③降低因拥有资产负担带来的风险;享有较高灵活性;能敏捷地对市场及技术的转变作出反应。

2. 十个导致全球一体化的因素(The 10 Flatteners)①

托马斯·弗里德曼在《世界是平的》书中提到 10 个导致全球一体化的因素,能够促进网络整合的推行。

(1)"冷战"结束后,市场经济体制的选择成为主流,最典型的事件是柏林围墙在 1989 年 11 月 9 日的倒塌。

(2)互联网的迅速发展,以书信和传真为基本方式的商业活动已变成用电子邮件和网络去处理一切通信往来,最典型的事件是 1995 年 8 月 9 日网景上市。

(3)网络技术的发展使网络活动由简单的浏览、电子邮件、实时讯息、传送照片、下载音乐,变成网络塑造、设计、创造、买卖、管理存货、报税等,最典型的事件是工作流(Workflow)软件出现。

(4)资源共享与全球化配置(Uploading)。多种工具如软件(Linux)、百科全书(Wikipedia)和网上字典都可免费取用,在 WIKIECNOMICS 里,将总结为开放、协同、共享、全球化。在数据搜寻方面有 Google、Yahoo、Baidu,每个人都可建立自己的数据库。但是,百度在中国战胜了外资企业。

(5)外包(Outsorcing)。外包是把公司本来在内部做的部分程序,像研发、电话客户、账务,让另外一家公司代劳,再把做完的工作重新合并,放回你的作业程序中。

(6)离岸生产(Offshoring)。离岸生产则是把企业原先设于本土的工厂整个搬到海外,产品和生产方式完全相同,只是人工成本更低廉,赋税更低,能源价格得到补贴,公司负担的员工医疗成本也更低。越来越多的公司把生产移到海外,再把产品纳入旗下的全球供应体系。

(7)供应链(Suppy-Chaining)。在供应链基础上实现一种水平式的合作,在供应商、零售商、顾客之间创造价值。

(8)内包(In-sourcing)。UPS、FedEx、Modern Logistics 等快递企业不只做快递,还为企业提供更高增值的物流服务。

(9)信息搜寻(In-forming)。In-forming 中间加一杠,让这个单词除了通知、供给资讯的原义,再多出内部建设的双关。它相当于个人层次的资源开放、外包、内包、供应链、岸外生产。有了它,个人就可以建立和部署于自己的资讯、知识、娱乐的供应链。

---

① 托马斯·弗里德曼. 世界是平的:一部二十一世纪简史[M]. 长沙:湖南科学技术出版社,2006.

(10) 轻科技"类固醇"(Steroid)。我们把一些新科技称为类固醇,因为它可以起到催化剂的作用。这些科技有各类合作,如外包、内包、供应链、离岸生产、开放资源、信息搜寻,以人们所说的"数字、行动、虚拟、个人"的方式进行,把世界更有效地连接为一个整体。

三、利丰贸易公司案例

1. 对整条供应链作全盘考虑

提升整体的价值、压缩整体成本;不应只着眼于对局部的优化;供应链与供应链之间的竞争。供应链管理过程中的软三元(The Soft $3),即生产领域的一元,流通过程的三元,成为增值链中的主要组成。

2. 指挥管理整个价值网

指挥整条供应链的运作,并确保每一个步骤均达到要求。

3. 创新的企业架构——以顾客为中心的组织设计

整个部门集中服务一个客户;更能专注地为顾客提供服务;为每个客户量身订造一条价值链。

4. 像大公司一样思考,像小公司一样行动

像创业家般的"小约翰·威廉斯";灵活的企业部门,有很大的自主权;兼有大公司在资金和行政等方面的支持。

5. 对供货商网络的良好管理

利丰在全球拥有全面覆盖的供货商网络;深入了解各个供货商的生产能力、特殊技能和业务习惯,根据各供货商的强项去分配订单;良好的商誉,互信的关系;供货商分担责任,协助供货商解决其采购及生产问题;占用供货商30%~70%的产能。

6. 轻资产运营模式

虚拟生产,不用花巨额资金投资在厂房上,而把资金用作扩大经营规模所需的营运资金;以最少的资源,做最多的生意;能更灵活地因应市场环境转变而调整经营策略;保持极低负债比率,几乎没有负债;利丰贸易公司的资产回报率(Return on Equity)2005年是38%;员工生产力是US$1 million营业额/员工。

7. 有效地运用信息科技

信息科技的应用能够缩短订单的完成时间、降低成本、增强灵活性;关键是拥有一套完善的管理机制,使信息流和物流、商流更畅顺,从而提升整体供应链的效率;"业务推动信息技术"(Business Drives IT)。

8. 制造一个"稳定"和"应变"相平衡的环境

在经营环境急速变化的年代,企业不仅要有能力应付转变,还要预备转变,不断再造企业。然而,企业在制定其目标和计划时,必须避免过分短视,要让计

划留有深化和实施贯彻的时间。利丰集团的三年计划：

（1）零起点（Zero-based）："累进式"vs"零起点"；从最低一层开始思考，"这个生意是否值得做下去"？

（2）定下三年之期（Fixed 3-year Plan）：参照中国的"5年计划"。第一年：计划和开展；第二年：落实计划；第三年：达到目标，并作检讨。

9. 并购及投资

利丰设立了一个投资基金及相关部门。风险投资不是为了直接回报，而是为了公司业务发展，填补公司的业务及能力的空白点。利丰的并购只有两个目的：获得新能力或新客户。

10. 注重"企业社会责任"（Corporate Social Responsibility）

企业在决策以至日常营运中，应把社会责任考虑在内，"利润最大化"不再是唯一目标。企业社会责任是指企业在其商业运作里对其持份者（Stakeholders）应负的责任。利丰的供应商守则（Supplier Code of Conduct）是：全球各地所有的利丰供货商都须遵从；保护劳工的权益。利丰的公司管治是：熟悉和遵守当地法则；强调透明度和资料披露；公正独立的财务报告；良好的投资者关系。

四、利和经销业务案例

案例1 利丰集团的全球供应链管理模式

一个庞大的、运作有效的全球性采购网络，有利于利丰各产品小组为特定的客户制定最优化的产品供应链，以最低成本向顾客提供最快捷的优质服务。

获得来自欧洲一个零售商的1万件成衣订单，这不仅仅是一项简单的采购业务，需要我们在韩国或印度尼西亚的分支机构直至韩国或印度尼西亚共同完成。可能的做法：

从韩国买纱并运往中国台湾进行纺织和染色。同时，由于日本的拉链和纽扣是最好的，而大部分是在中国内地生产，因此，我们会到日本的YKK（日本一家大型拉链厂商）在中国内地的工厂订购拉链，之后出于配额和工人状况考虑，我们认为在泰国生产是最好的，便把纱和拉链等运到泰国进行生产。又由于客户要求迅速交货，因此我们会分别在泰国的5家工厂下订单，这样，我们便能有效地为客户订造一条价值链，尽可能满足该客户的需求。

在收到订单5个星期后，1万件衣服就放在欧洲客户的货架上，它们看起来完全是在一家工厂里生产出来的。该产品的标签上可能会写上"泰国制造"。

案例2　利和经销综合分销服务

利和经销综合分销服务

利和营销　　利和物流　　利和制造

推广、销售、开单、回款　　华运、库存、运输　　制造、检测、包装

图1-5　利和价值链物流

（1）利和营销——精通亚洲各地市场的复杂细节，为数以百计的品牌分销消费品、药物、医疗器材及牙科用品。在亚洲八个国家拥有广阔的分销网络，分销产品包括个人护理、保健及美容、家居用品、食物及饮料、药物、医疗器材及牙科用品，擅长重点客户管理、品类管理、商品陈列及账务处理，利用先进的信息科技软件，为客户提供重要的数据，改善业务表现。

（2）利和物流——在泛亚区管理覆盖广阔的物流网络，确保货物流程畅顺无阻，并维持最高效率及最低成本。在亚洲7个国家设有40个处于战略性地点的物流设施，面积达30多万平方米，全部设施配备先进的Exceed 4000仓库管理系统，客户能通过互联网查阅实时库存量数据、送货情况及主要绩效指标，覆盖广阔的国内配送网络，在中国有逾15年的营运经验，优化地区性以至全球性由工厂至零售点的供应链。

（3）利和制造——在亚洲有超过40年的营运经验，曾生产数千种世界名牌的产品。在马来西亚、泰国及印度尼西亚设有世界一流的生产设备，符合危害分析及关键控制点（HACCP）及优良制造规范（GMP）等主要国际标准，所有工厂均取得ISO质量认证，制造产品包括家居及个人护理、保健及美容、食物及饮料、药物多种包装选择：压缩喷雾、保特瓶、利乐包装、管装等，具有附加价值的服务包括：实验室检测、产品注册及产品开发支持。

（4）利和全球性物流网络及服务——擅长根据供应及需求的转变来管理全球性的供应链，提供由生产商至配送中心或零售点之间的物流服务，挑选最优秀等级的物流服务供货商及汇集购买力,端面相接的信息网络以提高供应链的可视性和速度,虚拟全球性物流网络,不会受约束于任何特定的设施或服务供货商,革新的物流方案提高成本的竞争力及减少存货,利和物流国际致力于降低入口成本价及营运资本。

思考题：
1. 简述批发交易及其特点。
2. 简述批发交易的功能。
3. 简述零售交易及其特点。
4. 简述零售交易的功能。
5. 简述批发交易与零售交易的区别与联系。
6. 简述利丰集团的主要业务。
7. 简述利丰集团的供应链。
8. 简述"世界是平的"这一表述包含的主要因素。
9. 联系实际分析利丰集团案例。

第二章　中国商品交易市场发展的轨迹

第一节　商品交易市场及其概念

一、商品交易市场是一种交易组织

商品交易市场是一种具有快速聚散功能的市场基础交易组织，适用于大部分农副产品和工业品的批发和零售经营，交易市场包括农副产品、日用工业品、商品生产资料、再生资源回收市场，我国商品交易市场经历了由自发形成到自觉组织和管理的市场基础交易组织。商品交易市场本身一般只是一个组织管理和服务的组织，它不直接经营商品，而是为交易者提供交易场地、交易设施和各种交易配套服务系统，收取一定的管理费或服务费。

二、商品交易市场不同于零售业态

商品交易市场不是一种零售业态，它与零售业态不同，是一种提供商品交易（主要是批发交易，也包括某些零售交易）的组织形态，是经营商户、管理商户、服务商户的一种经营组织形态。因为我国商品交易市场大多数采取了批零兼营的方式，如有的以批发为主，兼营零售；有的以零售为主，兼营批发，只有少数纯粹的批发市场。所以，为了统一起见，笔者将其称为商品交易市场。

三、中国商品交易市场与西方发达国家市场的不同

商品交易市场一般分为中央批发市场（又叫中心批发市场）、区域性批发市场、地方批发市场以及大量的农村集贸市场、城市菜市场等多个层次，形成完整的商品交易市场体系——这是具有中国特色的商品市场体系，与西方发达国家相比具有不同的特点。

2007年9月，第25届世界批发市场联合会（WUWM）代表大会（25th Congress of the World Union of Wholesale Markets）在北京举行。商务部部长助理

黄海,世界批发市场联合会主席达诺·唐纳德、秘书长玛丽娅,全国城市农贸中心联合会(CAWA)会长兼秘书长马增俊等出席了会议。

北京秀水街市场(Beijing Silk Street Market)原来是临街自由市场,以外国人为主的批发与零售相结合的街区型市场,后来将其引进室内,变成室内市场,但是,还是称为北京秀水街市场(Beijing Silk Street Market)。在2008年奥运会期间,秀水街吸引了很多外国友人,在这里,他们欣赏了讨价还价的乐趣,以及批发兼零售的购物体验。

第二节 我国商品交易市场发展的轨迹

一、我国曾三次关闭农贸市场

我国商品市场体系发育是从农村集贸市场开始起步的,64年来我国商品市场经历了曲折的发展过程,1956年上半年、1958~1960年、1966~1978年大约有15年时间,国家曾三次关闭集贸市场,在此前后,即使是改革开放以来集贸市场被赋予其合法经济地位以后,我国集贸市场也有一个"时关时开到常年开放"的曲折发展过程。粮食、棉花等大宗品种市场更是时开时关,直到1998年粮改才确定常年开放集贸市场。

(1)计划经济时期,生产资料不是商品,实行统一调拨,只有商品的"外壳";大多数农产品由国营部门统一统购统销;日用工业品实行"三级批发"、"三固定","三级批发"即一级批发供应商、二级批发供应商、三级批发供应商,最后到零售商,不可越雷池半步;"三固定"是指固定的供应区域、固定的供应对象、固定的倒扣作价方式。

(2)改革开放以后,打破了上述传统的流通模式,集贸市场和批发市场应运而生。据统计,农村集贸市场从1961年的41437个减少到1976年的最低点,为29227个。在中共十一届三中全会以后,农村集贸市场数量开始增加,1979年为36767个,成交额为171亿元,绝大部分不成规模(当年城乡集市达38993个,成交额为183亿元)。

表2-1 我国城乡消费品市场发展简表

年份	市场数(个)	成交额(亿元)	城市市场数(个)	农村市场数(个)	城市市场交易额(亿元)	农村市场交易额(亿元)
1961	41437	137	—	41437	—	137
1962	38666	164	—	38666	—	164

续表

年份	市场数（个）	成交额（亿元）	城市市场数（个）	农村市场数（个）	城市市场交易额（亿元）	农村市场交易额（亿元）
1976	29227	102.0	—	29227	—	102.0
1979	38993	183.0	2226	36767	12.0	171.0
1980	40809	235.4	2919	37890	23.7	211.7
1985	61337	632.3	8013	53324	120.7	511.6
1986	67610	906.5	9701	57909	244.4	662.1
1987	69683	1157.0	10908	58775	347.1	810.8
1988	71359	1621.3	12181	59178	545.3	1076.0
1989	72130	1973.6	13111	59019	723.6	1250.0
1990	72579	2168.2	13106	59473	837.8	1330.4
1995	82892	11590.1	19892	63000	6176.4	5413.7
1996	85391	14694.9	20832	64559	7882.5	6812.4
1997	87105	17424.5	22352	64753	9468.8	7955.7
1998	89177	19835.5	24127	65050	11042.8	8792.7
1999	88576	21707.8	24983	63593	12325.7	9382.1
2000	88811	24279.6	26395	62416	13800.4	10479.2
2001	86454	24949.4	26699	59755	14319.7	10629.6
2002	82498	25975.7	26529	55969	15140.2	10835.6
2003	81017	26479.5	27006	54011	15447.5	11050.0
2004	71552	—	25404	46148	—	—
2005	69520	—	25905	43615	—	—

资料来源：根据中国统计局编《中国统计年鉴》以及中国工商行政管理局《中国工商行政管理年鉴》整理而成。

二、改革开放以来我国商品交易市场迅速发展

（一）改革开放以来我国商品交易市场得到迅速发展

自1978年改革开放以来，我国商品交易市场经历了七个发展阶段：

1. 第一阶段：1979~1984年

在这个时期，国家为集贸市场正名，并给予合法的地位，于是集贸市场得到了迅速的发展，城镇小商品批发市场也得以产生和发展，我国汉正街小商品市场（1979年）和义乌小商品市场（1982年）也在这个时期出现了。

2. 第二阶段：1984~1992年

20世纪80年代中期，随着我国取消一些农副产品的统购和派购，我国农产品批发市场开始起步，1984年全国六届人大二次会议明确提出"广泛设置农产品批发市场"，同年我国第一家产区蔬菜批发市场——山东寿光蔬菜批发市场成

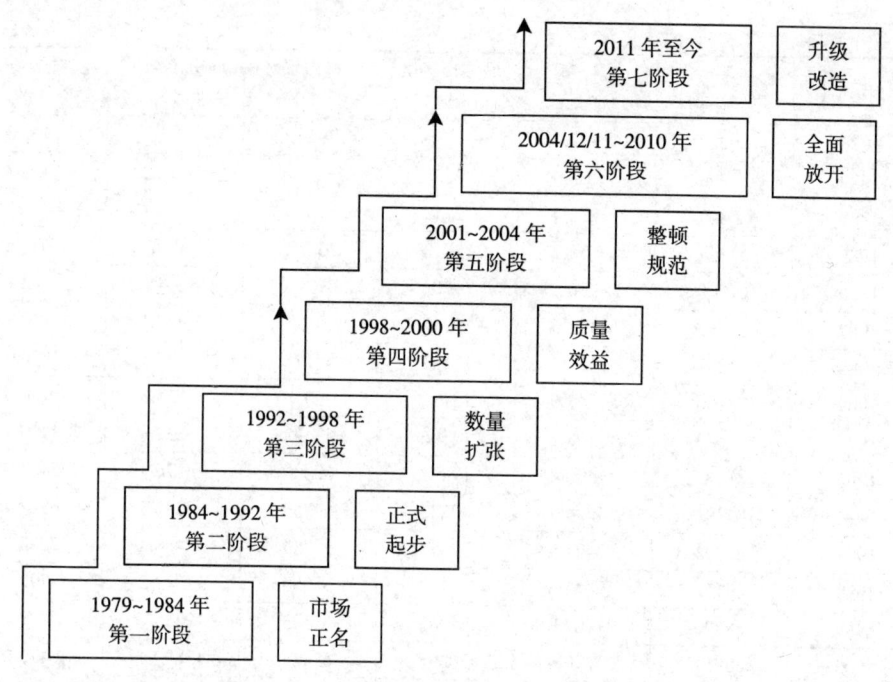

图 2-1　我国商品交易市场的 7 个发展阶段

立。1985 年进入大发展的时期，形成"贸易中心热"，1986 年对贸易中心进行清理整顿。1990 年中国郑州粮食批发市场成立，这不仅在国内有较大的影响，而且在国外也有较大的影响，被视为中国市场经济的里程碑。

3. 第三阶段：1992~1998 年

这一时期是批发市场数量型扩张时期。1992 年邓小平"南方谈话"，以及 1993 年中共十四届三中全会的召开，确立了社会主义市场经济体制的目标。《关于建立社会主义市场经济体制若干问题的决议》指出："改革现有的商品流通体系，进一步发展商品市场，在重要的产地、销地或集散地，建立大宗农产品、工业消费品和生产资料的批发市场。"至此，培育市场体系成为经济体制改革的一个核心内容，我国批发市场进入了一个发展的新阶段，这一时期我国制定了《批发市场管理办法》、《全国商品市场规划纲要》①等法规。

4. 第四阶段：1998~2000 年

这个时期我国批发市场由数量型扩张转变为质量效益型发展。由于没有完整的批发市场资料，我们仅用商品市场（包括批发市场、集贸市场）数据作一个分

---

① 这两个文件都是部门规章，缺乏法律覆盖能力，加之原商业部撤销，法律规范力进一步减弱，可以说至今我国尚无一部批发市场的法律、法规。

析。据统计，1998年城乡商品市场总数达到历史最高89177个，其中农村商品市场达到最高65050个，于是国家开始调整商品市场结构，1999年比上年调减601个，1999~2001年，农村商品市场年连续三年调减，达5295个，但交易额仍然持续增加，城市商品市场仍然有所增加，比1998年增加了2572个，许多城市的"市场极点"作用得到发挥（详见表2-1）。截止到2000年底，全国城乡商品交易市场共有88811个，消费品成交额24279.6亿元，其中农副产品、工业消费品批发市场共7728个，成交额10518亿元。

5. 第五阶段：2001~2004年

从2001年开始，国务院决定进行"市场经济秩序整顿与规范"，并将集贸市场作为治理整顿的重点。其整顿的主要问题有：①假冒伪劣产品集散；②商贩偷税漏税；③藏污纳垢。

6. 第六阶段：2004年12月11日至2007年

自1992年以来，批发交易的对外开放也经历了四个阶段：

（1）1992~1999年，我国对外限制批发阶段，但是一些跨国公司进入中国后均采取既零售又批发，即批零兼营的方式，笔者将其称为在"灰色地带"的批发开放。

（2）1999年6月至2003年底，北京、上海、天津和重庆四个直辖市分别试点建立一家中外合资商业批发企业阶段。

（3）2003年底至2004年12月11日，我国对外开放批发市场领域。

（4）2004年12月11日后，中国商品交易市场进入全面开放时期，2005年外资批发企业数量明显增加。

按照世界贸易组织规则，2003年底中国开放批发经营后，2004年批准设立11家外资批发企业。2005年商务部批准入华的外商批发企业多达571家，形成外资进入的第一次浪潮。在这些外商批发企业中，303家为生产资料领域的外商批发企业，此外，钢铁、矿石、化工等领域也很热门。

7. 第七阶段：2007年至今

经过改革开放30多年的发展，到2007年我国初步建成社会主义市场经济，自此，我国进入完善社会主义市场经济时期，随之我国商品交易市场也进入以"升级和改造"为主要内容的完善和发展时期。以中共十八大为标志，我国进入"建成"小康社会的时期，2012年我国进出口总额增长6.2%，GDP增长主动调减为7.8%，商品交易市场也进入"结构调整、交易升级、管理创新、方式转变"的新时期。

（二）六个具有标志性的商品交易市场

1. 中国小商品城

中国小商品城是我国最早的批发交易市场，与武汉汉正街市场一样都是较早的小商品市场。2012年义乌小商品城成交额580.03亿元，同比增长12.6%，日均成交额约1.5亿元。自1991年以来连续22年居全国专业市场之首。2012年，面对复杂多变的国际经济形势，浙江省和义乌市相继出台了一系列推进义乌国际贸易综合改革试点健康快速发展的举措，从市场采购、电子商务和开拓新兴国家市场等方面积极促进义乌中国小商品城转型升级，并使其成交额再创新高。

2. 上海物贸中心有色金属交易市场

上海物贸中心有色金属交易市场正式注册于1992年，其交易服务功能可追溯至1990年4月上海物贸大厦建成并对外营业。自建成以来，该市场历经了不同的发展阶段，目前已经成为我国成交量最大的有色金属交易市场，2012年交易额达到2532.42亿元。从市场功能来说，依托上海物贸大厦商务宾馆，提供现货交易与代理、产品展示与推介、期货代理、进出口代理、仓单质押、仓储运输、信息服务、银行结算、产权交易、法律咨询及注册等项服务。从市场规模来说，拥有309套商务房，另辟2000余平方米的交易厅；已驻有200余家企业与机构，营销网络辐射国内有色金属主要生产与消费区域，78%的单位从事有色金属业务。

3. 北京新发地农产品批发市场

北京新发地农产品批发市场于1988年5月成立，当初只是一个占地15亩、管理人员15名、启动资金15万元，连围墙都是铁丝网的小型农贸市场。发展至今占地面积1520亩，总建筑面积近25万平方米，有管理人员1759名（其中保安员500多名），总资产10.6亿元。日均车流量约3万辆（次）、客流量6万多人（次）。农产品交易量占北京市的80%，进口水果占北京市的90%，日吞吐蔬菜1600万公斤、果品1600万公斤、生猪1600~1800头、羊2000只、牛150头、水产1200吨。2007年交易量为700万吨，总交易额200亿元；2008年交易量为780万吨，总交易额260亿元；2009年交易量为850万吨，总交易额300亿元；2011年交易量1200万吨，总交易额400亿元；2012年交易量1300万吨，总交易额440亿元；2013年总交易量1400万吨，总交易额520亿元。交易量、交易额连续12年居全国第一。

最近几年来，新发地农产品批发市场坚持"内升外扩"的发展战略，发展市场引导作用。该战略主要包括：①提高北京自给率，尤其是尽量提高北京农产品供应自给率；②提高可控率，即不是北京土地，但种出的蔬菜、水果能够保证供应北京；③提高调控率，近10年来，新发地市场先后通过各种方式在全国各地农产品主产区建立了500多万亩农产品供应基地，新发地在赤峰、大同、招远、武威、高碑店、襄阳、蒙城等13个地方建立了自己的产地批发市场，每逢冬季，新发地市场在海南、越南、缅甸种的几十亩西瓜能够确保首都的西瓜供应。

第二章　中国商品交易市场发展的轨迹

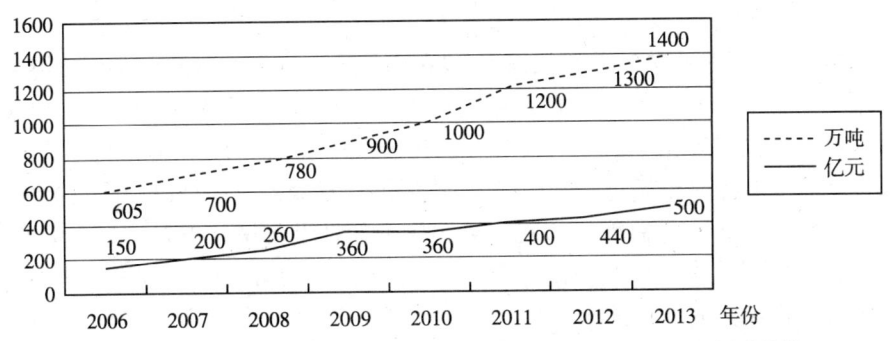

图2-2　2006~2013年北京新发地农产品批发市场交易量、交易额增长情况

4. 中国郑州粮食批发市场

经国务院批准郑州粮食批发市场于1990年10月12日成立，这是我国第一家规范化、全国性的粮食批发市场，是国家进行粮食宏观调控的工具和载体，2006年9月被国家粮食局确定为郑州国家粮食交易中心。郑州粮食批发市场自成立以来累计成交各种现货粮油4688万吨，成交金额近658亿元，位居全国粮食批发市场首位。

5. 中华粮网（市场）

中华粮网是由中国储备粮管理总公司控股，集粮食B2B交易服务、信息服务、价格发布、企业上网服务等功能于一体的粮食行业综合性专业门户网站，一直视促进传统粮食企事业单位提高信息化水平为己任，不断提供高质量的信息产品和高水平的技术手段，广泛传播电子商务理念，努力为我国粮食产业化调整及深化粮食流通体制改革做出积极的贡献，被誉为"利用现代信息技术改造传统行业、提升传统服务的成功典范"。

中华粮网自1995年成立至今，本着"为深化粮食流通体制改革服务，为粮食企业生产经营服务，为粮食流通市场化国际化服务"的宗旨，不断增强技术实力、扩充服务范围，实现了粮食信息传播和交易的电子化，大大降低了交易成本，提高了企业运营效率，为我国粮食行业改革及提高企业经营管理水平做出了贡献，取得了良好的经济和社会效益。

6. 深圳市农产品股份有限公司

深圳市农产品股份有限公司是我国第一家上市的农产品市场股份有限公司，以投资、开发、建设、经营和管理农产品批发市场为核心业务，是行业内最具规模的农产品批发市场连锁经营企业，国内农产品流通行业首家上市公司。经过25年的发展，公司成长为总资产100亿元、净资产40亿元的大型现代化农产品流通企业集团。

公司先后在深圳、南昌、上海、长沙、北京、成都、西安、柳州、合肥、惠州、昆明、沈阳、长春、南宁、银川、蚌埠、济南、广州、天津、九江、武汉21个大中城市投资经营管理了32家大型农产品综合批发市场和大宗农产品网上交易市场，初步形成了一个全国性农产品交易、物流及综合服务平台，成为国内经营管理农产品批发市场的第一品牌。2012年下属批发市场（含网上交易市场）农副产品年度总交易量超过2400万吨，年度总交易额超过1400亿元，约占全国规模以上批发市场交易总额的10%。公司旗下的批发市场每天有4万家批发商、4万辆车、20万人次进场交易，每天向城市居民餐桌供应近7万吨农产品，向2亿多消费者提供优质安全的农产品。

案例　2011年度我国商品交易市场概况

截止到2011年底，我国交易额在亿元以上的商品交易市场有5075个，比上年增长了2.7%，交易额超过8.2万亿元。其中，100亿元以上的超大型市场数量达到148个，比上年增加了13个。拥有市场数量最多的五个省区（浙江、江苏、山东、广东、湖南）的市场数量达到2543个，成交额为4.2万亿元，分别占亿元市场总数的50.1%和51.4%。

作为第一市场大省，浙江的市场数量位居第一。2011年，浙江省的市场数量为730个，第二名为江苏省，共有575个交易市场。市场数量增长最快的也是浙江，增速为6.6%。成交额增长最快的则是江苏，增速为19.2%。

就工业消费品类而言，义乌小商品市场成交额最高，它以515.12亿元的成交额居工业消费品综合市场的榜首。保定市白沟新城、石家庄市南三条小商品批发市场分别以457.38亿元、365.5亿元的成绩分获第二、三位。

在生产资料综合市场的排行榜上，永康的中国科技五金城以438.6亿元的成交额远远超过安庆市光彩大市场，位居榜首。

就商品交易市场100强来说，上海物贸有色金属交易市场以2532.42亿元的成交额位居第一，中国东方丝绸市场、中国常熟服装城分别以821.08亿元、800.58亿元的成绩分获第二、三位，义乌中国小商品城排在第六位。

思考题：
1. 简述商品交易市场的概念，为什么它不同于零售店？
2. 简述商品交易市场的发展轨迹。
3. 简述浙江商品交易市场的概况。

第三章　中国商品交易市场的现状及其特点

经过改革开放 35 年的培育和发展，我国商品交易市场规模不断扩大，商品集散功能日益增强，各地商品交易市场已经成为我国商品流通的重要集散地，在活跃商品流通、方便居民生活、扩大城乡就业、推动国民经济发展等方面发挥着积极的作用。随着城乡居民收入的大幅增加和消费能力的增强，消费品市场规模不断扩大，总体保持了平稳较快的增长势头。社会消费品零售总额由 2002 年的 4.8 万亿元增加到 2011 年的 21.03 万亿元，增长了 3.38 倍，消费品市场步入了快速发展期，2012 年、2013 年增速减缓，分别为 14.3%、13.1%，社会消费品零售总额分别达到 21.03 万亿元、23.78 万亿元。

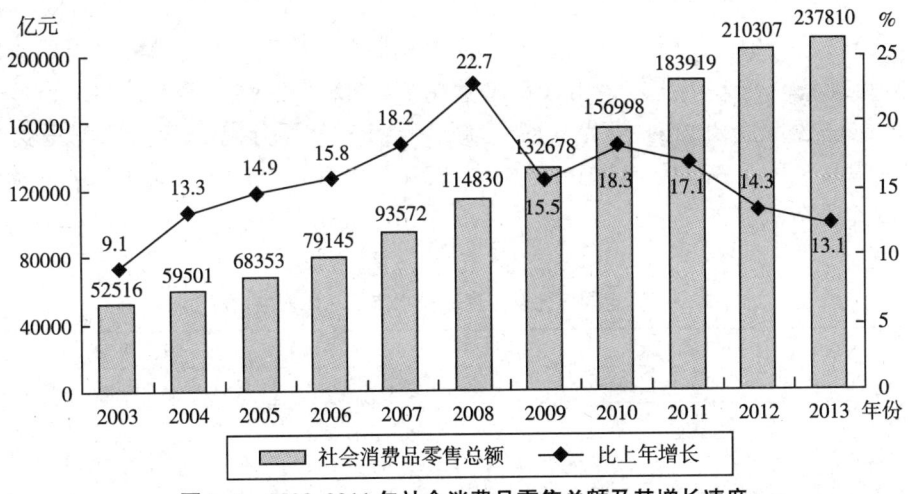

图 3-1　2003~2011 年社会消费品零售总额及其增长速度

第一节　我国商品交易市场总体发展态势

2012 年，全国亿元以上商品交易市场在总体发展上呈现出规模继续扩大的

态势,具体表现在以下三个方面:①

一、市场总体规模继续扩大

截至 2012 年底,分布在全国的亿元以上商品交易市场共计 5194 个,比上年增加 119 个,增长 2.3%;年末摊位数量为 349.4 万个,比上年增加 15.9 万个,增长 4.8%;年末营业面积为 27899.4 万平方米,比上年增加 1664.9 万平方米,增长 6.3%;全年亿元以上商品交易市场成交额达 93023.8 亿元,比上年增加 11006.5 亿元,增长 13.4%。

二、市场平均营业面积、成交额和摊位成交额增加

2012 年全国亿元以上商品交易市场在总规模扩大的基础上,平均市场规模也有所扩大。从单个市场营业面积看,平均市场营业面积为 53714.6 平方米,比上年增加了 2021 平方米;从单个市场年成交额看,平均市场年成交额达 17.9 亿元,比上年增加了 1.7 亿元;从单个摊位年成交额看,平均摊位年成交额达 266.2 万元,比上年增加了 20.3 万元。

三、市场增速有所减缓

2012 年全国亿元以上商品交易市场总规模继续保持扩大的趋势,但增速出现减缓现象。与上年比较,市场数增速由 5.4%降为 2.3%,减少了 3.1 个百分点;摊位数增速由 6.6%降为 4.8%,减少了 1.8 个百分点;营业面积增速由 6.9%降为 6.3%,减少了 0.6 个百分点;成交额增速由 25.4%降为 13.4%,减少了 12 个百分点。

表 3-1 全国亿元以上商品交易市场总体发展情况

指标	2011 年		2012 年	
	本年	比上年增长(%)	本年	比上年增长(%)
市场数(个)	5075	5.4	5194	2.3
摊位数(个)	3334787	6.6	3494122	4.8
营业面积(万平方米)	26234.5	6.9	27899.4	6.3
成交额(亿元)	82017.3	25.4	93023.8	13.4

---

① 中国统计局.中国商品交易市场年鉴 2013 [C].中国统计出版社,2013.

第二节 我国商品交易市场的结构特点

一、市场规模结构

从国家统计局编辑的《中国商品交易市场年鉴》表明，我国亿元以上商品交易市场发展呈现出以下结构特点：

（一）10亿元以上的市场有所增加，超大型市场快速发展

2007年，成交额在10亿元以上的商品交易市场共有855家，比上年增加了112家；合计成交额为34349.8亿元，增长22.4%；合计成交额占全国亿元以上商品交易市场成交额的比重比上年提高2.4个百分点。成交额在100亿元以上的超大型商品交易市场71家，比上年增加18家，实现成交额为13989.7亿元，增长39.3%；合计成交额占全国亿元以上商品交易市场成交额的比重比上年提高4.7个百分点。

（二）超大规模市场数量少，成交额比例高

2007年，在亿元以上商品交易市场中，10亿元以下的市场有3266家，其数量占全部亿元以上市场数的79.3%，但年成交额比重仅占全国市场成交额的22.1%。与其形成鲜明对比的是，100亿元以上的市场仅有71家，其数量占全部亿元以上市场数的1.7%，但年成交额却占全国市场成交额的31.7%。

2007年全国亿元以上商品交易市场规模结构情况详见表3-2；不同规模的市场数和成交额所占份额详见图3-2、图3-3。

2012年我国亿元以上的商品交易市场达到5194家，交易额达到93023.88亿元，2013年我国亿元以上商品交易市场达到5089家，交易额达到99254.36亿元。

表3-2 2012年全国亿元以上商品交易市场规模结构情况

分组	亿元市场个数（个）	比重（%）	年成交额（亿元）	比重（%）
合计	5194	100	93023.88	100
1亿~10亿元	7	0.1	15.5	0.02
10亿~100亿元	88	1.7	473.6	0.51
100亿~1000亿元	997	19.2	12482.7	13.42
1000亿~10000亿元	3818	73.5	57002.4	61.28
10000亿元以上	284	5.5	23049.5	24.78

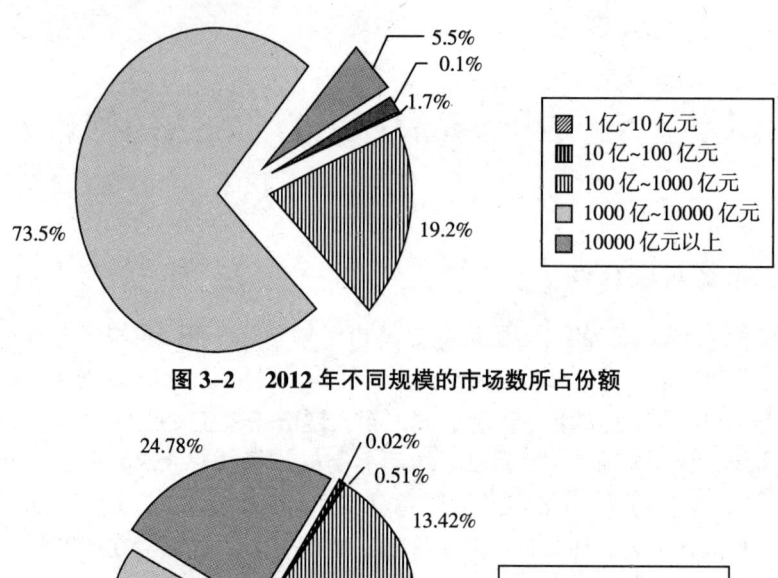

图 3-2　2012 年不同规模的市场数所占份额

图 3-3　2012 年不同市场规模成交额所占份额

二、市场行业结构

近几年来，随着商品交易市场规模的不断扩大，商品交易市场已从过去小商小贩的聚集地向大批发商、大代理商、大经销商的培育基地转变，批发类市场的比重快速提高，零售类市场的比重有所下降。2012 年，全国以批发为主的市场有 3031 个，零售为主的市场有 2163 个，分别比上年增长 4.3% 和 -0.3%；摊位数量分别增长 7.8% 和 -2.1%；年成交额分别增长 15.5% 和 2.0%。随着批发市场的发展壮大，全年各项主要指标中批发市场的份额均占到全部亿元市场的 58.4% 左右，其比重均比上年提高 1.2 个百分点以上。全国亿元以上商品交易市场行业情况详见表 3-3。

表 3-3　全国亿元以上商品交易市场行业情况

指标	2011 年			2012 年		
	合计	批发	零售	合计	批发	零售
市场数（个）	5075	2905	2170	5194	3031	2163
摊位数（个）	3659520	2400253	1259267	3819270	2587047	1232223

续表

指标	2011年			2012年		
	合计	批发	零售	合计	批发	零售
营业面积（万平方米）	26234.5	19984.6	6249.9	27899.4	21814.3	6085.1
成交额（亿元）	82017.3	69390.8	12626.5	93023.8	80141.8	12882.0

三、市场类别结构

按我国商品交易市场类别统计，2012年商品交易市场发展呈现出专业市场为主、综合市场为辅的格局。全国共有综合型商品交易市场1392个，专业型商品交易市场3802个，分别比上年增加了24家和95家；综合型商品交易市场年成交额18159.9亿元，专业型商品交易市场年成交额74863.9亿元，分别比上年增长12.8%和13.6%。

在综合型商品交易市场中，经营工业消费品的市场增加了16个，经营农业消费品的市场增加了13个，市场年成交额分别比上年增长18.8%和10.9%。

在专业型商品交易市场涵盖的23类市场中，市场数量增加超过10个以上的有服装市场、家具市场、建材装饰材料市场、机动车市场，分别增加18个、20个、19个和14个。年成交额增长在三成以上的市场有肉食禽蛋市场、农业生产资料市场、粮油市场、煤炭市场和金属材料市场。2012年全国亿元以上商品交易市场类别情况详见表3-4。

表3-4　2012年全国亿元以上商品交易市场类别情况

市场	市场数量（个）	摊位数（个）	营业面积（万平方米）	成交额（亿元）
全国	5194	3819270	27899.4	93023.8
综合市场	1392	1308776	6724.2	18159.9
专业市场	3802	2510494	21175.2	74863.9

四、商品分类结构

随着经济的快速发展和居民生活水平的不断提高，消费需求旺盛增长，在以汽车、住房、教育、旅游、通信为代表的新兴消费热点的强力拉动下，工农业生产提供给市场的商品品种、数量不断增多，质量档次明显提高，在极大满足居民多层次、多样化消费需求的同时，也推动了全国商品交易市场的快速发展。商品交易市场经营的商品品种、类别数量达到了新高，在一定程度上引领了市场发展的方向。

从所占份额看，2012年全国亿元以上商品交易市场成交额占比重较高的商品类别有：农产品市场年成交额为13713.6亿元，占14.7%；金属材料类市场商品成交额 23049.5 亿元，占 24.8%；服装、鞋帽、针纺织品类商品成交额 11898.8 亿元，占 12.8%；其他成交额超 1000 亿元以上的商品类还有建筑装潢材料类、化工材料及制品类、日用品类、五金和装饰材料类、汽车和摩托车及零配件类等。

从增长速度看，2012 年全国亿元以上商品交易市场总成交额比上年增长 13.4%，高于总成交额增速的商品类别有：食品饮料类增长 14.7%，金属材料类增长 26.6%，家具类增长 13.7%，装饰材料类增长 19.1%，音像制品及电子出版物类增长 25.97%。

以上商品类别的高增长主要源于近几年我国经济的快速发展和工业化、城市化进程的加快，从而带动了房地产、汽车等产业及相关消费品的高增长。另外，由于城乡居民购买力的增加，促使消费更加强劲，直接带动了亿元以上商品交易市场中吃、用、娱乐部分消费品成交额的快速增长。

第三节 我国商品交易市场的地区发展分布

商品交易市场的数量及规模与各地区经济社会的发展水平密切相关，亿元以上商品交易市场相对集中于经济较为发达的地区。以下我们从 2007 年和 2011~2012 年分别进行分析。

一、2007 年我国商品交易市场地区分布分析

从省、自治区、直辖市的分布看，年成交额居前三位的分别是江苏、浙江和上海，市场数量分别为 562 个、764 个和 188 个；年成交额分别为 15659.2 亿元、13769.3 亿元和 10778.6 亿元，三省年成交额共计 40207.1 亿元，占全国总成交额的 43.2%。市场数量上百家的地区有 15 个（浙江、山东、江苏、广东、湖南、河北、辽宁、上海、湖北、河南、福建、北京、安徽、重庆、四川）；年成交额上千亿元的地区有 19 个（江苏、浙江、上海、山东、广东、河北、辽宁、重庆、北京、湖南、河南、安徽、天津、湖北、四川、福建、江西、广西、黑龙江）；单个市场平均成交额未上 10 亿元的地区有 7 个（福建、内蒙古、湖南、陕西、宁夏、青海、海南）。

从东、中、西部及东北地区区域分布看，整体分布状况趋于平稳。东部地区市场数和成交额分别占全国的 60.2% 和 70.3%；东北地区分别占全国的 7.5% 和 6.6%；中部地区分别占全国的 18.5% 和 12.6%；西部地区分别占全国的 13.8% 和 10.5%。从四大区域的年成交额发展状况看，呈现出两头高、中间低的态势。2012 年，东部地区实现成交额 65434.99 亿元，比上年增长 19.7%；东北地区实

现成交额 6113.1 亿元，比上年增长 13.7%；中部地区实现成交额 11686.1 亿元，增长 10.7%；西部地区实现成交额 9789.5 亿元，比上年增长 22.8%。从四大区域单个市场年成交额看，东部地区平均市场年成交额仍最高，为 20.9 亿元，比上年增加 2.2 亿元；东北地区平均市场年成交额为 15.6 亿元，比上年增加 1.6 亿元；中部地区平均市场年成交额为 12.2 亿元，比上年增加 1.5 亿元；西部地区平均市场年成交额已经超过了中部地区，为 13.7 亿元，比上年增加 0.3 亿元。西部地区商品交易市场的逐步崛起，在一定程度上也体现了中央对西部地区经济政策的落实。东、中、西部及东北地区亿元以上商品交易市场情况详见表 3-5。

二、2011~2012 年我国商品交易市场地区分布分析

表 3-5 东中西部及东北地区亿元以上商品交易市场情况

指标	合计		东部地区		东北地区		中部地区		西部地区	
	2011年	2012年	2011年	2012年	2011年	2012年	2011年	2012年	2011年	2012年
市场数（个）	5075	3125	3072	3125	384	391	937	961	682	717
摊位数（个）	3659520	3819270	2141237	2210929	326396	321317	629246	676917	562641	610107
营业面积（万平方米）	26235	27899	16615	17547	1480	1519	4104	4440	4036	4394
成交额（亿元）	82017	93024	57529	65435	53767	6113	9984	11686	9128	9790

注：表中数据经四舍五入处理。

第四节 我国商品交易市场模式概览

一、商品期货市场

目前全国在香港、郑州、大连、上海有 5 个商品交易所（其中香港 1 个、上海 2 个，其中还有一个是上海指数期货交易所郑州 1 个，内地 3 个商品交易所分别从事铝、铜、橡胶、锌、铅、黄金、白银、螺纹钢、线材、燃料油、ISIN、胶合板、纤维板、甲醇、玻璃、PTA（精对苯二甲酸）、聚乙烯、聚氯乙烯、焦炭、焦煤、沥青、石油、动力煤、铁矿石、玉米、黄豆 1 号、黄豆 2 号、豆粕、豆油、棕榈油、强麦、普麦、棉花、白砂糖、菜籽油、早籼稻、油菜籽、菜籽粕、粳稻、鸡蛋 40 个品种的期货交易，此外，大连商品交易所正在开发生猪期货，现已成为世界第二大商品期货交易市场，郑州商品交易所正在开发畜产品期货——活牛期货，上海期货交易所生产资料期货占有较大的比例。

二、大宗商品交易市场

大宗商品交易市场是指对大宗商品（Bulk Stock）进行 B2B 电子化交易的市场，属于现货市场范畴，采取网上交易、网下交收具有多种模式的市场组织形态。大宗商品电子交易一般包括钢材、煤炭、石油、铅、锌、铝、铜、锡、镍、稀土、茧丝绸、橡胶、塑料，其至"文化"虚拟产品等大宗商品的网上交易。

三、物流（即期现货）批发市场

物流批发市场是指从事现货批量交易的商品交易市场，即一手钱一手货的交易，2012 年在亿元以上的 5194 个商品交易市场中大多数是物流商品交易市场。

四、商流（中远期现货）批发市场

在一些中心城市也出现了商流批发市场，许多大宗商品交易市场都是商流（中远期现货）批发市场，以中国郑州粮食批发市场为主的 42 家省会中心城市的粮食批发市场采取以商流为主的批发市场，还有许多生产资料批发市场就是以商流为主的无形批发市场，大多数商流市场采取交易所式的市场组织方式。

五、电子商务交易市场（e-Marketplace）

20 世纪 90 年代以来，计算机和网络技术在我国迅速普及和发展，1998 年第一笔电子商务交易成交，我国电子商务 B2B、B2C 等电子商务市场得到了迅速发展。其中，电子商务交易市场交易额占有一定的比例，它主要有两种类型：一是在传统批发市场的基础上建成的 e-Marketplace；二是纯粹的 e-Marketplace，一般由网络公司建立。

2013 年，我国首次把网络市场列入"百强"市场名单，其网络市场共有 5 家，分别是淘宝网上市场、天猫网上商城、京东商城、浙江塑料城网上交易市场和中网网上电器交易市场（乐清）。

六、新兴特种商品交易市场

新兴特种商品交易市场主要有：①商品租赁市场，全国建成了北京、上海、济南、无锡四大租赁市场[①]；②旅游、房地产、展览业等服务市场；③文化艺术、出版物、音像制品市场；④旧货市场；⑤医药市场；⑥易货网上市场等。

---

① 上海、北京相继建立了租赁行业协会，北京于 2002 年 7 月 8 日成立了租赁行业协会。

七、深圳"布吉模式"

该模式即"企业办市场、企业管市场、市场企业化"。我国的商品交易市场与日本、法国等国家不一样，国家投资较少，大多数市场国家没有投资，均是采取"布吉模式"，即企业投建市场、管理市场、经营市场，采取现代企业制度对市场进行运作与管理。

八、股份制商品批发市场

（1）上市的股份制商品批发市场：浙江中国轻纺城集团股份有限公司于1993年3月成立，是全国第一家以大型专业批发市场为基础改组的股份制企业。1997年1月，公司向社会公开发行"轻纺城"股票，也是第一家上市的股份制市场；深圳市农产品股份有限公司于1989年成立，1997年向社会公开发行股票；中国小商品城（义乌）于2002年5月9日上市。

（2）非上市的股份制商品批发市场，如宁波轻纺城、洪城大市场等。2001年成立的中国第一家合资批发企业——中日合资的上海百红公司于2002年10月在上海七浦路开出一家名叫"世富上海"的服装批发市场，这是我国第一家中外合资市场[①]。

九、会员制市场

中国郑州粮食批发市场、上海华通有色金属现货中心批发市场（国家指定白银交易市场）、棉花交易市场、石油交易所、塑料交易所等。

十、单体市场、连锁商品批发市场

除了单体市场外，一些批发市场形成了自己的品牌效应，并利用其品牌效应向外进行品牌输出，如中国小商品城（义乌）、汉正街小商品市场、深圳市农产品股份有限公司等，特别是中国小商品城已在甘肃、青海、新疆、江苏、陕西等全国20多个省市区开办了30多家分市场，在南非、乌克兰、泰国、保加利亚等国家设立了6个分市场。12万人的义乌经商大军中，有5万人分布在全国各地，在国外经商者多达6000余人。

[①] 这是我国第一家中外合资的批发市场，日方合作者是日本大西衣料株式会社，是日本纺织业的龙头企业，其在东京的世富大西批发市场以经营各种产自日本、韩国以及在中国生产的日本定牌商品为主，2001年商品销售额超过36亿日元。

十一、商业街区型市场

商业街区型市场是指在商业街（步行街）区的基础上形成的市场，如杭州四季青服装特色商业街区市场、中国（杭州）石祥路汽车贸易街区型市场、武汉汉正街市场等，采取街区管理委员会的模式进行管理；福建福州粮食城街区型市场则采取街区集团公司管理的模式进行管理；还有些市场采取行业协会的管理模式进行管理。

十二、园区型市场

园区型市场是指在街区集聚形成的市场集群进行市场园区型管理。如广州从2009年1月开始将老城内的249个市场分5年陆续分批改造升级，将占据广州专业市场半数的越秀区内的249个市场逐步实现园区化管理，以培育一批档次高、辐射面广、带动力强，能够形成广州价格的大型专业市场园区，实现集商品集散、会展贸易、金融结算、信息发布和价格形成等多功能于一体的市场园区型管理。

除上述商品交易市场外，我国还存在以下几种模式的市场：

（1）拍卖商品批发市场。国内如深圳福田、山东寿光等农产品批发市场借鉴荷兰等国的经验，采取蔬菜、水果电子拍卖的模式。

（2）摊位租赁式市场、产权式商铺市场。摊位租赁市场是投资主体建设市场后，采取租赁摊位的方式经营市场，摊位的所有权属于投资主体，商户按时交纳租金。产权式商铺由开发商投资建设市场，然后出售商铺产权给商户，一般是40年使用权，由商户经营并管理自己的商铺。

（3）封闭型市场、开放型市场、半开放型市场。这是按经营环境划分的三种形式。在2012年我国5194个亿元以上市场中，封闭型市场有3656个，开放型市场有874个，半开放型市场有664个。这是根据不同的商品特点而设计的不同的商品交易市场。

（4）常年营业、季节性营业、其他营业状态市场模式。这是按营业状态来划分的三种模式。在2012年我国5194个亿元以上市场中，常年营业的市场有5102个，季节型营业的市场有84个，其他营业状态的市场有8个。

（5）批发为主型市场、零售为主型市场。在2012年我国5194个亿元以上市场中，按交易的方式来分，可以分为以批发为主的市场（有3031个）和以零售为主的市场（有2163个）。

（6）正货市场、尾货市场。按产品进入市场的时间先后划分，可以划分为正货市场和尾货市场。

总之，我国商品交易市场不仅在世界上数量最多，而且交易量最大，类型更是丰富多彩，随着我国改革开放深化，我国商品交易市场模式不断创新，涌现出

第三章　中国商品交易市场的现状及其特点

图 3-4　我国商品交易市场模式

许多新型的商品交易市场模式，成为世界上商品交易市场模式最多的国家。

思考题：
1. 简述商品交易市场的现状及特点。
2. 简述商品交易市场的模式。
3. 请在网上调研 10 种不同的商品交易市场模式。

第四章　中国商品交易市场的功能与竞争力

第一节　我国商品交易市场的功能

一、商品交易市场的功能

（一）概念

商品交易市场功能是指市场内在的、客观的、固有的市场机能和作用，可分为宏观功能和微观功能、社会功能和经济功能、直接功能和间接功能、本能功能和衍生功能等。

（二）商品交易市场的宏观功能

商品交易市场的宏观功能是指一个国家的市场整体所具有的经济和社会的功能。具体来说，它包括引导生产和消费功能、规避价格波动功能、促进企业创名牌和开发新产品功能、提供规范场所和环境功能、吸纳就业功能、提供税收的功能、城市名片功能、市场旅游功能等。

（三）商品交易市场的微观功能

商品交易市场的微观功能是指单个市场所具有的经济和社会的功能，具体来说，它包括商品交易功能、商品聚散功能、信息发布功能、价格发现功能、商品展示功能、商品结算功能、经济信用功能、质量检验功能、商品配送功能、吸纳就业功能、提供税收功能、进出口代理功能、配套服务功能等。

一般而言，综合性的市场具有综合性的功能，功能相对多一些，但只有特大型的综合性商品交易市场才具有以上全部市场功能，专业性的市场功能较少。对于一个具有相对专业性的市场来说，应注重发挥其特殊功能，不要追求全面功能。

二、商品交易市场的主要功能

商品交易市场的功能较多，以下仅选择其中9大功能进行分析：

（一）引导生产和消费功能

在市场经济条件下，绝大多数商品都可以进入商品交易市场进行交易，如大批量的日用工业品商品，农副产品，如蔬菜、水果、水产品、肉禽蛋奶、粮食等食品，以及生产资料商品等。各种消费都在商品交易市场上得以集中反映，生产者也可以从这里得到大量的信息，通过商品交易市场组织订单、组织代理销售等。有些商品交易市场还成为外向型的商品交易市场，如义乌小商品城自2002年10月正式设立了海关机构，为建设国际性商贸城市奠定了基础。目前，常驻义乌从事小商品出口业务的境外贸易机构达1175家，外商5000多人，每天有1万吨小商品流向世界各地，小商品出口交易额每年高达300亿美元。

我国中小企业众多，共有4000多万个中小企业，大量的中小企业需要充分利用商品交易市场进入国内外市场，众多的中小企业形成企业集群，企业集群又离不开商品交易市场，于是许多市场集群形成与中小企业集群的互动关系。

汉正街市场是一个集散地市场，依托中部地区的优势在全国进行商品交易，商品地产率为20%~30%。目前，汉正街在武汉近郊及周边城市圈内开始建设产业基础，产业的发展对带动地区经济有三个重要作用：一是推动就业；二是拉动周边区域新农村建设；三是可以提高市场地产率，减少经营成本。

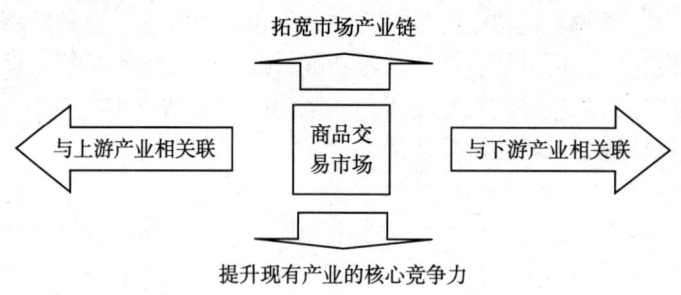

图4-1　商品交易市场功能拓展图

许多特色商品交易市场满足了消费者的需求，也引领着市场的消费趋势。2008年奥运会期间，北京秀水街市场成为大量外宾光顾的购物场所，在这里消费者可以购买到许多具有中国特色的产品，也可以讨价还价，还可领略中国文化。据统计，从2008年8月8日北京奥运会开幕至8月22日，秀水街共接待顾客53万余人次，其中80%为外宾，销售额总计超过了2亿元。光顾秀水街的游客中包括很多国家的政要和知名运动员。据统计，截至2008年奥运会赛事结束，共有22个国家的政要36人次光临秀水街购物,如原美国总统布什先生、奥委会主席罗格先生等。

北京现有各类商品交易市场1000多个,其中2012年底有亿元以上商品交易市场143个,交易额超过3000亿元。在北京,许多特色市场很受欢迎,如秀水街市场的丝绸及其服装、红桥市场的各类珍珠、马连道街区市场的茶叶、永外城文化用品市场的国旗、天兰天服装尾货批发市场的尾货服装等,都吸引了大量的中外消费者来这里购物。由此可见,现代化大都市既需要现代MALL,也需要具有特色的传统市场,正所谓"民族的就是世界的"。

近几年来,笔者一直致力于研究北京的特色商业、绿色商业、和谐商业,深切地感受到未来的市场竞争是靠特色竞争,除了上述特色市场外,还包括中关村市场的电脑、雅宝路市场的服装、集美市场的家具、女人街市场的陪购、报国寺市场的收藏、潘家园市场的古董、新亚市的汽车、新发地市场的蔬果等。由此可知,未来的市场竞争应将传统的"价格竞争"转变为特色商业竞争。

(二)价格发现功能

商品交易市场是买卖双方集中交易的场所,在这里卖方可待价而沽,买方可以择优选购。通过充分的比质、比价,最终以合适的价格成交。由于成交价格是在完全自由竞争情况下形成的,又由于批发市场供需集中,成交量大,能代表此类商品的行情。因此,商品交易市场产生的价格具有代表性,具体详见表4-1。

表4-1 已初步形成价格指导中心的商品市场一览表

商品品种	产生代表性商品价格的市场
小商品	中国小商品城(义乌)、石家庄南三条小商品市场、汉正街小商品市场、辽宁沈阳五爱小商品批发市场、浙江路桥小商品批发市场
纺织	中国轻纺城、广东西樵轻纺城、宁波轻纺城、纺织大世界
丝绸	江苏吴江东方丝绸市场
服装	辽宁海城市西柳服装市场、杭州市四季青服装市场、江苏常熟服装城
铜、铝、天然橡胶	上海商品交易所
化工	山东齐鲁化工商城
钢材	上海物贸中心有色金属交易市场、上海宝山钢材交易市场
白银、铂金等有色金属	华通有色金属现货中心批发市场——国家指定白银交易市场
黄金	上海黄金交易所
煤炭	河北井陉县煤炭交易市场、张家口市怀来土木煤炭市场
木材	浙江华东木材市场、山东高密市木材市场
不锈钢制品	无锡南方不锈钢制品市场
生产资料	西北物资市场、南京生产资料中心批发市场、郑州商品大世界
汽车	长春汽车中心批发市场、广东汽车市场、北京亚运村汽车交易市场、成都西部汽车商城、云南汽车交易市场
二手汽车	上海市旧机动车交易市场、北京中联二手车市场

续表

商品品种	产生代表性商品价格的市场
旧货	武汉威达废品旧物资交易市场、江苏吴江市废旧物资交易市场
农机	河北庞口汽车农机配件城、山东青州家机交易市场、山东庆云机车市场、山东聊城农机产品大市场
建材	浙江南梁建材市场、成都金府装饰城、天津环渤海建材市场、福建省南安市闽南建材第一市场有限公司
玻璃艺术品	水晶城（上海）——中国玻璃协会全国展示交易中心
文化音像书报杂志	北京市海龙电子城、成都市东华电子电脑市场
家具	香河县家具城、辽宁中国家具城、江苏蠡口国际家具城、兰州雁滩家具市场
食品饮料烟酒	浙江慈溪市周苍副食品批发市场、浙江嘉善商城
药材药品	河北安国东方药城、安徽中国（亳州）中药材交易中心
食糖	广西食糖批发市场
棉花	全国棉花交易市场、山东德州棉花交易市场
小麦（冬）	中国郑州粮食批发市场、中国郑州商品交易所
小麦（春）	黑龙江粮食批发交易市场
小麦（进口）	广东农副产品批发市场、广东东莞粮油批发市场
稻谷	华中粮油中心批发市场、华南稻米中心批发市场
大豆	大连商品交易所、大连北方粮食批发市场
玉米	吉林粮食中心批发市场
蔬菜	北京新发地农产品批发市场、深圳海吉星农批市场、长沙马王堆农副产品批发市场
干鲜果品	济南堤口果品批发市场、海城市建筑材料市场
茶叶	北京马连道茶叶街
肉食禽蛋	湖北万吨冷库、河北蒿城市禽蛋市场、苏州市肉类食品批发交易市场
生猪	广州嘉禾生猪批发市场
牛羊肉	北京京华金牛清真肉类水产品批发市场
水产品	霞山水产品批发市场、福州水产品批发市场、沪西水产品市场、浙江松门水产品批发市场、温州浙福边贸水产城
土禽产品	河北清河县绒毛专业市场、温州浙江皮革市场、河南西峡县双龙香菇市场

随着我国市场的发展，其价格功能也逐渐发挥出来，如我国商品交易市场有7个特色指数具有较大的社会影响，分别是"中国·义乌小商品指数"、余姚"中国·塑料价格指数"、深圳华强北电子市场"中国·电子市场价格指数"、中国轻纺城"中国·柯桥纺织指数"、吴江盛泽东方丝绸市场"盛泽丝绸化纤指数"、郑州粮食批发市场的"郑州价格"粮食指数、北京永外城文化用品市场的"永外城文化用品价格"。商品交易市场价格指数对这些细分行业起到了很好的景气监测和预测作用。

（三）规范商品市场交易行为功能

我国批发市场逐步建立了市场准入制度，一些生产资料、日用工业品、大多数农副产品等竞争性较强的商品的市场准入制度较为宽松,而粮食、禽肉、棉花、药品、中药材等一些商品的市场准入则较为严格,但这些商品的批发市场准入则比较宽松,今后批发市场应进一步提供多种服务,以吸引客户,同时进入市场的批发商必须经过职能管理部门的批准,进场后必须严格遵守市场的交易规则,不允许有任何违规行为,否则一经发现,将会受到严厉的处罚。

(四) 避免商品价格的大幅波动功能

随着市场经济的发展,国家宏观调控更多地通过批发市场来实现,我国不少地方政府通过批发市场进行宏观调控,稳定市场,平抑物价,取得了很好的效果,如近几年来许多商品批发市场采取了公开竞价的形式,如进口粮拍卖、储备粮(糖、铜)抛售大多数在商品交易市场进行。

20多年来,我国粮食批发市场得到较大的发展,全国拥有粮油市场600家,成交量达到8000多万吨,国家粮食局重点联系的粮食批发市场有48家(22家商流市场,26家成品粮市场),同时还有2012年亿元以上粮油交易市场111家,交易额达到1641.26亿元。粮油交易市场中,国家粮食交易中心有25家,在2007~2008年粮食价格大幅度上涨过程中,这些粮食市场充分发挥了调控市场的作用,共抛售粮食储备5400万吨,平抑了粮食市场的价格波动。

(五) 促进企业创名牌和开发新产品功能

在批发市场内,由于商家众多,参与交易的产品也多,批发市场根据每天的交易行情进行分析,就知道哪些商品最畅销,将此信息及时反馈给生产者,生产者为了保持市场占有率,必会千方百计地进一步提高该产品的质量,不断开发新品种,以此促进企业创名牌、保名牌。一些大中型批发市场还有专门的质量技术检验机构,保证批发市场的商品质量,打击假冒伪劣商品,保护消费者的利益。2007年,秀水街还与23家跨国公司签订了保护知识产权的协议——《零售商品市场维权协议》。

(六) 提供较规范的商品交易场所和环境功能

近年来,我国建立了多种层次的批发市场,市场内的硬件设施有了很大的改善,保证了交易、运输和结算等的正常进行。通过有形的批发市场建设,使得大批的买卖交易当事人和中介人集中在一个交易场所,有利于市场管理和环保。在加强硬件建设的同时,我国加强了软件建设,如市场文化建设、市场交易规划等制度建设,提高了市场层次,增强了商品交易市场的竞争力。

(七) 加速资金周转,提供信用交易条件功能

我国企业资金周转缓慢,"三角债"严重,合同履约率低,长期制约国民经济的发展。一些批发市场在运作过程中,尝试运用保证金制度,为购销双方提供合同担保,从而有效地避免企业之间相互拖欠的"三角债",保证产需之间的衔接,加快资金周转速度,规避经济诈骗行为。

(八) 吸纳大量的社会就业功能

改革开放以来，商品交易市场真正起到了"建一方市场、带一方企业、活一方经济、富一方人民"的作用，对促进城乡产业结构调整起到了重要的作用。如中国小商品城所在的义乌市常住户籍人口为 70 万人，45 个外来民族人口超过 100 万人，每天有 20 多万流动人口①；中国轻纺城也吸纳了大量外地人员，其所在地绍兴县有 18.5 万人，其中流动人口就有 6 万人。

与此同时，全国出现了 8 万个各种类型的商品交易市场，初步形成了期货市场、大宗商品交易市场、批发市场、农村集贸市场、城市各种零售业态和菜市场等多层次市场体系，至今各类商品交易市场的交易额超过 99000 亿元，从业人员超过 1 亿人，承载着我国 80%的农产品和 60%的工业产品流通任务。

(九) 向国家提供稳定的财政收入功能

1998 年，全国商品批发市场总成交 2.1 万亿元，相当于当年社会商品零售总额的 72.3%、GDP 的 26.5%，向国家上缴工商管理费 121 亿元，比上年增长 11.3%；向国家缴纳税金 159.5 亿元，比上年增长 23.6%。1998 年收取管理费 121 亿元，收取税金 202 亿元，管理费和租金加在一起有 300 多亿元。② 仅以 2000 年数据为例，2000 年全国共有商品交易市场 51462 个，摊位数 759 万个，完成税收 140 亿元，年纳税额 500 万元以上的市场约有 126 个，其中年纳税额 1000 万元以上的有 46 个，年纳税额 5000 万元以上的市场有 4 个。③

第二节 商品交易市场的核心竞争力

一、商品交易市场核心竞争力

商品交易市场核心竞争力是指市场持续有效地调控资源的能力，适应外部环境，领先竞争对手，以创造超额商户价值来保持竞争优势的能力，是市场众多能力的关键能力。具体来说有两个特点：①对市场内的商户利益有突出贡献，能够给商户带来相应的利益；②竞争对手（其他商品交易市场，或者其他零售业态）难以模仿，即独特性。

---

① 吴蔚荣. 义乌商城的现状与发展趋势 [N]. 中国商报，2008-8-12.
② 国家经贸委、国家统计局 1999 年曾经对全国批发市场进行过一次快速调查统计，结果是：1998 年全国商品市场总成交额 2.1 万亿元，按照小额纳税人增值税 4%的税率，应缴纳税金 843.5 亿元，税收流失严重。
③ 我国商品交易市场的税收征管 [N]. 2007-02-08.

二、商品交易市场核心竞争力构成

从宏观来看，商品交易市场的核心竞争力分为市场对众多商户的吸引力、市场的管理、市场的影响力、市场的功能等。

（1）市场对商户的吸引力。它是指市场吸引众多的商户来这里交易，如生产商、经销商、代理商、物流商、品牌运营商等，并且形成良好的和谐关系。

（2）市场的管理。它是指市场对商户的经营能力、管理能力、服务能力，适应市场环境变化，应对经济危机、经济波动等方面的能力。

（3）市场的影响力。它是指市场对经济和社会活动的影响大小，如区域性市场对区域经济的影响、全国性市场对全国性市场的影响、外向型市场对国际市场的影响等。

（4）市场的功能。它是指市场各种功能的发挥，如市场所具有的交易、聚散、价格、信息、结算、物流配送、展示、进出口、质量检验、服务等功能。

三、商品交易市场核心竞争力指标

商品交易市场核心竞争力的表现指标较多，归纳起来主要包括以下四个方面：

（1）**市场辐射范围较大**——销售额较高，深圳农产品股份有限公司在20多个城市经营管理超过30家综合批发市场和网上交易，总交易量超过2400万吨，年度总交易额超过1400亿元，约占全国批发交易总额的10%，是目前世界上最大的现货商品交易市场。

（2）**盈利能力较强**——税收和管理收入等，即过去我们所说的"建一个市场、带一方企业、活一方经济、富一方百姓、孵化成千上万个商户和企业家"。

（3）**吸引力强、凝聚力强**——出租率高，有的甚至达到100%的出租率，大多数情况下会达到80%。

（4）**功能的多样性**——客流量较高，就业率较高。许多商品交易市场具有商品交易、集散、价格、信息、物流与配送、商品展示、旅游、城市名片等多种功能，这必然会吸引大量的厂商、商户、采购商、消费者等，如汉正街市场的"商贸旅游"功能。

以上四个方面构成了商品交易市场竞争力的主要内容，商品交易市场竞争力是由科技水平、管理水平和市场文化三大支柱来支撑的。

从微观来看，商品交易市场的核心竞争力是指其硬件与软件等各种要素有机结合、相互作用、相互配合形成的一个有机整体，不是简单的相加。商品交易市场竞争力也是有形的、具象的，是直接产生市场竞争力优势的企业行为，如品牌、产品、组织结构、企业文化、分销渠道、独特资源、资本优势、开发能力等；也可能是战略策划能力、组织惯例、企业文化、资本运作能力等，最有可能是其一或其中几种的协同。

中国纺织服装专业市场联盟编辑出版的《市场报告2008》将纺织服装市场竞争力的基本要素归纳为资源配置能力、供应链配给能力、消费聚集能力、综合管理能力、科学规划布局能力、整合推广能力等。

第三节　品牌交易市场

一、品牌市场的概念及内容

（一）品牌市场的概念

品牌市场是指在经营管理过程中，依照法律、法规、标准，履行合约的意识、条件、能力、行为，以经营品牌商品为主体业务，具有规定经营规模，管理科学规范，商业信用度较高，在社会上产生良好效益的商品交易市场。

（二）品牌市场的五个内容

（1）建设品牌市场。它包括硬件建设和软件建设两个方面。硬件建设比较简单，而软件建设则相对难以做到。20世纪80年代以前建设的市场，大多数存在设施老化、陈旧的问题，逐步进入更新改造的时期，许多市场经过整体搬迁，实现了"二次创业"，许多市场正在进行改造。但商品交易市场最难做的是软件建设，尤其是管理，其中市场文化的培育具有重要意义，是一个长期工程。当前绿色市场建设、和谐市场建设具有重要意义。

（2）引入品牌商家。即通过市场主体的市场准入制度，引进著名品牌商家进入市场，许多市场采取抬高市场准入的门槛，甚至有的市场将"是否孝顺父母"作为招商的一个条件，因为如果连自己的父母都不孝顺的话，很难说他是一个有诚信的商户。抬高市场准入的门槛不仅不会影响招商，相反还会促进招商。

（3）消费品牌商品。品牌商品并非专指高档的、价格昂贵的奢侈品，它应该也包括价廉物美的商品，中国是一个发展中国家，高中低档的消费群体同时存在，并且具有较大的差距，基尼系数甚至接近0.5，因此明确商品交易市场的定位具有重要的现实意义。

（4）提供品牌服务。商品交易市场的经营管理者应对市场的各类商户提供多种服务，如使市场成为价格中心、信息中心、聚散中心、展示中心、进出口的绿色通道、城市名片，使商户在市场上兴旺发财，使市场充分发挥其作用。

（5）经营品牌管理。市场的经营管理者应加强市场管理，尽量减少管理过程中的"跑冒滴漏"，如果我们的市场能够加强管理，可能会使现有的经济效益在现有的基础上提高一倍。当市场的经营管理者发展到较高水平时，将其管理规范化，形成一定的管理模式，甚至可以实现管理模式的输出，建设"连锁市场"，并相应取得"托管效应"，获得相应的收入。

二、品牌市场标准

2006年11月8日，中国商业联合会发布了协会标准《品牌市场等级评定》（CGCC/T0001—2006）；自2006年12月1日起实施。该标准规定了品牌市场等级评定的内容、适用范围、术语和定义（包括市场、市场规模、市场辐射面、市场环境、市场安全、市场管理、品牌市场、守信、失信、品牌）、品牌市场的评定（包括评定范围、品牌市场基本资质、品牌市场信用状况、品牌市场依据及等级划分、品牌市场安全规定）、评定实施办法（包括基本原则、评定专家组、等级、管理、回避、资格证明、申请）、服务及引导、监督管理以及重新申请评定等。

三、市场文化

在商品交易市场发展过程中，应建立相应的市场文化。市场文化是指具有市场特质的文化现象，包括商品交易市场的商品文化、市场营销文化、市场的环境文化、市场的伦理道德文化。例如，有的市场确立了诚信市场理念，建立了诚信银行等，这都值得我们借鉴。随着商品交易市场的交易创新、管理升级，商品交易市场需要进行文化提升，形成良好的市场文化，使商户和谐共赢，市场经营管理者与商户、市场经营管理者与基地、市场与消费者等形成一个良好的产业链条关系。

四、品牌市场开发

商品交易市场一旦形成自己的特有品牌，就可以进行品牌开发，如自有品牌（Private Brand）的建设，有利于产品和服务的市场营销推广，利用市场的销售渠道进行销售。同时，品牌市场形成后，有利于进行品牌输出，如深圳农产品通过资本运营和品牌输出，至今已拥有（包括间接拥有）20多个市场，促进了全国农产品市场体系的建设。

思考题：
1. 简述商品交易市场功能的概念。
2. 简述商品交易市场功能。
3. 简述商品交易市场的竞争力及其构成。
4. 简述品牌市场及其内容。
5. 简述智能市场建设。

第五章 中国商品交易市场发展中存在的问题

第一节 商品交易市场概念混淆

一、期货市场、批发市场、集贸市场是不同的概念

期货市场、批发市场、集贸市场是不同的概念，但许多人将其混淆了，特别是批发市场与集贸市场。实际上，在国家工商行政管理局的统计年鉴中，在20世纪80年代中期已经开始将批发市场与集贸市场从概念上区分开来，进行分类管理和指导，近几年来，许多商品交易市场名称变成"交易中心"、"商贸城"、"MALL商城"、"广场"。有些大宗商品交易市场从事中远期现货交易，却采取"准期货"交易的方式，从而缺乏风险防范机制。

二、纯粹的批发交易市场较少

我国常称的批发市场从理论上讲也名不副实，它既不同于国外的批发市场，也不同于国内的集贸市场。我国大多数批发市场是批零兼营，只有20%的商品交易市场是纯批发业务，因此，我们将批发市场、批零兼营市场、极少数商品期货市场称为"商品交易市场"，2000年以来，国家统计局连续13年编制的《中国商品交易市场年鉴》就是采用的这一概念。

三、国家统计局的统计年鉴不完善

在国家统计局的统计年鉴中没有关于批发市场的统计，而只有消费品市场一栏，但批发市场现象引起了社会的高度重视，2000年国家统计局贸易外经司建立了亿元以上批发市场的统计报告制度和重点联系制度。当前在商品交易市场统计中存在一些问题：①没有将商品期货交易市场列入商品交易市场统计年鉴；②许多商品交易市场也没有列入商品交易市场统计年鉴；③许多国家级的市场没

有纳入统计年鉴；④商品交易市场采取自报数据的方法不能够真实反映商品交易市场，当前商品交易市场存在数据低估现象。由此，应完善现有的商品交易市场的统计制度，避免统计数据的残缺性。

四、一些跨国零售商进入中国后大多采取"批零兼营"的方式

一些商业零售业态采取批零兼营的经营方式，特别是一些跨国零售商进入中国后，大多数采取仓储商店、综合超市（大卖场）业态、现购自运（Cash & Carry）等，采取批零兼营的经营方式。然而，这在流通理论和实践上并没有划分开来，在理论上，对批零兼营的研究也不深入。

第二节 不重视商品交易市场及其运营规律

一、市场地位被贬低

由于我国在体制转变过程中对商品市场的认识并不十分深刻，但对商品市场的认识在当前又十分重要，如中国的市场经济是否需要批发市场、批发市场与期货市场的关系、批发市场与集贸市场的关系、大宗商品电子交易中的远期交易与期货交易的区别、中国特色市场体系的形成具有哪些客观性等，亟待从理论和实践的高度给予解决，否则会导致我国商品市场不能正常发育。

实践证明，商品交易市场在过去、现在及将来仍然是商品流通的主要渠道之一，但商品交易市场长期受到歧视，计划经济时期被当作"资本主义的尾巴"，市场经济条件下当作传统商业形式，至今仍然被当作传统商业来对待，重生产、轻流通、贬低商品交易市场的现象较普遍。在政府的文件中，长期保留着集贸市场的概念，许多20世纪80年代针对小型集贸市场颁发的文件仍然在沿用。

二、不重视市场规律

许多地方在市场建设过程中追求"大而全"，不从实际出发，不求实效，导致"空壳市场"、"休眠市场"出现。

陕西礼泉县曾是我国西北地区最大的果品交易中心，2003年底，礼泉县果品总面积已发展到70万亩，年产果品8亿公斤，一跃成为全国第一水果大县，苹果产业的迅速发展有力地带动了相关产业的发展。截至目前，全县建成果品气调冷库24座，简易储藏果库6万多个，储藏规模达4亿多公斤，仅储藏增值就达2亿元以上；建成年产万吨浓缩果汁生产线两条，年加工鲜果4万余吨，创汇

百万美元；果品包装企业发展到246家，年产值近4亿元；各类运输车辆5万辆；建成果品批发市场4个，果行500余家，果品经销人员达5万余人，成为西北地区最大的果品集散地。

2006年，该县建成西北地区最大的果品交易市场，但是，两年过去了，市场成为一个空壳市场：市场内的门面一直闲置，市场管理建设的综合楼如今成为该县四五家机关单位的办公场所，住在市场里面的住户所承担的电费和水费全部是商业价格，而2006年成立的市场办公室仅负责收取水电费的工作。

该项目于2001年由国家农业部批准，当年5月启动建设，2006年12月建成，国家有关部门和陕西省都有配套资金，因为当初这个地方是果园，征地难度很大，县里花费了很大的精力才拿到地。

该项目投资1.1亿元，占地204亩，建筑面积1.18万平方米，其中鲜果交易大厅面积为10793平方米，信息网络综合办公室为4810平方米，果品商行为43031平方米，货运信息配载区为24300平方米，餐饮服务区为18900平方米。该交易中心是集果品展销、拍卖、期货等多种经营方式于一体，信息商务会谈、产后处理、劳务、运输、包装、餐饮等综合功能配套，服务门类齐全的综合市场。项目投入后，预计每年交易鲜果40万吨，交易额可达8亿元。

对于以上案例，笔者认为：一个好的项目不能够脱离实际，应与实际相结合，与其生产条件、市场条件、城乡收入水平、经济发展状况等相一致，否则缺少某一个环节都不可能成功。

市场的发展有一个循序渐进的过程，不可能一下子就实现多功能。比如说，拍卖交易需要有相应的条件，产品的标准化、交易群体的成熟、市场知名度等，如果条件不具备，就不可能存在和发展。

水果的期货交易也不是在短期内能够实现的，特别是在我国已有上海、大连、郑州、香港四大期货交易所的情况下，不可能再投资建设期货交易所，而当农产品批发交易市场建成以后，可以利用计算机和网络技术进行远程异地同步的期货交易，即利用网络系统进行上海、大连、郑州交易所的期货交易，并非在当地进行水果期货交易。

网上交易也需要有一个发展的过程，一般情况下，在实体市场活跃的情况下，建设和经营网上交易市场具有事半功倍的效果，也有利于市场的繁荣和发展。

一般政府项目往往成功者较少，这里有其深层次的原因，就是体制性的障碍，因此，必须按市场运行规律来建设，果品交易市场也是如此。

第三节 批发交易税负较高和交易方式单一

一、批发交易税负较高

长期以来，我国商品交易市场在其经营和发展过程中一直有两个问题没有解决：一是假冒伪劣商品屡禁不止；二是偷税漏税相当严重。这种现象曾经危及商品交易市场的生存和发展，现在依然存在，但是不能完全归因于商品交易市场本身。这与我国较长时期产业的重复建设和趋同投资、商品交易市场盲目发展、市场准入条件较低和包税制有直接的关系。假冒伪劣产品和偷税漏税现象的产生有其客观的经济、社会、文化背景。这些问题的存在也与我国现行政策有关：

由于商品交易市场属于微利经营的交易范畴，大多数商户采取薄利多销的方式，因此应该在税收制度上给予相应的优惠，而我国税收制度将其与其他高利润业态一视同仁，这就导致了实际上的不平等，在当前税收率较高的背景下，一些商品交易市场的商户采取了"被动逃遁"的方式，在向上报交易额时，采取了少报销售额、低估未来销售额的方式。

二、批发交易方式单一

（一）摊位式交易占主导

国外批发市场的交易形式多是公开竞价、拍卖成交的"交易所式"交易形式，而我国的批发市场主要采用"摊位制"交易形式，价格由买卖双方一对一的谈判形成。这种个别协商形成的价格不能完全反映供求关系，产地与销地缺乏一种成梯度的有机结合的关系，市场利润分割不透明，价格波动过大。在批发市场交易中，欺行霸市、强买强卖现象时有发生。但这种状态的存在是由我国大量的小生产和不完善的大市场的矛盾所决定的。如千家万户的小生产者进入市场大多数采取了摊位式交易的形式，这是因为我国商品市场基础建设较差，绝大多数商品批发市场不是由国家投资兴办的。这与日本、韩国、法国的农产品批发市场不同，日本农产品中央批发市场由国家投资兴建，地方农产品批发市场由地方政府投资兴建，因此大多采取了较先进的"交易所式"拍卖交易市场的形式。

就建材市场而言，我国传统的建材消费和销售方式与国外有着很大的区别。在发达国家，90%左右的建材装饰产品通过大型连锁超市这一渠道销售，而在中国，即使是在建材市场发展水平最高的北京、上海，这一比例也只有10%和20%，绝大部分中小城市甚至在5%以下，占据主要地位的建材装饰产品销售方式仍是中国消费者熟悉的摊位制建材市场上的零售。由于中国建材市场在加入世界贸易组织后的全面开放，及建材连锁超市在质量和价格上的相对优势，预计未来建材连锁超市的销售额在上海、北京、广州等中心城市将得到迅猛增长，甚至可达到 50%~80%。

就果蔬等生鲜农产品而言，我国传统摊位式交易方式处于主导地位，"农改超"并不顺利。笔者认为，一些农产品进入超市，一些农贸市场改建成超市（"农改超"）将成为一个发展趋势，且在一些地方取得了初步成功，但从总体而言需要有一个过程，切不可"一刀切"。具体来说，应克服四个方面的阻碍：

（1）现有居民收入水平不平衡的阻碍。由于我国 30 多年来城乡人均实际收入差距日益扩大，2007 年最高为 3.3∶1，比 1991 年的 2.21∶1 增加 1.12 个百分点，导致城乡社会消费品零售总额差距较大，2007 年为 2.1∶1，比 1991 年的 1.216∶1 增加 0.9 个百分点，2008 年为 2.13∶1，2009 年为 2.12∶1，2010 年为 6.52∶1，2011 年为 6.55∶1，2012 年分别为 6.70∶1。2013 年，城乡社会消费品零售总额的比例为 6.44∶1，但农村消费增幅高于城镇，乡村为 14.6%，城镇为 12.9%，已经连续两年增幅超过城镇，这是农村市场规模相对较小、城镇消费相对饱和的表现。仅就生活水平较高的北京而言，既有高收入者，也有中低收入者，城乡居民收入的差距较大，在目前情况下有些居民不可能进入超市等零售业态购买农副产品，有些居民的消费习惯也难改变。

（2）现有农产品交易市场结构的阻碍。现有的农副产品市场是批零混合经营、商流与物流混合经营、一级批发与二级批发混合经营，布局结构不太合理。

（3）现有超市管理水平的阻碍。现有的超市等业态店的农副产品，除了有些超市的肉类、蛋类大批量进货，降低了成本外，大量农产品的物流成本并没有降低，特别是蔬菜等农副产品的物流成本较高，会推动其价格上涨，而现有的成本推动型通货膨胀让许多居民承受不了。

（4）农副产品物流配送的阻碍。现有许多大中城市没有与城市规模相适应的较大规模的蔬菜、水果、肉禽蛋奶的物流配送中心，从而造成农副产品的分销渠道主要采取原始的流通渠道，这也是超市价格较高的一个重要原因。

（二）交易方式单一

商品交易市场主体规模偏小，组织化程度低，经营方式落后，不适应市场经济发展的要求，主要表现为以满足初级交易为主的传统经营方式与业态形式大量存在。在零售环节，百货商店、个体商户以及集贸市场是最主要的零售经营形式；各类集贸市场的交易额占整个商品交易市场的份额还很大。在批发领域，生产企业的销售机构及各类销售代理承担着主要的批发职能，市场份额接近 70%，批发市场在农产品、日用消费品的批发交易中占有较大的市场份额。

目前，许多现代化的商品交易市场模式还没有被人们认识到，社会对商品交易市场的认识还处于较早的年代，物流、商流、电子交易、上市股份制、非上市股份制、会员制、连锁型、拍卖、尾货等市场模式还没有被社会广泛认识，许多人对我国商品交易市场存在很强的偏见，对许多商品交易市场的"交易创新、管理升级"视而不见。

日本、韩国、法国等政府投资建设农产品批发市场的经验值得我国借鉴，政府应加大对农产品交易市场的投资，但是，中国农产品市场体系不可能完全靠政府投资完成。因此，农产品交易市场的公益性与企业化运营是不可缺少的，特别是"布吉模式"是我国农产品市场体系建设的经验之一。此外，农村合作组织程度的提高也不是短期内就能够完成的。

第四节 市场基础建设滞后，分布不均衡

一、市场基础建设滞后

近些年来，许多商品交易市场基础建设落后于社会的发展：一是重视硬件投入，忽视软件投入，在升级改造过程中追求"商店格局"，忽视产品特点和批发交易的特点，存在模式的趋同性，缺少创新性。二是由于缺乏相应的资金投入，导致市场基础设施建设严重滞后，在一些地区的商业网点建设跟不上居民区建设的发展，不能满足居民生活的需要；现代批发交易中心、物流中心、配送中心和现代仓储建设等基础设施发展缓慢，影响流通水平的提升。三是商品市场信息化建设滞后。许多政府至今没有一套适应市场化流通的统计指标体系和信息平台，不能客观、及时地反映当地流通业的运行状况；受信息化技术水平、设施和信息资源的限制，流通信息企业难以快速发展，不能为社会和企业提供更好的信息服务。四是流通业技术标准化的基础工作十分薄弱。标准化是资源整合的一项重要基础工作，包括：①设备、设施的标准化，如托盘、货柜、集装箱等；②信息标准化，如运输单据、出入库单据、条形码等。

二、商品交易市场分布不均

我国商品交易市场的结构问题仍然相当严重，随着西部经济的开发和交通条件的改善，西部地区的批发市场仍有较大的发展潜力。随着竞争越来越激烈，许多业态的平均利润率下降，超市、仓储商店、便民店等新兴业态的利润也十分微薄，而商品交易市场相对利润率较高，市场竞争风险较少，因此，这一领域会吸引大量的投资。而我国没有出台相应的商品交易市场法规，一些城市甚至没有

城市商品交易市场规划，因此，商品交易市场趋同建设、重复投资也就不可避免了。

对于许多城市而言，一是城市中心区大型商业设施已基本饱和，城郊结合区市场分布最为集中，而各县的交易市场分布偏少；二是商业项目开发正从内向外快速发展；三是新型业态发展迅速，尤其是大卖场如大型综合超市、仓储式商场、超级市场等商业设施发展较快。

第五节　缺乏市场细分，管理滞后

一、市场缺乏细分

在我国亿元商品交易市场中，综合市场较多，专业市场相对较少。2003年北京综合市场有427个，专业市场有332个，但综合市场的成交额只有302.7亿元，明显低于专业市场的334.2亿元，每个综合市场的年平均成交额只有0.7亿元，而专业市场平均达到1亿元。综合市场中亿元市场有30个，只有专业市场中亿元市场个数的2/3。在整个综合市场体系中，只有农产品综合市场的发展较快，而工业品综合市场则明显滞后，农副产品综合市场的亿元市场比率也仅为7.48%，低于专业市场的平均亿元市场比率13.86%。北京市只有14个工业品综合市场，而且没有一个工业品综合市场的交易额超过亿元，规模明显偏小。

许多地方追求大而全的综合商品交易市场，动辄进行几亿元、十几亿元、二十几亿元甚至上百亿元的市场建设投资，在大投资的条件下，相应地出现一些大规模的商品交易市场，原来10万平方米、20万平方米的大型商品交易市场正在被50万平方米、100万平方米乃至更大的商品交易市场所替代。但是，一些市场投资追求综合型的市场，忽视了市场细分的关键点，则很容易带来巨量的经济风险。

二、市场管理滞后

商品交易市场管理的重点不是商品，而是客户和入市企业，因此，其管理不同于商店管理，应以服务客户、管理客商、服务客户为主要工作。而当前许多商品交易市场把收费当做管理。许多商品交易市场属自发形成，一方面，规范化的股份制合作、公司化经营等实质性现代企业制度尚未引进，市场处在初级发展阶段；另一方面，在对传统交易市场进行升级换代和引进现代企业制度的同时，和以前的传统市场对接又存在许多现实的困难。这就造成了市场管理的难度，有些地方存在市场混乱、经营假冒伪劣产品的问题。一部分市场管理人员和交易人员素质低，市场网络化建设缓慢。管理人员不熟悉集贸市场的运作，对现代流通模式和现代企业管理方式了解甚少。市场交易人员素质更是参差不齐，有些只注重眼前利益，缺乏长远的发展眼光。

第六节　市场发展无创新，功能没充分发挥

一、市场发展无创新

市场发展无创新主要体现在以下六个方面：

（1）重视市场数量的发展，不注重市场质量的提高，商品交易市场的重复建设、趋同投资相当严重。

（2）重收费，轻管理与服务。市场投资主体对市场的管理仅仅停留在物业管理的层次上。目前，我国商品批发市场大多采取摊位式管理，至今还没有权威性很强的批发市场法规，许多批发市场的管理规则也不健全，当前的管理仍是人治大于法治。大多数批发市场的服务不完善，重经营性服务，轻社会性。有些批发市场安全问题突出，如火灾隐患严重、欺诈偷窃、强买强卖、欺行霸市等方面的问题严重。

（3）交易方式落后，许多批发市场采取"三现交易"（现金、现货、现场），往往是即期结算的"一手钱，一手货"的现金结算方式，而市场的集中结算、吸引银行部门进场办公、代理结算也仅处于起步阶段，信用结算和银行卡结算等方式还不普及。这需要批发市场提供相关的服务，与金融部门配合设立网点，提供交易所需要的多种金融工具，满足人们的交易需要。当前，商品的网络交易也仅仅是信息沟通而已，其主要障碍是资金结算系统不完善，批发市场的代理结算功能的发育也具有很大的潜力。

（4）面对日益激烈的市场竞争，有些市场缺乏适应性，对经营品种不能及时作出调整，市场缺乏发展资金，不能及时有效地完善市场功能。

（5）市场管理机制缺乏创新，在激烈的市场竞争中仍采用旧的管理办法和营销方式。

（6）长期以来把商品交易市场排除在现代流通之外，许多商品交易市场仍然以传统市场为主，一些现代化的设施和技术的运用还很少，电子交易市场发展缓慢，农产品中远期交易发展受到政策等多种因素的制约。此外，物流市场和商流市场没能实现无缝连接。

二、多种市场功能发挥不够

我国粮食批发市场的发展还处在初级阶段，粮食企业进场交易的积极性不高，除国家储备粮外，大部分粮食交易仍在场外流通且不少是无序流通，粮食进场交易量在粮食贸易总量中所占比重还很小，粮食批发市场"价格形成中心"的地位还没有确立。出现这些情况的原因是多方面的：①我国的市场经济体系正处在逐步建立的阶段，粮食企业长期受计划经济的影响，习惯于吃"政策饭"，自身改革还不到位，没有成为真正意义上的市场主体；②粮食批发市场不同于其他商品批发市场，从一定意义上讲，它还是国家宏观调控的手段和工具，需要国家给予一些必要的政策扶持；③粮食批发市场的建设缺乏整体规划和统一管理，总体水平还比较低，其调控功能、服务功能都需要进一步完善和提高。

商品的展示功能也没有充分发挥。当前，大多数批发市场发挥的主要功能是交易功能，其商品展示功能发挥得不够；代理中介机构不足，现存的机构不够成熟，行为也还不规范等。

一些批发市场物流配送的发展严重滞后，且主要局限于批发和零售环节，其他如生产性配送较为薄弱，配送的社会化服务程度也十分落后，批发市场的配送与其他零售业态和连锁经营方式的结合程度较低。

第七节 市场法制落后，缺乏统一协会

一、市场法制落后

我国有商品交易市场8万个，但是，国家至今没有出台统一的《商品批发交易市场法》。据调查，至今全国已有20多个省、市、自治区出台并实施（含重新修订出台）了《商品交易市场管理条例》。北京拥有1000多个市场，有摊位17万个，从业人员22万，商品市场交易额超过3000多亿元，但没有一部地方性商品交易市场法规。1997年9月，经北京市人大常委会通过，公布实施了《北京市生活消费品、生产资料市场管理条例》，对这类市场的建设和管理作出了规定。2001年4月2日，北京发展计划委员会和北京商业委员会印发了《北京市"十五"期间商业发展规划的通知》，2002年4月16日，发布了《北京市人民政府关于推进流通现代化的意见》。随着时代的发展，这三个文件的规定存在许多局限性。如没有商品交易市场管理的具体措施，在交易规则方面存在许多疏漏，对一些经营形式、交易方法也缺乏具体的行业规范。特别是1997年颁发的管理条

例,在市场的规划管理、注册登记、服务管理机构、法律责任等方面的内容不能适应新形势的要求。

二、"一业多会"影响商品交易市场发展

商品批发市场类型较多,结构复杂,很多商品批发市场没有行业自律性的组织,更不要说统一的全国性的行业协会组织,再加上政出多门,不能形成协调一致的管理,因此,很难形成统一、开放、竞争、有序、安全的商品批发市场体系。

中国市场学会建立了批发市场专业委员会,但是主要局限于日用工业品交易市场,且活动很少;全国城市农贸中心联合会是世界批发市场联合会理事单位,但是,其主要成员是农产品批发市场,同时,还有一个全国农产品批发市场协会(挂靠农业部),其业务范围与其相同且相近;中国商业联合会商品交易市场专业委员会的主要成员是日用工业品市场。中国粮食行业协会粮食批发市场分会的成员主要是国有性质的粮食批发市场。此外,国家统计局还建立了重点市场联系制度,主要是亿元以上的商品交易市场;商务部重点市场联系制度主要针对农产品批发市场、生产资料市场,而日用工业品市场相对较少;国家发展和改革委员会主要联系接受国家贴息贷款的一些商品交易市场;农业部重点联系农产品批发市场和少量的生产资料市场等。

在商品交易市场迅速发展的阶段,许多行业协会组织了大量的商品交易市场论坛和研讨会,起到了较好的作用,但是,评奖,导致一些商品交易市场无所适从。政府部门各自为政,形成了市场迅速发展条件下的"新的市场分割"。

思考题:

1. 商品交易市场体系中的期货交易、准期货交易、现货交易划分存在哪些问题?
2. 中国商品交易市场年鉴为什么要以"商品交易市场"冠名?
3. "空壳市场"、"休眠市场"出现的原因是什么?
4. 欧倍得、百安居建材超市为什么会出现"水土不服"的问题?

第六章　关于中国商品交易市场的理论与观点

第一节　"短命论"和创新论

改革开放以来，我国商品交易市场以集贸市场起步并不断发展，日用工业品市场、农产品市场、生产资料市场、再生产资源市场不断涌现出来，到20世纪90年代末，由于商品交易市场的结构性调整，一些商品交易市场得到发展，但也有一些商品交易市场出现萎缩，从而导致在关于商品交易市场发展趋势的问题上出现了分歧，特别是日用工业品市场的发展趋势。归纳起来主要有两种：一是过渡论或短命论；二是创新论。

一、商品交易市场的"过渡论"或"短命论"

商品交易市场的"短命论"，又叫"过渡论"，其理论支撑是功能衰退理论，主要有五个方面：

（1）商品批发市场是与工业化初期相适应，与轻小型经济结构和具有显著古典式市场经济特征的制度结构相适应的，当建立在现代生产技术和营销手段基础上的现代经济部门大量出现时，其功能与地位弱化。

（2）随着现代企业逐步成为国民经济最重要的微观基础，交通、运输、通信、结算方式、信息传递渠道等影响市场交易方式的选择技术因素发生实质性变化，传统的市场制度的功能和地位必然趋于弱化。

（3）经济的发展和企业规模的扩大，使得越来越多的企业脱离批发市场，建立一体化分销网络，销售渠道将由批发市场转向大企业的销售网络，这类观点以西方工业化的历史作为佐证。许多国内学者认为，批发市场（主要指工业品批发市场）是我国市场经济体制改革中出现的特有产物，是一种传统的流通组织，具有过渡性质，国内部分批发市场已经出现市场功能和地位弱化的倾向，其交易功能正在被其他流通组织形式所替代。

（4）西方工业化发展初期，一些商品批发市场大量存在，随着工业化的发展，传统市场逐渐因功能衰竭而消失。

（5）有人用英国纺织品市场萎缩来预期中国日用工业品市场发展趋势。有人认为，未来的高级批发市场有两种形式：一种是向期货市场过渡；另一种是向大型拍卖市场和物流中心过渡，这种市场以展示拍卖物服务为主导业务，对经济拉动影响较大，能够形成市场价格中心。①

1999~2000年，商品交易市场"短命论"者有以下观点：

（1）李岚清认为，集贸市场不是现代商业的形式，有的已成为藏污纳垢的场所，成为假冒伪劣产品的"保护伞"和逃避税款的庇护所。在某些地方，对某些商品，集市贸易还将发挥积极作用，但必须加强管理。千万不要把这种小生产方式的集贸市场当作现代流通业态的主流，更不能当成搞活经济的政绩去办。不论房子盖得多豪华，本质上它还是落后的。我们必须认识到传统集贸市场和现代流通业是完全不同的两码事。

（2）黄海认为，在整顿市场秩序工作中，整顿商品交易市场和批发市场是重点之一。对于批发市场今后如何发展，他认为：一是分类指导；二是要整顿商品交易市场的税收秩序，要完善税收征管制度，尽管出现逃税漏税现象与我们国家的税收制度有关系，目前就税制本身来说，应该尽可能严格规范税收秩序；三是要大力发展连锁经营等新型营销方式和流通组织形式；四是要结合城市建设改造，调整压缩现有的商品交易市场，从总量来讲，我们国家的批发市场已经不少了，但分布不均衡，西部的局部地区较少；五是要严厉打击欺行霸市的不法行为。同时他还认为：①商品交易批发市场还会再存在一段时期，甚至可能是很长的时期；②在整顿市场秩序中，绝对不是要把所有的市场都关掉，而应该不断完善；③整顿规范市场秩序是一个长期的任务，贯穿整个"十五"期间，每年都有不同的重点。

二、商品交易市场的创新论

创新论的理论支撑是功能创新理论。笔者认为商品批发市场应该具有集散功能、价格功能、信息功能等多种功能，但批发市场功能的发挥需要有一个过程，即在发展的初期功能较少或不完全，随着批发市场的发育完善，其功能逐步得到发挥，功能也逐渐完善，使得批发市场的地位得到提高。同时，批发市场只有不断进行功能创新，才具有强大的生命力。

20世纪90年代末，笔者提出了商品交易市场"交易创新、管理升级、诚信规范"的系统理论，对推进我国8万多个商品交易市场的升级改造发挥了重要作

---

① www.ydtz.com/news/htm/ .../sm.htm，2005-12-28。

第六章　关于中国商品交易市场的理论与观点

用，成为近几年来商品交易市场升级的三大主题。笔者认为，21 世纪批发市场仍将是我国商品流通的主要渠道，随着我国 GDP 的进一步增长，我国商品流通的规模进一步扩大，商品批发市场将进入创新阶段，其发展趋势主要体现在以下几个方面：①由数量规模扩张型向质量提升型转变；②市场法人主体化；③充分利用计算机和网络技术建立电子市场；④批发市场向生产和消费方向延伸；⑤批发市场将提供多种服务功能；⑥批发市场交易方式多样化；⑦发育成熟的多种中介机构将进入市场；⑧运用法律、法规对批发市场进行管理。对于批发市场的发展，笔者认为，批发市场应控制总量规模，调整结构，创新发展，对许多批发市场来说是"二次创业"。

关于批发市场研究较有影响的研讨会，是"2000 年中国汉正街市场跨世纪论坛"。在这次论坛会上，丁俊发提出调整、创新、提升、发展的观点，其中，调整是指区域性布局调整；产地、销地、集散地批发市场的结构性调整；现货有形市场与现货无形市场的发展性调整。创新是指制度创新、管理创新、交易方式创新、功能创新、形象创新等。提升是指：①运用推广信息网络技术；②完善与发展市场中介组织；③培育一级、二级批发商；④完善税制，公平竞争；⑤全国形成上百个年销售超过 100 亿元的品牌批发市场，成为名副其实的全国中心批发市场；⑥创造条件组建股份公司上市；⑦创立批发市场文化。

笔者认为，21 世纪我国将进入实现第三步战略目标的发展阶段，随着我国 GDP 的进一步增长，我国商品流通规模也将进一步扩大，商品批发市场将进入创新阶段。商品批发市场的产生和发展是市场经济发展到一定程度的产物，批发市场发展到一定程度也需要进行创新，实现第二次飞跃，以延长批发市场的生命周期。我国农村集贸市场在 21 世纪前 10 年仍将存在，批发市场仍将是 21 世纪商品流通的主要渠道。[①]

丁俊发（2000）认为，第一是制度创新，一定要实行投资多元化，股份制改造，完善法人治理结构，理顺政府与市场关系，分离所有权与经营权，一定要市场化运作，不要官办；第二是管理创新，从人治走向法制，从粗放管理向规范化管理，创造"三公"环境。

笔者提出，市场法人化是发展趋势，随着批发市场投资主体多元化，市场将充分采取股份制形式，市场由股份制企业办市场，组织企业化、股份化，有的还可以上市，批发市场有可能向生产和消费领域延伸，交易方式向摊位式、商店、专业街专业城发展，业态提升，功能完善，品牌输出，电子商务，内部信息化管理等。

---

①《我国小商品批发市场面临的问题及其 21 世纪发展趋势——兼论武汉汉正街小商品批发市场的发展》，2000 年中国汉正街市场跨世纪论坛。

王斌认为，小商品市场的制度与管理创新问题不能局限于具体的一个市场来就事论事，应有一个比较宏观的把握。一是小商品市场的创新要从宏观管理和整体政策上进行。二是要从理论上把握小商品市场的发展规律及趋势。三是把小商品市场纳入国家流通总体政策来考虑。四是要转变政府职能，真正实现依法治市。

丁俊发（2000）提出，我国批发市场面临三大挑战：①中央和国务院大力整顿和规范市场经济秩序的重大战略部署；②我国加入世界贸易组织后建立规范的公平竞争秩序的要求；③新型营销方式和流通业态。从长远讲，现货有形批发市场的创新重点是完善、提升农副产品批发市场，工业品市场创新的重点是向现货无形批发市场过渡，这种过渡是渐进性式的。创新包括五个方面：第一，制度创新。一定要实行投资多元化，实行股份制改造，完善法人治理结构，建立现代企业制度。要理顺政府与市场的关系，不要官办，所有权与经营权分离。第二，管理创新。主要从人治走向法治，从粗放管理走向规范化管理，要创造一个公开、公平、公正的市场竞争环境。第三，交易方式创新。一是着重培养一级批发商，二是推行代理制，三是农副产品要进行拍卖试点，四是稳步发展网上交易。第四，功能创新。除了商品集散、信息发布、形成价格、统一结算、配套服务五大功能外，还应加上会展经济、产销一体、外地扩张、纳入城市总体规划四个方面。第五，形象创新。批发市场既要注意硬件建设，也要重视内在软件建设，以形成良好的市场形象。

第二节　公益性理论与市场企业化经营理论

一、公益性理论

有人认为，在商品交易市场中，有一些市场具有公益性，如粮食、果蔬等农产品批发市场，因此，应该由政府来投资、规划、管理。这一理论的代表人物有李经谋、马增俊、徐柏园、赵尔烈、周勇等。

在我国农产品流通中，批发市场仍然是主渠道，全国4500多家农产品批发市场，承担着约70%的农产品流通任务，城乡集贸市场、标准化菜场甚至部分连锁超市和其他零售网点的货源，大部分来自农产品批发市场。这一基本事实谁也无法回避，而且在短期内不会改变。

发达国家农产品流通的模式虽然有一定的差异，但农产品的批发市场通过率仍然在50%以上。在美国，由于超市和零售店的冲击，批发市场交易在蔬菜水果流通上所占的比例有所降低，但仍有40%~60%的蔬菜水果流通是在批发市场上实现的。在日本，蔬菜等鲜活农产品在批发市场的通过率曾经高达85%，目前的通过率为65%。连锁超市的规模化经营虽然有利于建立"产加销一体化"的经营体系，但农产品批发市场能够为大型连锁超市提供稳定的现货货源，即使在直销主导的经营模式下，超市仍然需要农产品批发市场的现货补充。在法国伦杰斯就设有欧尚的配送中心，欧尚销售的农产品大约有15%来自该市场，主要是为超市补充现货，起到拾遗补阙的作用。从考察国内外农产品批发市场的发展态势可以得出以下结论：

第一，在国外批发市场是公益事业。把批发市场作为一项基础性、公益性事业，发挥政府在批发市场建设、管理、投资等方面的作用，规范批发市场的开设、管理与经营制度，这是国际上批发市场运作的基本方式。政府一般采取四种手段规制与支持农产品批发市场：一是立法规制；二是规划审批；三是投资监管；四是财政补贴。政府往往是农产品批发市场的建设者或投资者，并通过在批发市场上设置机构、派遣专业技术人员等形式对批发市场实施监管。

批发市场公益性的特点在我国也正在逐步显现。2004年农业部颁发的《农产品批发市场建设与管理指南（试行）》（农市发〔2004〕10号）第五条明确界定了农产品批发市场的性质："农产品批发市场是公共事业，以服务农业、农民和城乡消费者为宗旨。其设立及业务项目由各级政府规划确定，并提供支持。"

根据国外农产品批发市场的发展趋势推断，我国政府也将在"立法、规划、审批、投资、监管、扶持"等方面来促进农产品批发市场的新发展，使农产品批发市场在"服务'三农'、食品安全保障与提升城乡居民生活质量"等方面能有所作为。

第二，运作模式随市场发展逐渐完善。农产品批发市场没有既定模式，需要不断探索与创新。国外农产品批发市场的总体属性虽然是"公益性"，但也有不同的投资方式，如荷兰的花荷市场就是由种植者投资组建起来的。花荷作为世界上最大的花卉拍卖与交易平台，由种植者投资组建而成，交易者连续8年将交易额的1%支付给交易中心就可以从"交易会员"升格为"股东会员"。该市场目前有5000位股东会员，股东会员选举产生董事会。所以，花荷市场始终以服务种植者为己任。花荷市场的资本构成是：20%来源于经营盈利，20%来源于会员投入，60%来源于银行贷款。

（1）法国的伦吉斯市场是政企联合投资。1968年政府无偿划拨土地用于筹建伦吉斯交易市场，土地划拨以后，伦吉斯无偿使用至今，但土地所有权仍然属于国家。另外，政府再投入资金拥有伦吉斯72%的股份，直至2008年1月，政府才将部分股份首次转让给了私人企业，国家股权下降到了33.4%，其他最大的两家私人股东合计占有40%的股权。按照法国《公司法》规定，拥有33.4%的股东可以行使小股东否决权，否决股东大会的决议案。政府从无偿划拨土地到创建时期的绝对控股，再发展到只保留33.4%股权而仍然可以行使否决权，这一切都体现了农产品批发市场的特点——公益性，反映了政府创办市场的主导思想——政府投资，规范市场，明确了政府在市场中所扮演的角色——投资人与监管人。

（2）日本对批发市场的管制最严格，政府投资的力度也最大。日本已形成了以农业行政部门为主的农产品流通管理体制，消除了多头管理、政出多门的弊端，提高了流通效率和行政管理效率，符合生产者和消费者的共同利益。日本通过立法来规制批发市场，并加以严格管理，如将批发市场分为中央批发市场、地方批发市场和其他批发市场三类，主体是前两类市场，分别由农林水产大臣和都道府县知事批准成立。在日本，政府是中央批发市场的开设者，批发市场开设以后，政府还要对批发市场的设备进行维护，对商品进行检验检疫，并在批发市场负责屠宰。为此，政府每年有大量预算用于批发市场的建设与维护。日本还规定了批发环节的销售手续费，分别占批发金额的比例是：水产品为5.5%，蔬菜为8.5%，水果为7%，肉类为3.5%，鱼为3%，花木为9.5%。

批发市场的交易方式也不尽一致，拍卖与对手交易是两种基本的交易方式，虽然鲜花、肉类、蔬菜、水果、水产等农产品都广泛使用拍卖交易方式，但对手交易方式仍然是主导方式。在日本福冈青果批发市场，20%的交易额通过拍卖完成，80%为通过对手交易完成。

批发市场的收入来源主要是租金、佣金与服务收费。如法国的伦杰斯，其主要收入来源是出租场地，租金一般为每年每平方米300欧元；车辆收费是伦杰斯的一项重要收入来源，进入伦杰斯的车每辆收费8~10欧元，全年合计总收入约为7000万欧元，约占总收入的11%；此外还包括房产出租的收入，如总部大楼，自己只用了6层，其余的全部出租。而荷兰的花荷与日本的批发市场主要收入是佣金。

可见，无论投资模式还是交易方式都呈现出多样化特征。租赁经营、分散结算、建造临房等都是国际批发市场常用的方式。国外农产品批发市场运作模式是在特定历史背景下形成与发展起来的，我们在设计规划现代农产品批发市场运作模式时既要考虑跳跃式的发展，又不能脱离我国国情，更不能脱离我国现有的生产力发展水平。同时，也应该充分重视国际通用的运作模式与实践经验，如拍卖制、会员制、独立检测、依靠信息与物流技术发展新业务等。

第三，市场整合与迁移是大趋势。所谓市场整合的趋势，是指区域内若干小市场归并为大市场。而市场迁移有两个方面的含义：一是批发市场将逐步向城市特别是区域中心城市转移；二是城市特别是大城市的农产品批发市场，从市中心向郊区转移。

发达国家的经验表明，随着一国农业区域化、专业化生产格局的形成与发展,大宗农产品批发市场有向区域中心城市转移的客观必然性。这种趋势目前在我国已有所体现,未来将表现得更加充分。另外,国家往往会依法制定规划,强制迁移市中心的农产品批发市场。目前,我国城市特别是大城市的农产品批发市场也已经在政府主导下向城市外围迁移。如当初伦吉斯创建的背景是政府以立法形式强制规定在市中心20公里范围内不能建农产品批发交易市场。为了配合批发交易市场向城市外围转移的要求,政府无偿划拨土地用于筹建伦吉斯交易市场。

第四,公益性要通过立法来保障。国外农产品批发市场之所以比较规范,最根本的原因是有法可依。不仅有农产品批发市场的专项法规,而且还制定了一系列具体的实施细则,从而在统一规划、土地划拨、政府投资、监督管理、运营模式、扶持政策等方面都有了法律与资源保障。

我国农产品批发市场即将进入一个新的发展时期,其特点是整合、转型与提升。新时期的农产品批发市场将发挥带动上游企业提高组织化程度,并为下游企业和消费者提供食品安全保障的功能。

第五,低成本运作模式面临挑战。我国农产品批发市场已经进入转型期,随着政府对农产品批发市场的管制越来越严格,以"低成本"为特征的农产品批发市场运作模式将会逐渐改变。我国农产品批发市场已基本完成数量扩张,国家从推进农业产业化、保证食用农产品安全以及农产品稳定供给等方面考虑,近年来已经采取了一系列措施,以推进农产品批发市场的规范化与现代化建设。这些措施包括批发市场硬件建设、软件建设与规范管理的具体要求。这是我国农产品批发市场实现新发展的必然趋势,其结果是:农产品批发市场投资主体、管理主体、经营主体将发生变化,经营管理成本也将显著提高。如何化解成本矛盾将是未来农产品批发市场生存发展的关键问题之一。要解决这一矛盾,一方面,需要政府的大力扶持,因为"农产品批发市场是公共事业";另一方面,也需要农产品批发市场经营管理者大力推进运作模式的创新与经营业务的拓展。

第六,在农业生产的组织化程度还没有突破性提高的背景下,农产品批发市场完全可以作为政府有效控制食品安全的枢纽。我国农产品批发市场正处于转型时期,通过政府立法,强化农产品批发市场的公益性特征,建立农产品批发市场的独立监管体系,加强农产品批发市场的现代化建设,将彻底改变农产品批发市场的现状。国外农产品批发市场是基于国家管制农产品流通秩序的产物,所以形成了公益性、基础性的特点。我国农产品批发市场是计划经济向市场经济过渡时期放开市场管制的产物,所以形成了企业化、营利性的特点。农产品批发市场不仅具有大批量集散功能,而且对组织、带动与指导上游小规模生产者具有重要的推进作用。在批发市场的带动下,可以实现小生产条件下的规模化与标准化生产。

总之,现代的农产品批发市场体现出三个特点:一是公益性,以政府为主导；二是规范化，制定严格的批发市场交易规则与管理制度；三是现代化，利用信息物流技术、冷链技术、检测技术等提升农产品批发市场的现代化程度。

二、市场企业化经营理论

随着改革开放的发展，农产品流通体制改革需要大量的农产品交易市场与之相适应，而完全靠政府投资面临着资金来源、体制转型、竞争等多种压力，在这种情况下，深圳农产品市场有限公司最早提出了"企业建市场、企业管市场、市场企业化"的经营模式，通过国有、集体、个体、私营多种渠道筹集资金的政策，同时吸取体制外的管理经验，促进商品交易市场的发展。

温思美、罗必良在2001年发表的《论中国农产品市场的组织制度创新》一文中指出，WTO条件下中国农业可持续发展的关键是构造一个具有竞争力的农产品市场体系，该文回顾了过去20年来我国农产品流通体制改革的历程，分析了农产品流通体制现存的主要问题，提出了农产品流通体制改革的基本思路和目标模式，并对实现其目标模式的主要途径进行了讨论。该文章认为，我国的农产品流通体制改革目标应在有效的国家宏观调控的基础上，构建起一个以批发市场为中心、以企业化的管理为运行机制、多元主体参与、高度组织化的现代市场体系。为此，必须创新农产品的市场组织制度，培育富有竞争力的市场主体。

笔者认为，农产品流通体制作为整个经济系统的一个组成部分，其有效性的基本条件是与整个经济体制的匹配性，即体制环境的相容性。因此，我国农产品流通体制的改革既要适应目前和今后一段时期的农业生产力发展水平，又要符合政府的宏观政策目标和微观主体的利益。基于以上考虑，我国农产品流通体制改革的基本原则是：有利于政府对农产品市场的宏观调控，有利于稳定市场参与者的收入及其市场预期，有利于市场组织化程度的提高。

笔者提出，我国农产品流通体制改革的目标模式是：以有效的宏观调控为基础，以批发市场为中心，以企业化的管理为运行机制，构建一个企业化的市场组织制度。也就是说，在保证国家对农产品市场进行宏观调控的基础上，构建以农产品的产地和销地批发市场为中心，多元主体参与的、多层次的市场体系，其运行机制是市场的企业化，即改变原来的政府办市场和管市场的非市场化方式，推行企业办市场、企业管市场、市场企业化的市场组织形式。

笔者设计的组织框架包括三个内容：

（1）以批发市场为中心，联结各种市场经营主体，建立完善的市场结构，提高农产品市场的组织化水平。在这一过程中，批发市场是市场运行的中心，企业化的市场组织是核心，市场中介组织的发育是关键，政府的宏观政策是市场体系运行的基础。

（2）政府在农产品流通过程中不进行直接干预，只是对各种中介组织、市场管理者（企业）及市场交易行为进行规范，并为市场公平竞争提供制度性服务。

（3）作为投资并管理市场的企业，主要是培育和完善批发市场的中枢功能，为市场进入者提供组织与协调等服务，并以仲裁人的角色实施市场的微观管理。深圳农产品股份有限公司在建立和经营布吉农产品批发市场的过程中，创造了"企业办市场、企业管市场、市场企业化"的"布吉模式"，实践证明，这是一种行之有效的市场组织制度创新模式（林家宏等，1999）。

第三节 市场集群与市场联盟理论

我国是一个以中小微型企业为主的国家，当企业发展到一定程度时会形成许多的企业集群，在企业集群的基础上，当市场交易市场发展到一定程度时会形成市场集群。这几年，笔者在这方面进行了大量的研究，形成了特有的市场集群与市场联盟的理论。

一、市场集群[①]

（一）市场集群的概念

市场集群是指商品交易市场在一定地理空间上的集聚现象，是一群市场彼此既相互独立又相互依存、具有特殊关系的市场群体。

一个大城市的商品交易市场往往有 500~600 个，甚至多达 1000 个，上海市亿元市场最多，2006 年、2007 年的交易额分别达到 2649.95 亿元和 3770.8 亿元。我国大规模的商品交易市场（包括日用工业品综合市场、农副产品市场、生产资料市场）主要分布在环渤海湾、长江三角洲、泛珠三角洲区域内，其他分散在东北、中部省会城市和西部省会城市。

（二）市场集群的类型

1. 商品交易市场主导型产业集群

这种类型的市场集群包括汉正街市场集群、义乌市场集群、虎门市场集群、镇江市场集群、常熟市场集群、北京市场集群、柯桥市场集群、临沂市场集群等。

2. 连锁市场集群

这种类型的市场集群包括采取市场连锁经营的方式，实现各个市场之间相互

[①] 洪涛. 市场集群与市场联盟创新［A］. 第四次全国重点批发市场总裁联席会暨商品交易市场现代物流体系建设研讨会会刊［C］. 2007-8.

联系、相互影响、相互促进的群体关系。

3. 营销市场集群

以北京家居建材专业卖场联盟组成的营销联盟，2005年底，北京十里河灯饰城、闽龙陶瓷市场、圣大暖通商城、李文锁城和十里河彩虹窗帘布艺城五家市场组建"家居建材专业卖场联盟"。

4. 输出技术、管理市场集群

许多市场采取输出市场技术、管理模式实现市场集群，如东方家园、好美家等就以注入资金的方式将许多地方的原有市场经过改造后变为自己的连锁店面开展经营。天津环渤海市场通过输出技术、管理经验，开辟唐山、包头的市场，这种模式在一定程度上形成了优势互补和资源互补，有利于外地市场的开拓和发展。

5. 资本为纽带的市场集群

这种类型的市场集群包括采取参股、控股甚至兼并、重组的方式，强势市场对弱势市场、"空壳市场"纳入控制系统，实现市场集群发展。

6. 计算机和网络技术基础上的市场集群

如"装饰诚信通网"就是采取计算机和网络技术将许多建材、装饰、家居市场的诸多业务环节有机地结合起来，形成相互联系的市场集群。

7. 第三极市场集群

改革开放以来，我国服装市场的业态演变经历了七代，分别是：①露天集贸型市场，如露天衣架展示形式，以农村集贸市场最为常见；②棚亭式或街铺式服装批发市场；③退路进亭集中式服装批发市场；④高楼大厦式市场，如封闭式服装批发市场；⑤批发、餐饮、娱乐、休闲综合MALL式服装批发市场；⑥专业个性服装批发市场、主题服装批发市场，如北京天兰天尾货市场、天通宛尾货市场等；⑦第三极市场，现在我国的服装市场正在进入第三极服装市场的时代。第三极服装市场既不是以制造商为中心形成的服装市场，也不是以经营者为中心形成的服装市场，而是为服装制造商、供应商、采购商、中间经营户为服务对象的第三极服装市场。它为各类服装商品交易市场提供更细分的市场服务，如物流、结算、信息、科研、休闲、体验等方面的创新服务。

8. 反市场集群现象

两个或两个以上的市场采取商品趋同、经营趋同、管理趋同的方式进行市场投资、经营，导致两个或两个市场之间不是相互联系、相互依存、共同发展的关系，而是相反的关系，如相互对立、相互排斥、相互敌对的关系，这就是反市场集群现象。

第六章　关于中国商品交易市场的理论与观点

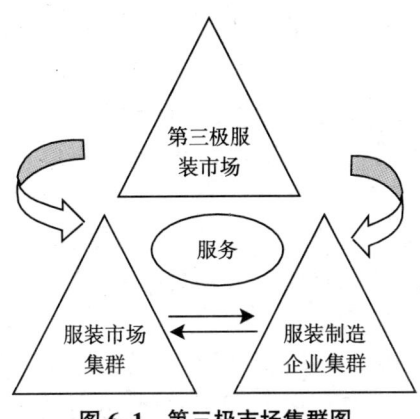

图 6-1　第三极市场集群图

二、市场联盟

(一) 市场联盟的概念

市场联盟是一种中立性组织，是非正式组织。目前，国内比较著名的市场联盟有中国纺织服装市场联盟、全国重点批发市场总裁联席会、中国建材市场联盟等。

一个市场不可能孤立存在和发展，应融入市场集群和市场联盟中。因此，我们应建立企业集群、市场集群、市场联盟协同机制，探索市场集群的发展规律。市场联盟应在市场集群中发挥较大的作用，并消除商品交易市场中的同业损害。

(二) 市场联盟的类型

市场联盟包括多种类型，如组织上的市场联盟、网络上的市场联盟、组织和网络相结合的市场联盟。

1. 中国建材市场联盟

2013 年 2 月 25 日，中国建材流通业第一个跨区域合作组织——中国建材市场联盟（简称联盟），在环渤海建材市场宣告成立。这是我国建材行业第一个由跨地区的具有独立法人资格的区域中心市场组成的全国连锁性企业共同体。联盟的成立，恰逢天津市最大的家居建材市场航母——环渤海建材市场成立 10 周年。来自北京、上海、天津、重庆、南昌、广州、沈阳、西安、杭州、南通、青岛等城市中心市场的总裁共同签署了《中国建材市场联盟章程》，成立了联盟主席团，推选了联盟执行主席和秘书长，组成了联盟常设机构执行委员会。

这标志着中国建材市场联盟开始实体化运作，也标志着大型单体市场结成联盟建立供应链，形成大流通。联盟以"联合创造新价值"为核心理念，联盟成员企业共享经销商资源、渠道资源、品牌资源、人力资源和社会资源，发展与品牌制造企业的市场营销同盟，新企业、新产品代理权和分销权采购同盟，并举联盟之力构建跨国贸易渠道。联盟是建材制造商与经销商对接的全国性采购与采购分销网络，是建材商品与终端消费群体对接的全国性渠道网络。

联盟主席团已授权联盟执行委员会筹建联盟成员共同投资的经营实体，组建保证联盟所有成员长远利益的共同市场，开辟联盟物流、联盟贸易、联盟会展和联盟传媒四大经营项目，实现联盟"无形资产有形化"的目标，推动联盟所有成员逐步实现统一经营政策、营销理念、运营模式和发展规划，通过不懈的努力，成为中国建材流通领域参与国际国内贸易、最具规模和竞争力的流通组织与渠道。

2. 中国尾货商户联盟俱乐部

2010年7月31日，中国尾货商户联盟俱乐部正式在北京成立，当日，还举行了中国首届尾货商户货源交流大会。相关行业协会领导、专家学者、尾货行业专家、各大尾货市场负责人、实力尾货商家代表以及来自广东、福建、青岛等地的服装厂商代表共600余人参加了本次大会。

该尾货联盟由550位尾货商户自发成立。中国尾货商户联盟俱乐部成立伊始，本着自发性引导、规范尾货行业发展的初衷，旨在通过商户、行业自发的力量，规避尾货行业发展弊端，挖掘行业发展潜能，将尾货行业引向一个健康的、能提供更多社会价值的发展"快车道"。联盟为南方尾货货源大户、北方尾货批发大户搭建了一个有效对接平台，真正促成了尾货市场的大流通、大融合。

3. 北京汽配市场联谊会

2006年1月，由北京西郊汽配城、北京四元桥汽配市场、北京草桥汇丰汽配市场、北京十里河新星汽配市场四大汽车配件市场组织的北京汽配市场联谊会成立，这是北京有汽车配件市场以来几大汽配市场的首次联手。2005年北京的整车交易市场有26家上马，它们之间互相压价、竞争无序，到2006年所剩无几。2006年北京的汽配市场也有这样的迹象出现，为保证行业正常有序地发展，四家联手成立联谊会可以起到市场引导作用，规范市场，加强沟通，整合资源，提高核心竞争力，做大做强北京汽配市场。

4. 绿色建材家居联盟

2007年3月，河南《郑州晚报》发起建立"绿色建材家居联盟"，目前已有14家建材市场、超市、家居城、广场、建材港等参加，其联盟宣言是：我们郑重承诺，我们经营的每项工程、每一种建材材料和产品都符合国家规定的有害物质限量标准，绝对不污染环境，绝对不危害健康。

（三）建立企业集群、市场集群、市场联盟协同机制

1. 形成相互联系、相互反馈的体系和机制

从现代企业体系和现代市场体系来看，"企业—企业集群—企业联盟—企业行业协会—现代企业体系"与"市场—市场集群—市场联盟—市场行业协会—现代市场体系"均呈现正向和逆向的联系和反馈，现代企业体系与现代市场体系相

互联系、相互沟通形成一个有机的整体。

2. 市场应充分发挥为企业集群服务的功能

商品交易市场的功能包括交易功能、信息功能、价格功能、结算功能、物流配送功能、外向型功能、引导（生产和消费）功能等，对于国家而言，还有解决就业功能、增加 GDP 功能等。在当前我国完善市场经济体制阶段，还应创新交易方式，即充分发挥其为企业集群服务的功能。我国中小企业达 2300 多万个，并且逐渐形成了企业集群，一个市场应该为企业集群服务，形成新型的互动机制，促进其发展。

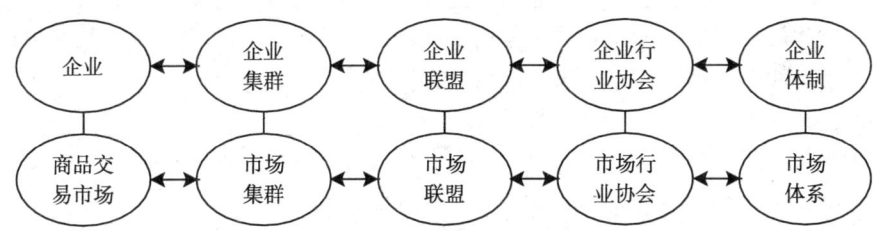

图 6-2 企业集群、市场集群、市场联盟协同机制

3. 一个市场不可能孤立存在和发展

在现代开放的市场经济条件下，一个商品交易市场不可能孤立发展，它必然会受到其他市场的影响和联系，同时也影响其他市场。一个市场的不规范发展会对其他市场形成威胁和同业损害。优良的市场集群有利于单个市场和市场集群的发展。

第四节　商品交易市场的长尾理论

2004 年美国《连线》杂志主编克里斯·安德森（Chris Anderson）首次提出长尾理论，他认为只要存储和流通渠道足够大，非主流的、需求量小的商品销量也能够和主流的、需求量大的商品销量相匹敌。这在当时是对传统的"二八定律"的颠覆，用以描述某种经济模式如 Amazon.com 或 Netflix，后来他撰写了《长尾理论》一书，并在 2006 年被引进中国，同时其理论在商品交易市场中也得到了应用，特别是在尾货市场理论中得到发展。

克里斯·安德森的"长尾理论"来源于对娱乐和媒体行业在网络经济时代的分析，但是，当成千上万家服装尾货被集中在商品交易市场进行销售时，众多的尾货集中起来就形成了"一条美丽的长尾"。

一、关于长尾理论

长尾理论是指当商品储存流通展示的场地和渠道足够宽广，商品生产成本急剧下降以至于个人都可以进行生产，并且商品的销售成本急剧降低时，几乎任何以前看似需求极低的产品，只要有人卖，就会有人买。这些需求和销量不高的产品所占据的共同市场份额，甚至比主流产品的市场份额还大。商业和文化的未来不在于传统需求曲线上那个代表"畅销商品"（Hits）的头部；而是那条代表"冷门商品"（Misses）经常为人遗忘的长尾。举例来说，一家大型书店通常可摆放10万本书，但亚马逊网络书店的图书销售额中，有1/4来自排在10万名以后的书籍。这些"冷门"书籍的销售比例正高速增长，预估未来可占整个图书市场的一半。这意味着消费者在面对无限的选择时，真正想要的东西和想要获取的渠道都出现了重大的变化，一套崭新的商业模式随之出现。

由于某单一长尾产品的销售量很低，甚至长期无人问津，致使传统的实体批发或零售商不屑于经营。但是，一旦把这些非主流的产品加总起来，其销售额远比人们想象的要大，而且会越来越大。根据数学集合论的原理，一个极大的数（长尾中的产品种类）乘以一个相对较小的数（每一种长尾产品的销量）仍等于一个极大的数。长尾产品获取收益的奥秘就在于此。

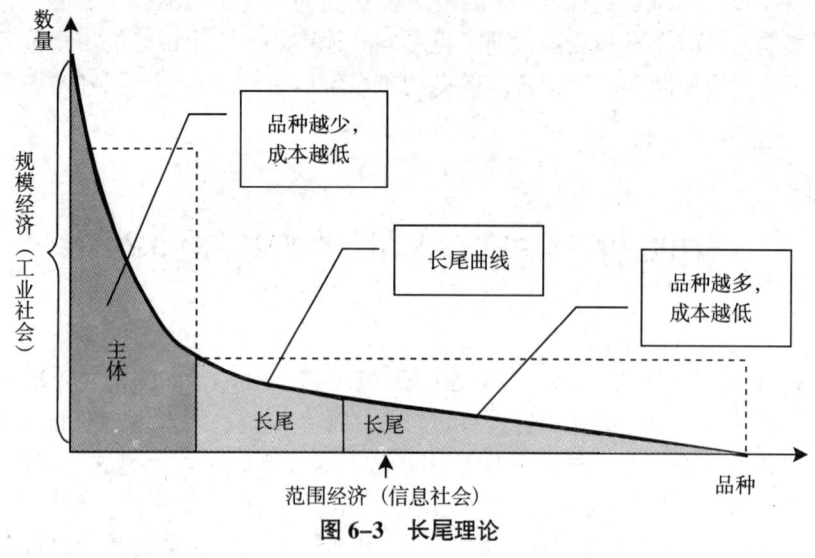

图6-3 长尾理论

二、尾货市场

尾货市场的成功源于服装尾货市场，尾货是指在订单生产、批发、零售、出口、代理等渠道环节出现的剩余品，这些剩余品集中起来，就会形成巨大的尾货及尾货库存量。国内的服装厂家生产国外商家的订单,在生产下料的时候总要多生产 2%~5%的产品,这就会产生多于订单的数量,形成尾货。尾货不仅限于出口尾货,还包括进口尾货;不仅限于厂家的尾货,还包括其他业态销售商的尾货。无论是不符合订单要求的尾货,还是因为款式过时而从传统商场下架的服装尾货,都应包括在内。对于已经赚到了合理利润的厂家或经销商,总想尽快把这些尾货低价处理掉。

克里斯·安德森认为,有差别的产品,一般都会存在长尾经济。我国第一家尾货市场是北京天兰天服装尾货批发市场,它印证了安德森"在差异产品中长尾无处不在"的论断,如服装、鞋帽、箱包、家电、家具、住房等都存在长尾现象。以服装尾货市场为例,来探讨尾货市场基本具备安德森《长尾理论》中描述的长尾市场的主要条件:

第一,尾货市场的出现,使分散的尾货能够在某一空间集聚集起来,若干集中在某一个尾货市场进行销售,形成门类繁多的商品,从而可以满足消费者多样化的需求。同时,一个尾货市场都建立相应的尾货集散中心和尾货信息中心,通过采用计算机和网络技术,使量小、分散的多种多样的尾货形成存储量较大的尾货和足够大的尾货渠道,这样就使在尾货市场中需求较小的非主流商品能够与需求量足够大的主流商品相匹敌。

第二,20 世纪 90 年代以来,我国服装市场已进入供大于求的买方市场,产品种类极大丰富,为长尾经济现象的出现创造了条件。在短缺经济条件下是不会出现非热门的长尾产品,因为在商品稀缺的状态下,需求大于供给,几乎所有的产品都是"热门",都不会有剩余。可以断言,在我国买布凭"布票"的年代,像北京天兰天 GOGO 服装尾货市场绝对不会出现。

第三,服装消费个性化使服装"利基文化"形成,服装市场进入"选择的天堂"。倒退 20 多年,我们走到大街上看到的服装多数是蓝、灰、绿,款式也是很有限的几种,质量档次也比较单一,更谈不上众多的知名品牌。可是现在,人们极少看到两个穿相同服装的人。服装尾货市场把众多品牌的"尾货"集中在一起,每一家商户都是"长尾"上的一节"软骨",但所有商户加起来就构成了"长尾市场"。每一家商户由于货架空间的限制,销售的服装种类是有限的,但对众多商户所拥有的尾货集聚形成的尾货市场来说,每一位来"淘宝"的顾客几乎都能在众多的尾货供给中淘到自己的"宝贝"。

第四,服装尾货供需成本低。一些服装厂家或经销商为了尽快抛售库存积压,回笼资金,往往以很低的价格向商贩出货。尾货市场的商贩即便加上一定的利润,卖给最终消费者的价格也依然很低。尾货市场就是一个"长尾集合器",由于采用商品交易市场模式,集中经营尾货,分类设置商铺,便于顾客选择,降低了"搜索成本"。服装尾货市场借助于媒体的宣传和尾货产品大多是名牌和名品产品的口碑传播，会形成巨大的吸引力。

第五，服装和音像艺术具有同样的生命周期表现形式。营销学之父菲利普·科特勒认为，服装和艺术的生命周期表现为风格和流行模式。一种服装（正装、便服、运动服或奇装异服）风格被创新后，会在一定领域里被接受，消费流行也会随时变化，这样就必然出现冷门和热门共存的局面，而且即便是很冷门，也会有人喜欢，20世纪80年代初流行的喇叭裤，至今就有人对它旧情难忘，也许明天还会重新流行起来。

三、如何抓住服装尾货"美丽的长尾"

服装尾货是一个巨大的"长尾"，尾货市场是我国一个潜力无限的补缺（或利基）市场。一方面，在我国加入世界贸易组织之后，我们的服装经常因受国际反倾销的影响而出口转内销；另一方面，迅速变化的市场需求也使厂家为迎合顾客品位而不断转产，经销商也经常改变定位。

（一）保持纯洁定位是生存之本

服装尾货市场的定位是"尾货"，目标顾客是"追尾族"。尾货可能意味着"剩余"或"款式过时陈旧"，但并不意味着"仿冒"或"质量低下粗劣"。尾货的价格定位不能简单理解为低价。就每一个品牌来讲，其在尾货市场上的价格和在其他正常商场相比价格要低得多，但绝不是服装尾货市场的所有商品价格都低。

（二）追求品种数量是收入之源

传统商场或专卖店由于有限的货架空间，其主要收入来自少数热门流行服装的巨大销售量。服装尾货既然是尾货，单品数量就不是很多，所以，尾货市场的收入模式是：巨大的尾货品种数量乘以较小的单品销量乘以低廉的价格。服装尾货市场的最大卖点不是单品销量，而是品种数量。尾货市场的总体发展趋势应该是"琳琅满目"，而不是"千店一面"。市场管理者要引导广开进货渠道，多样化采购，防止不同摊位争相出售同样的服装，形成"热门尾货"，那一定就不是真正的"尾货了"。

（三）降低销售成本是获利之道

尾货市场最诱人的地方是低价格，要支持低价格又要获取利润，就必须想办法降低销售成本。降低销售成本一方面要抓住供货商急于抛售商品的心理，降低采购价格，另一方面就是降低物流成本。服装尾货和图书音像制品不一样，图书音像制品可以完全数字化，从而突破了货架空间和地理空间的限制，可以把"长尾"无限延伸。而服装尾货不能无限增加品种，而且要把有限的物理空间充分利用，才能最大限度地降低物流成本。充分利用供货商库房、市场集中化仓储以及充分利用第三方物流都是降低物流成本的方法。在店内，应充分利用店铺面积，减少平面展示，进行立体化堆放，以尽可能增加服装品种。

(四) 网下和网上混合是发展趋势

有形服装尾货商店的"长尾"虽然没有纯数字产品的"长尾"那样长,但有形商品的数字目录、图片通过网站进行传播,可以大大降低销售成本,便于潜在顾客搜索,从而使更多的利基产品进入盈利长尾。按照安德森的分析,从有形商店到混合商店,再到纯数字商店,会逐渐摆脱货架空间的平静限制,是迈向无限多样化的三个步骤。所以,服装尾货市场网上和网下的结合是发展趋势。现在不少人专职或利用业余时间在网上开设自己的特色服装店(如孕婴装),一月多则收入万元,少则上千元。其实在国外服装尾货不像我国这样集中在一起来卖,更多的已经转向网络。

第五节 商品交易市场体系与模式理论

一、商品交易市场体系

(一) 市场的概念

市场是指流通运行的载体,是指一种以商品交换为内容的经济联系形式,市场的内涵包括五个方面的内容:①市场是商品交换的场所,这是最早的从空间角度来讲的市场概念。②市场是一切关系的总和,从商品交换关系和交换过程来看,市场反映了各种各样的商品交换关系,如生产者、经营者、消费者等之间的经济关系,这些都是从市场利益关系方面反映出来的。③市场是指某种商品的需求/销路,我们经常所讲的"商品的销路"实际上指的是市场需求量或者市场销路的大小。④市场是特殊的交易组织,如我们经常所讲的期货市场(Futures Exchange)、批发市场(Wholesale Exchange)等。⑤市场是商品流通时空点的横断面,我们经常所讲的市场是指某一时间、空间的市场,如1998年东南亚金融市场,时间是"1998年",空间是"东南亚",品种是"金融"。

(二) 市场体系

市场体系是指各类市场相互联系、相互区别、相互依赖、不可分离、共生同长的一个有机整体的市场组合。具体可分为商品交易市场(日用工业品市场、农副产品市场、生产资料市场)、人力资源市场、金融市场、技术市场、信息市场、产权市场、房地产市场等。详见图6-4。

(三) 商品交易市场体系

商品交易市场体系是指日用工业品市场、农产品市场、生产资料市场、再生资源市场相互联系、相互依存、相互区别、同生共长的有机的商品市场组织,属

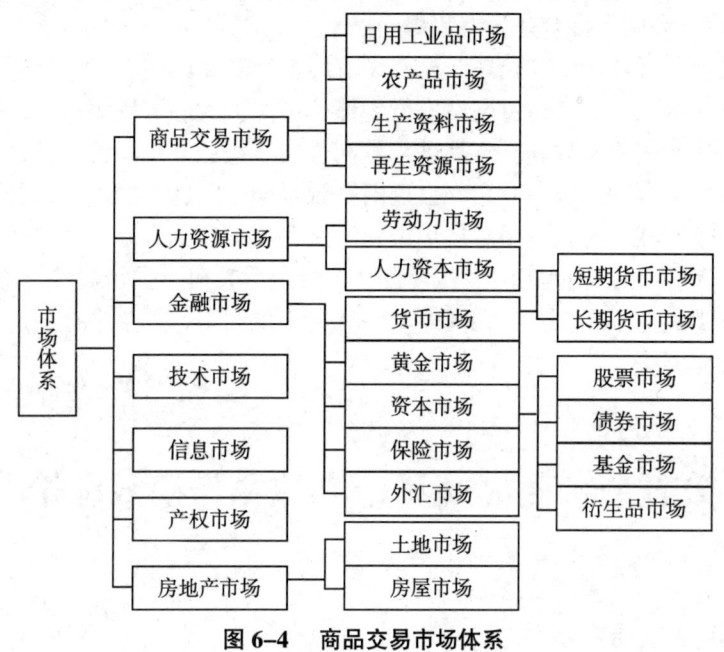

图 6-4　商品交易市场体系

于市场体系的重要组成部分,是实体经济的基础。

2004年6月9日,国家商务部发布了《全国商品市场体系建设纲要》,这份国家首部商品市场体系建设纲要明确提出,采取五项措施加快商品市场体系建设进程。

一是健全商品市场的法律体系。清理不符合社会主义市场经济要求和国际贸易通行规则的法律、法规和规章,促进建立以反对垄断和促进市场充分竞争为核心、与国际市场接轨、内外贸统一的商品市场法律体系,重点推进规范市场主体、市场交易行为和市场监管的立法进程。

二是加快市场主体的改革步伐,减少对企业的行政干预,更多地发挥市场机制的作用。进一步深化流通企业改革,实现投资主体多元化,加快建立现代企业制度,支持有实力的流通企业在市场竞争中做强做大。进一步放开搞活中小流通企业,鼓励民营、私营流通企业发展。推进垄断行业改革,有步骤地放开行业准入限制,促进不同所有者公平竞争。

三是加强对商品市场体系建设的宏观管理。各地将明确建设重点,加强对投资方向的引导。大型商业设施建设应进行听证,避免重复建设。

四是提高商品市场的现代化水平,加强流通领域信息技术的研究、开发和应用。根据我国居民消费的发展趋势,研究采用新型营销方式和营销手段,刺激消费、扩大消费。

五是要有序推进商品市场扩大开放。引进吸收国际先进的商品流通模式、经营理念和营销方式,结合我国国情开发创新,实现商品市场的交易规则、交易方式和交易手段与国际市场接轨,不断提高我国商品市场的国际化水平。引导和鼓励外商到中西部地区发展,促进中西部地区和农村的商品市场建设。

在市场体系建设中,消费品、生产资料和农产品市场是商品市场体系建设的重点,要加快农产品流通体系建设,尽快改变农产品流通环节多、流通成本高、市场秩序混乱的状况,建立畅顺高效、便捷安全的农产品流通体系。同时,大力推动农产品零售市场改造升级,努力提高连锁超市、食品超市、大型综合超市等新型零售业态中农产品的经营规模,力争使其销售份额占全部农产品零售额的1/3。

二、商品交易市场模式

(一)商业模式的概念

商业模式是指组织所采取的适合市场经济规律的,具有某种规范的,能够带来效益的组织、业态、经营等独特的制度、措施、形式等。

1. 商业模式的内涵

(1)盈利模式。商业模式是企业的运营模式、盈利模式,是企业如何适应环境变化合理配置内部资源实现盈利的方式。

(2)价值创造模式。商业模式是企业创造价值的模式,从价值创造的视角来考虑商业模式,认为商业模式是企业创造价值的决定性来源。

(3)系统体系。商业模式是一个由很多因素构成的系统,是一个体系或集合,强调商业模式的综合性,研究视角更宽泛、更全面,能够从各个维度更系统地诠释商业模式的实质。

2. 商业模式的功能

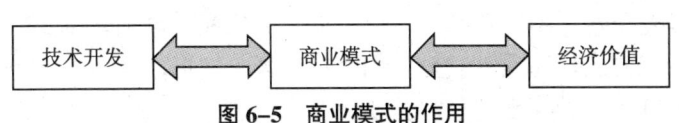

图 6-5 商业模式的作用

具体来说,商业模式的功能包括:①明确价值主张;②确定市场分割;③定义价值链结构;④估计成本结构和利润潜力;⑤描述其在价值网络中的位置;⑥阐明竞争战略。

3. 商业模式的构成要素

商业模式是由多个维度组成的,不存在单一的商业模式,这六个因素是建立商业模式的一种框架。①

---

① Rainer Alt、Hans-Dieter Zimmermann(2001)指出,使命、结构、过程、收入、法律事务、技术是商业模式的六个要素。

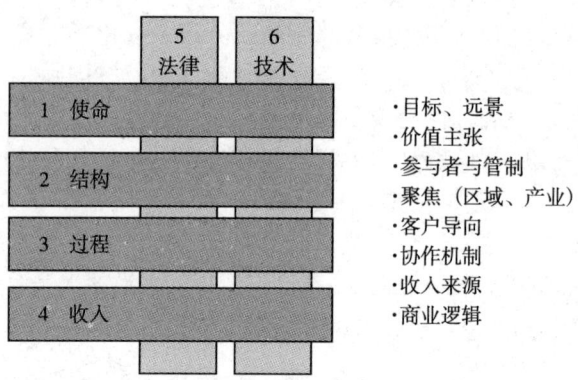

图6-6 商业模式的法律、技术要求与约束

4. 成功商业模式的特点

（1）有效性。商业模式的有效性包括三个方面：一是指能够较好地识别并满足客户的需求，做到客户满意，不断挖掘并提升客户的价值。二是指通过模式的运行能够提高自身和合作伙伴的价值，创造良好的经济效益。三是包含具有超越竞争者的、体现竞争全过程的竞争优势，即商业模式应能够有效地平衡企业、客户、合作伙伴和竞争者之间的关系，既要关注客户，又要有企业盈利，还要比竞争对手更好地满足市场需求。

（2）整体性。好的商业模式应至少满足两个必要条件：一是商业模式必须是一个整体；二是商业模式的组成部分之间必须有内在联系，这个内在联系把各组成部分有机地关联起来，使它们互相支持、共同作用，形成一个良好的循环。

戴尔电脑直销模式之所以成功，其重要的原因之一是戴尔具有低于4天的存货周期，这种高周转率直接带来了低资金占用率和低成本效率，使得戴尔的产品价格低，具有竞争对手不可比拟的优势。戴尔的低库存高周转率正是来自于其核心生态系统内采购、产品设计、订货和存货管理、制造商及服务支持所产生的协同作用，这是其真正的核心竞争力所在。

（3）差异性。商业模式的差异性是指既具有不同于原有的任何模式的特点，又容易被竞争对手复制。这就要求商业模式本身必须具有相对于竞争而言较为独特的价值取向，以及不易被其他竞争对手在短期内复制和超越的创新特性。如美国西南航空公司的商业模式所选择的特定服务航线和目标顾客，使得对手只能模仿其中某一个环节而无法模仿全部。差异性的存在也使得试图学习戴尔和西南航空的企业从未成功过。

（4）适应性。商业模式的适应性是指其应付变化多端的客户需求、宏观环境变化以及市场竞争环境的能力。商业模式是一个动态的概念，今天的模式也许明天就会演变成不适用的，甚至成为企业正常发展的障碍。好的商业模式必须始终保持必要的灵活性和应变能力,具有动态匹配的商业模式的企业才能获得成功。

(5) 可持续性。企业的商业模式不仅要能够难以被其他竞争对手在短时期内复制和超越,还应该能够保持一定的持续性。商业模式的相对稳定性对维持竞争优势十分重要,频繁调整和更新不仅会增加企业成本,还易造成顾客和组织的混乱。

(6) 生命周期特性。任何商业模式都有其适合的环境和生存土壤,都会有一个形成、成长、成熟和衰退的过程。

(二) 商业盈利模式

商业盈利模式可以归结为一个系统,它由不同的部分、各部分之间的联系及其互动机制构成。尽管各个产业中都存在着大量变化的盈利模式,但是,这些盈利模式的设计都是为了使其所有者能够长久获得利润。一个好的盈利模式必须能够解决一系列的问题,如"向客户提供什么样的价值"、"向哪些用户提供价值"、"如何提供这些价值"、"能够提供价值的关键活动有哪些"、"收入来源有哪些"、"如何保持优势",等等。一个好的盈利模式还必须是使其各个组成部分都能盈利的模式,而且具有持久盈利的方法,这样,即使有新的竞争者进入,也不会受到很大的威胁。商业盈利模式一般都由一个核心和五个基本点构成:一个核心是指价值创造结构。五个基本点指的是五个基本构成要素,它们是利润对象、利润点、利润源、利润杠杆、利润屏障。

(1) 利润对象是指市场提供的产品或服务的购买者和使用者群体,他们是企业利润的唯一源泉。它解决的是向哪些用户提供价值。

(2) 利润点是指市场可以获取利润的产品和服务。好的利润点包括三个方面:一是针对目标客户的清晰的需求偏好;二是要为构成利润源的客户创造价值;三是为企业创造价值。它解决的是向用户提供什么样的价值。

(3) 利润源是指市场的收入来源,即从哪些渠道获取利润。它解决的是收入来源有哪些。

(4) 利润杠杆是指市场吸引客户购买和使用市场经营产品或服务的一系列活动,必须与市场的价值结构相关。它回答了市场能够提供的关键性活动有哪些。

(5) 利润屏障是指市场为防止竞争对手掠夺本企业的利润而采取的防范措施,它与利润杠杆同样表现为市场投入,但利润杠杆是撬动"奶酪"为我所有,利润屏障是保护"奶酪"不为他人所动。它提供了持久盈利的方法。

(三) 商品交易市场盈利模式

我国绝大多数的商品交易市场都是市场化运营的,因此,每个市场都必须有相应的盈利模式,否则就不可能生存和发展下去。商品交易市场的盈利模式是一般商业盈利模式理论在商品交易市场的具体实现。

商品交易市场与商店经营产品和服务不同,它不是经营产品和服务,而是经营商户，使进场的商户在商品交易市场内获得较好的收益，同时，商品交易市场管理者才可能获得相应的收益。因此，商品交易市场盈利模式的核心是提供各类进场商户（含采购商户）提供优质的服务，并通过经营商户、管理商户、服务商户，获得相应的利益。商品交易市场提供一个良好的产业链条并使在这一链条中的每一个环节获得相应的利益，因此，不同的商品交易市场模式能够提供给商户一系列的价值。其五个基本点指的是商品交易市场的五个基本构成要素，它们是：利润对象、利润点、利润源、利润杠杆、利润屏障。

（1）利润对象是指市场的商户和客户外。

（2）利润点是指市场可以获取利润的一系列的服务，好的利润点包括三个方面：一是针对目标商户的清晰的需求偏好；二是为构成利润源的商户创造价值；三是为产业链企业创造价值。它解决的是向商户提供什么样的价值。

（3）利润源是指商品交易市场的收入来源，即从哪些渠道获取利润，解决的是收入来源有哪些。

（4）利润杠杆是指商品交易市场的服务以及吸引商户购买和使用市场产品或服务的一系列活动，必须与市场的价值结构相关。它回答了市场能够提供的关键性活动有哪些。

（5）利润屏障是指市场为防止竞争对手（零售业态和同类商品交易市场）掠夺本市场的利润而采取的防范措施，它与利润杠杆同样表现为市场的投入，但利润杠杆是撬动"奶酪"为我所有，利润屏障是保护"奶酪"不为他人所动。它解决了如何保持市场能够持久盈利，在这里还应包括避免商品交易市场重复建设、趋同竞争，建设和谐市场集群的目标。

第六节　商业同业损害与市场同业损害理论

笔者认为，随着中外商业企业进入商品交易市场领域，在市场总体数量较大的情况下，商品交易市场应消除市场同业损害。

一、同业损害的两个定义

商业同业损害是指商业领域内经营相同商品、采取相同业态或相近业态，在同一时间、同一行业内企业之间因不正当交易竞争或非理性交易竞争行为而导致的企业之间经济和社会效益方面的损害。

商品交易市场同业损害是指市场领域内经营相同商品、采取相同的组织形态，在商品交易市场之间因不正当交易竞争或非理性交易竞争行为而导致的市场之间经济和社会效益方面的损害。

二、市场同业损害的内涵

（1）同业是指经营相同商品（包括实物商品和服务商品），采取相同的市场形态所进行的业务活动。

（2）损害是指采取不正当手段或不理性交易竞争行为引起的损害，包括有意的损害和无意的损害。

（3）同业损害主要指的是相关联的损害，即由"此"竞争者行为引起的"彼"竞争对手的损害。

三、商品交易市场同业损害的表现

商品交易市场同业损害主要表现在以下四个方面：①商品、业态、行业的关联性损害；经营同类商品或服务而引起的损害；采取相同业态或相近业态引起的损害；在相同的行业领域内引起的损害，如同在某一商品交易市场领域内引起的损害。②有意或无意所造成的关联性损害。③违反现有法律、法规、标准等规范造成的关联损害。④其他同业损害表现。

思考题：

1. 简述市场"短命论"与"创新论"的区别。
2. 简述公益性市场理论与市场企业化经营理论。
3. 简述市场集群与市场联盟理论。
4. 简述商品交易市场的长尾理论。
5. 简述商品交易市场体系与模式理论。
6. 简述商业盈利模式的"1+5"模式。
7. 简述商业同业损害理论与市场同业损害理论。

第七章　中国商品交易市场的体系与模式

第一节　中国特色的"金字塔型结构"市场体系

改革开放以来，特别是近十年来，中国商品交易市场发生了深刻的变化，其中最主要的变化就是由"老金三角"市场体系向"新金三角"市场体系转型。所谓"老金三角"市场体系是指期货市场—批发市场（中央批发市场—区域批发市场—地方批发市场）—基础市场。"新金三角"市场体系是指期货市场—大宗商品电子交易市场—批发市场（中央批发市场—区域批发市场—地方批发市场）—基础市场。

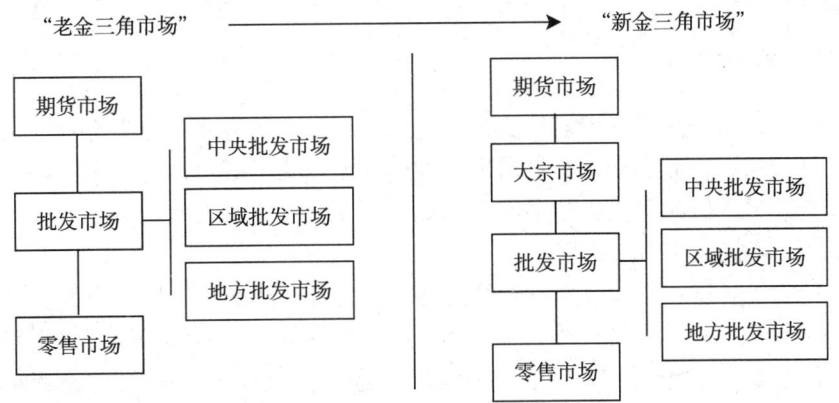

图7-1　"老金三角"向"新金三角"市场体系转型

一、基础市场

基础市场是指初级市场，在农村通常是指乡镇的集市——集贸市场，或者传统的"赶集"、"赶庙会"、"上市"，农民将自己种的蔬菜、水果、猪、牛、羊等拿到市场上去卖，如果出售的是粮食就叫做粮食初级市场，这是相对于批发市场和高级市场（期货市场）而言的。基础市场在城市则叫做城市的菜市场。基础性市场是指人们的生活不可缺少的最基础的商品交易市场，以小批量、多品种、现货交易和易货贸易为主要特征。

二、实体批发市场

批发市场是指在基础性市场之上的、进行批量交易和跨区域交易的商品交易市场。在我国，批发市场是商品交易市场的主体和骨干，包括：中央批发市场，是从事全国性的商品跨区域批量交易的市场，调剂产区与销区、产区与产销衔接区的商品交换活动；区域批发市场是指从事区域性的批量交易的市场，调剂区域之间产区与销区、产区与产销衔接区的商品交换活动；地方性的批发市场是指从事地方性的批发交易的市场。

三、大宗商品交易市场

大宗商品交易市场是指对大宗商品（Bulk Stock）进行 B2B 电子化交易的市场，属于现货市场范畴，采取网上交易、网下交收具有多种模式的市场组织形态。大宗商品电子交易一般包括钢材、煤炭、石油、铅、锌、铝、铜、锡、镍、稀土、茧丝绸、橡胶、塑料甚至"文化"虚拟产品等大宗商品的网上交易。这种商品交易市场模式是随着网络技术出现的新的市场模式，也是传统市场模式的升级。

四、期货交易市场

期货交易市场是指进行期货交易的场所和组织。期货交易是买卖双方交付一定的保证金后，在商品期货交易所进行的标准化合约的买卖，它最大的特点是在到达交割期的一段时间内进行多次的买卖。

（一）期货交易市场的特点

（1）期货交易是标准化期货合约交易。期货合约是商品交易所为期货交易所制定的标准化合约。期货合约简称期货，但期货不是货，而是一种可以反复交易的标准化合约或一纸合同。期货交易实质上是一种"虚拟交易"。交易者对期货合约上的商品本身并不感兴趣，而是利用期货合约上商品价格的波动，通过各种期货交易方式来回避风险或赚取一定的风险投资利润。

（2）期货交易的基本方式是买空卖空。期货交易可以先卖后买，也可以先买后卖，在交割期到来前可以多次买卖，获取期货合约买卖的价格差，一买一卖或者一卖一买，以对冲结束交易，一般情况下没有商品所有权转移。实物交割在期货市场上占的比例极小（一般在1%左右）。通常是在低价时买进商品期货合约，即买空；或者在高价时卖出商品期货合约，即卖空。也可以在现实市场配合做交易，即在期货市场上买进，现货市场卖出，或者期货市场卖出，现货市场买进，作相反的交易，以套期货保值、回避风险，或赚取价差、获得风险利润。

（3）期货交易必须在期货交易所内按固定的交易程序与规则进行，具有规范性。不论是期货交易所会员单位还是非会员单位，不论是期货经纪公司自营还是代理，所有期货交易都必须在期货交易所内来完成。

（4）期货交易是一种保证金交易。"保证金交易"又叫"以小博大"交易，因为期货交易是一种风险性很大的交易。为了有效地控制期货交易的风险，现代期货市场已建立了一套完整的风险保障制度体系，其中之一就是保证金制度。规定期货交易的参与者必须首先在其所属的期货经纪公司开立账户，存入一定数量的初始保证金，然后按照初始保证金的数量与每类商品期货保证金（一般每张期货合约保证金为其总额的5%~18%）的要求开始期货交易，并随着每日交易结算价格的变动，每天计算交易者的盈亏状况，不断调整交易者的保证金数目，使其达到维持保证金的水平。

（5）期货交易流动性高。由于期货交易是标准化期货合约的交易，不直接涉及商品实体，只是依据期货价格的波动买进卖出，因此，吸引了那些没有任何实体商品的投机者进入交易行列。另外，"以小博大"的保证金制度，也吸引了不少投机者，加上大量存在的套期保值者，导致期货交易具有很高的流动性。

（6）期货交易的商品有特定的要求。如商品的质量、规格、等级容易划分确定；商品交易量大，价格容易波动；商品拥有众多的买主和卖主，等等。正因如此，期货交易虽有100多年的发展史，但期货商品的品种并没有增加很多。其品种主要分为两大类：一类是农产品、能源产品、矿产品等实体性期货商品；另一类是外汇、股票、利率指数这些金融性期货商品。其中，农产品期货交易出现最早，矿产品期货交易于20世纪30年代才发展起来，能源与金融性商品期货交易在20世纪70年代以后才开始出现，但其发展速度惊人，已成为当今世界期货交易的主流。

（二）期货交易的作用

期货交易是众多的买主和卖主根据期货交易所的规则，通过公开、公平、公正的方式而进行的期货合约的买卖，易于形成一种真实而富有权威性的期货价格，指导企业的生产与经营活动，同时又为企业提供了避免市场价格波动风险的机会，因此，期货交易具有价格导向与风险转移的功能。

（1）价格发现。俗称价格导向，即确定市场上各种商品的未来预期价格。期货交易的参与者众多，在期货市场上，生产者作为供给者，他们的决策反映了供给的变动；经营者作为需求者，他们的决策反映了需求的变动；而投机者的活动则反映了他们对供求双方的分析。期货交易中的竞争反映了各个参与者对供求的分析，即期货交易中所确定的价格正确地反映了供求的状况，因而成为最合理的价格。期货交易中决定的是未来价格，将这种未来价格向全国、全世界发布出去就是期货交易的价格发现作用。这种价格对各种经济活动有重要的指导作用。如世界农产品价格是在美国芝加哥期货市场决定的，世界有色金属价格是在英国伦敦金属交易所这个期货市场上决定的。

（2）回避风险。由于各种外部因素的影响，市场的供求状况会经常出现异常的波动，因此由供求所决定的价格也经常出现波动，这种市场价格波动风险的存在对于生产者和经营者都是一种威胁。期货交易则可以有效地转移价格波动风险，具体来讲，是指通过期货交易中的套期保值方法来达到回避价格波动风险的目标。

所谓套期保值，即指在期货市场中买进或卖出与现货市场数量相当但交易方向相反的期货合约，以期在未来某一时间通过卖出或买进同等数量的期货合约而补偿因现货市场价格变动所带来的实际价格风险。

五、中国特色的商品交易市场体系

建立"以期货市场为先导，以电子商务为方向，以批发市场为主体，城市以零售店（粮店、超市、仓储商店）、菜市场，农村以集贸市场为基础"的商品交易市场体系。

（1）以期货市场为先导，是指充分发挥期货市场在发现价格、回避风险中的先导作用，逐渐增加期货交易的品种，激活仓单交易，增加期货转现货交易、期货期权交易，逐渐释放其潜在功能。农产品期货交易是发达市场经济的高级形式，批发市场与期货市场联动能够充分发挥其市场功能，是我国农产品市场建设的目标之一，目前已有许多粮食批发市场实现与期货交易所的联动，批发市场成为积极引导会员参与期货交易来实现保值增值或投机套利的中介。

（2）以电子商务市场为发展方向，是指农副产品交易采用电子商务是一种发展趋势。近几年来，粮食、食糖、棉花、蔬菜、水果等农产品采用电子商务，在农产品采购、销售、国家储备商品的轮换等方面起到了重要作用。"中华食糖网"、"中华粮网"、"布吉农产品批发市场网站"等发挥了关键作用。

（3）以批发市场为主体，是以中央批发市场为龙头，以区域批发市场为骨干。我国大多数批发市场是物流批发交易市场，是商品流通的主渠道，特别是区域之间农产品的产销衔接主要是通过中心农产品批发市场和区域性农产品批发市场两级市场来完成的，其中农产品物流批发市场起着重要作用。当前农副产品批发市场的交易额占整个市场交易额的 2/3，是农产品流通的主要渠道。

（4）城市以零售超市、农村以集贸市场为基础。城市农产品批发超市化是许多城市农产品批发和零售的发展趋势，一些超市也逐渐吸取了一些集贸市场的特点，如摊位式经营。城市农产品流通是通过农产品批发市场进入超市这一主要发散渠道网络完成的，城市农贸市场（早市）将被超市网络所取代，但这受三个方面的条件所限制：①市民收入水平的提高；②城市农产品物流配送能力的提高；③超市农产品物流成本的下降。只有达到这三个条件，农产品进入超市（简称"农进超"）才成为可能。至于在广大的农村或城乡结合部，农贸市场仍然具有较大的发展空间，这是由我国的小生产供给与大市场需求在时间和空间上的矛盾以及市场中介组织不发达等因素所决定的，当前我国大多数农产品主要依靠这一流通渠道来实现其价值。在城市农产品批发市场超市化过程中，一些超市也在"市场"化。城市农产品批发市场的发展趋势呈现四种模式：①"农进超"（许多大城市的模式）；②"农改超"（福州模式）；③"农加超"（义乌模式）；④服务超市（许多农产品市场模式）。

第二节 物流商品交易市场

一、物流批发市场

物流批发市场是指从事现货批量交易的商品交易市场，即"一手钱一手货"的交易，在2012年亿元以上的5194个商品交易市场中大多数是物流商品交易市场。其中，最典型的是临沂物流市场模式。

二、山东临沂——物流商品交易市场案例

山东临沂商城创建于1982年，是我国最早创办的专业批发市场之一，30多年来经历了"西郊大棚市场—专业批发市场—临沂批发城—中国临沂商城"四个发展阶段，临沂商城现有服装、化工、建材、五金等各类专业批发市场68个，总经营面积600多万平方米，经营摊位4.6万个，上市商品4万多个品牌系列，从业人员10多万人。2010~2012年，山东省临沂商城交易额以连续3年超过18%的增速实现了精彩飞跃，2012年跨过了1700亿元大关。2012年出口额实现41.5亿美元，同比增长18.6%，其中直接出口12.8亿美元，同比增长687.5%。

截至2004年底，临沂市个体工商户达到18.12万户，从业人员47.42万人，注册资金27亿元，总产值52.44亿元，销售总额332.72亿元，社会消费品零售额236.85亿元；全市私营企业达到1.8263万户，从业人员21.03万人，注册资金202.96亿元，总产值128.50亿元，销售总额166.41亿元，社会消费品零售额118.96亿元。全市个体私营企业实现利税54.5亿元，利润35.1亿元，个体私营经济增加值占生产总值的66.6%，比上一年提高8.3个百分点。

第三节 商流商品交易市场

一、商流交易市场

与物流市场相对应的是商流市场。商流市场是指与物流相分离，主要进行商流活动的商品交易市场。在我国一些中心城市出现了商流批发市场，商流批发市场是从事中远期现期货交易的批发市场，如以中国郑州粮食批发市场为主的42家省会中心城市的粮食批发市场就是以商流为主的批发市场，还有许多生产资料批发市场就是以商流为主的无形批发市场。

交易商采取会员制，不是所有的交易当事人都直接进入市场进行交易，买者与卖者交易当事人在外地或者通过交易经纪人进行交易，也可以直接进入交易厅进行交易。

商流交易主要采取计算机进行撮合的方式进行交易，正因为如此，交易人可以采取异地同步进行交易，具有较高的效率。

商品的物流与配送活动剥离，在商流交易所里，主要进行商品交换活动，物流与配送活动不在交易所完成，而是在交易结束时在市场外进行实物交收。

商流交易具有较强的组织性、公正性，为买卖双方提供相应的服务。

二、中国郑州粮食批发市场案例

（一）我国第一家规范的粮食商流批发市场

郑州粮食批发市场是经国务院批准，于1990年10月12日成立的我国第一家规范的、全国性的粮食批发市场，是国家进行粮食宏观调控的工具和载体，2006年9月被国家粮食局确定为郑州国家粮食交易中心。

郑州粮食批发市场成立以来，不断开展粮食市场理论研究与实践创新，开创国家政策性粮食通过粮食批发市场公开竞价交易之先河。共创立的中华粮网已成为业内应用最广泛的网络平台；投资控股的河南数字认证中心，被确定为国家"互联网电子身份认证示范工程"项目，广泛应用于电子商务和电子政务；主管主办的《粮油市场报》已成为全国粮食行业重要的平面媒体；发起主办的一年两届的"中国粮食市场论坛"已经成为业内的精品论坛和理论前沿；自2003年以来，每年出版的《中国粮食市场发展报告》填补了我国粮食行业的空白；通过规范交易形成的郑州价格的"晴雨表"作用和对未来粮食价格的预测功能，已经成为企业经营决策和政府部门制定政策的重要参考标准。

(二) 郑州粮食批发市场的诞生和发展

1988年，国务院成立了课题组，开展期货市场的课题研究，目的在于采用过渡方式，先成立现货批发市场，再推出期货市场，最终促进中国粮食市场的流通。

1990年10月12日，中国郑州粮食批发市场开业。这是中国第一家规范化的粮食现货交易市场，它的诞生被国外视为中国继续改革开放的标志和市场经济发展的里程碑。

1991年3月22日，我国第一份现货远期合同在中国郑州粮食批发市场产生。它表明中国郑州粮食批发市场向期货市场迈出了新的一步，受到国内外的极大关注和高度评价。

1993年5月28日，郑州商品交易所开业并推出规范化的期货交易。当时是一套人马、两块牌子，现货、期货两种机制同时运行。现货、期货两种交易机制并存，相互促进、共同发展的运作模式，被业内称为"郑州模式"，引起了国际社会的关注并获得好评，被认为是发展中国家发展期货市场的良好模式。

(三) "郑州价格"成为粮食市场的"晴雨表"

作为我国第一家规范化的粮食批发市场，长期以来，郑州粮食批发市场以促进粮食流通规范有序为己任，严格按照政府批准的交易规则，组织、监理、服务于交易活动。除竞价、协商交易外，郑州粮食批发市场还努力开拓出组合、预约、场际等多种交易方式，积极争取优先运输、优先贷款和减免部分税收等优惠政策，并为会员提供全方位的配套服务。规范的交易和良好的服务使得市场的影响力、吸引力不断增强，辐射面不断扩大，真正形成了全国性大市场。

1. 推出期货交易

郑州粮食批发市场通过公开、公正、公平竞争形成的粮油市场价格，在调节供求、指导生产方面的作用日益明显，粮油行业和新闻界习惯地称之为"郑州价格"。郑州粮食批发市场多次成功预测了我国粮食市场的重大走势和变动，为政府部门和粮油生产加工企业提供了重要的决策参考。"郑州价格"以其成就和事实逐渐赢得了中国粮食市场价格"风向标"、"晴雨表"的美誉，2002年12月，"郑州小麦"期货价格还被路透社列入世界最有影响力的全球报价系统。

2. 中华粮网——中国粮食第一网

粮食行业虽然属于传统行业，但早在信息技术刚刚开始进入中国的1995年，郑州粮食批发市场就已经利用信息技术为现代粮食流通服务。

1995年12月，郑州粮食批发市场在我国粮食行业最早开展粮食电子商务，创建了集信息、价格和交易系统于一体的集诚信息网。1998年，互联网进入中国之后，集诚信息网进一步扩张，联结了国内主要的区域性批发市场、粮食集团和大型粮库，为会员和粮食企业提供全方位的信息服务，并成功推出了网上交易。

2000年12月，集诚信息网更名为中华粮网。作为电子商务与传统产业相结合的典范，中华粮网充分发挥电子商务和批发市场的优势，为全国各省、市、自治区粮食生产、经营企业和批发市场开辟"虚拟社区"，并实现了网上交易的日常化，网上交易的推行被认为是实现了"我国粮油现货交易方式的一场革命"。

2001年12月，中华粮网股份制改造成功，中国粮食行业最大的门户网站和B2B电子商务网站的基本框架构建完成。2004年12月，中国储备粮管理总公司控股中华粮网，标志着我国粮食电子商务进入了一个新的发展时期。

（四）成为国家粮价宏观调控中心

近年来，郑州粮食批发市场稳步健康发展，各种现货粮油成交量位居全国粮食批发市场首位，在搞活和理顺粮食流通、调节粮食供求、形成粮食指导价格等方面发挥了积极作用。

2006年初，随着最低收购价粮食的入库，国家有关部委提出，在粮食主产区建立国家粮食交易中心，承担包括最低收购价粮食在内的国家政策性粮食的销售和吞吐任务，以推动粮食流通市场化改革，加强国家粮食宏观调控。

2006年9月，郑州粮食批发市场再获殊荣，被国家粮食局确定为国家粮食交易中心。截至2008年4月底，郑州国家粮食交易中心共承担国家临时存储粮交易70余批次，圆满完成国家有关部委交付的国家临时存储粮销售任务。尤其是在当前国际粮价上涨较快的形势下，郑州国家粮食交易中心作为国家粮食宏观调控的工具和载体，有效发挥了国家稳定粮价、平抑粮油制成品价格的宏观调控职能。

（五）开创粮食市场史上七大创新

（1）**市场体系的创新**——是我国第一个规范化的粮食批发市场。新中国成立以来，我国粮食集贸市场时开时关，没有得到正常的发育，郑州粮食批发市场是我国第一家规范的粮食批发市场，目前我国基本形成了以期货市场为龙头、批发市场为骨干、收购市场（集贸市场）与零售市场为基础的网上交易与网下交易相结合的粮食市场体系。

（2）**市场制度的创新**——形成了三个第一。郑州粮食批发市场开创了"三个第一"：制定了中国第一部规范化的粮食现货交易规则，制定了第一部商品期货交易规则，制定了第一个粮食现货网络交易规则。这些交易规则都已成为我国粮食市场的交易规范。

（3）**市场体制的创新**——现代市场企业制度。郑州粮食批发市场改制成为郑州粮食批发市场有限公司，按照现代企业制度来建设新型的粮食批发市场。

（4）**市场价格的创新**——形成了"郑州价格"。具有较大影响力的郑州小麦价格经历了14个价格波峰，在引导生产、引导消费方面起到了重要作用。

（5）**市场联动的创新**——期现货交易的联动。郑州粮食批发市场与郑州商品交易市场相互联动，形成特有的"郑州模式"，在粮食市场中起到了重要的联动作用，许多粮食生产企业、加工企业、农户利用期货与现货市场进行套期保值，

第七章　中国商品交易市场的体系与模式

成功回避了市场风险。

（6）市场经营方式的创新——网上与网下结合。郑州粮食批发市场较早进行网上交易的探索，形成了网上交易与网下交易相结合，郑州粮食批发市场孵化出来的"中华粮网"网站在我国粮食市场化中发挥着越来越重要的作用。

（7）开创粮食"场际交易"模式。2012年4月12日，全国25家国家粮食交易中心签订了《场际交易公约》，并举行了启动仪式。截止到2013年8月20日，郑州、四川、山东、华南、武汉、通辽、河北、陕西、福州、新疆、山西、甘肃等市场主办或参办了19次场际交易会，并组织网上协商交易，共成交粮油158万吨，成交额45.7亿元，参与交易的800多家企业分布在16个省份。

第四节　电子商务交易市场

20世纪90年代以来，计算机和网络技术在我国得到迅速普及和发展，随着1998年第一笔电子商务交易的成交，我国电子商务B to B、B to C等电子商务市场得到了迅速发展。其中电子商务交易市场交易额占有一定的比例，电子商务交易市场主要有两种类型：一是在传统批发市场的基础上建设电子商务交易市场；二是纯粹的电子商务交易市场，一般由网络公司建立。到2012年底，我国网民达到5.64亿人，居世界第一位，网站超过200多万个。

一、中联钢电子交易市场简介

中国联合钢铁网是由中国钢铁工业协会牵头，宝钢、鞍钢、首钢、武钢、攀钢、太钢、马钢、包钢、唐钢、本钢、邯钢、济钢、莱钢、华菱14家大型钢铁企业及中钢集团和瑞钢联集团共同出资组建的中国钢铁行业网站。

中联钢电子交易市场是中国联合钢铁网的钢铁电子交易平台，也是中国钢铁行业的行业电子交易平台，由上海中联钢钢铁电子交易市场经营管理有限公司中国规划、建设和运营，旨在探索和实践适合中国钢铁行业特色的电子商务模式，以电子商务构架新型钢铁产业链，提升中国钢铁行业的国际竞争力。

中联钢电子商务平台是国家发展和改革委员会审定资助的国家高新技术样板工程电子商务专项，是以中联钢电子交易系统为核心，结合中联钢仓储管理系统、中联钢企业进销存管理系统，与银行结算系统对接而搭建的第三方钢铁网上电子商务平台。

中联钢电子交易市场遵循"公开、公平、公正"和"诚实信用"的原则，采用会员制、保证金制和每日结算的封闭市场管理制度，确保网上交易的安全履约。本市场通过中联钢电子商务平台与钢铁企业、仓储物流企业、银行等合作伙伴共同构架的钢铁电子商务服务体系，能够为交易商提供钢铁及相关产品的形式多样的网上交易、网上交收、网上质押、仓储剪切加工配送、信息、企业网络推广等全方位的商务服务，创新地实现了安全、便捷、全天实时的网上钢材现货交易。本市场的电子交易系统采用国际最先进的网络安全产品，并配备高强度数据加密技术，充分保障整个网络交易的安全性。

二、中联钢盈利模式

中联钢的盈利方式是先让欲通过中联网进行商务活动的各企业和个人注册会员，再通过对会员选定的服务项目收取相应的服务费用盈利。其会员涵盖了整个钢铁产业链的各种类型的企业，包括钢材生产企业、钢材经销企业、钢材用户企业、研究咨询客户、金融投资客户。

中联钢将这些用户集合起来通过电子交易机制进行交易，并以中联钢电子商务平台为依托，借助中联钢仓储联盟和区域平台构建区域钢材交易、结算、物流和信息中心，为全国钢材经销企业和用户提供全方位的商务服务，根据市场需求实现钢材资源的跨区域配置，最大程度地降低电子交易参与者的物流成本。

三、中联钢电子交易模式

中联钢电子交易模式如图 7-2 所示。

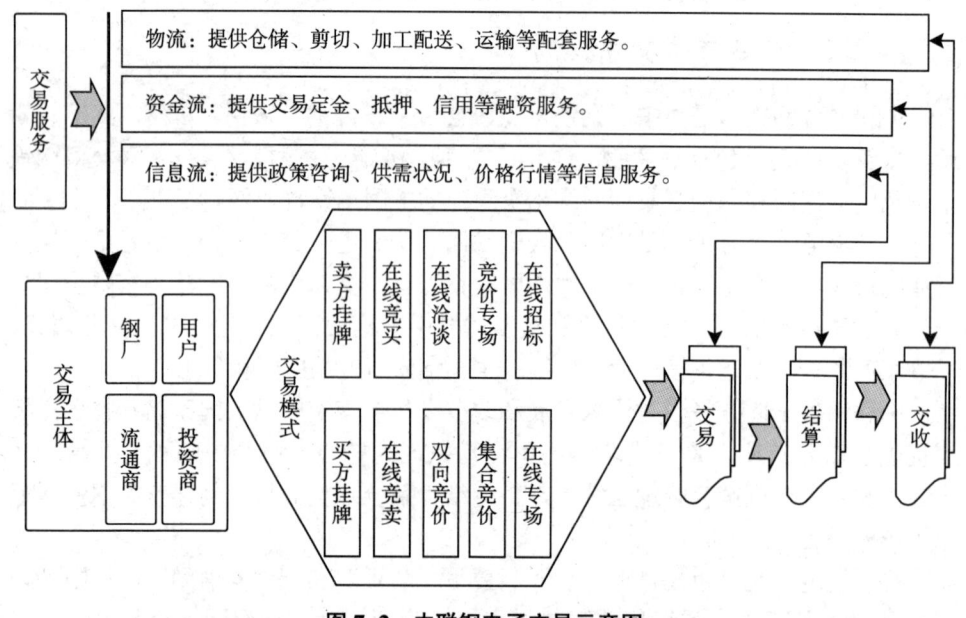

图 7-2 中联钢电子交易示意图

第七章 中国商品交易市场的体系与模式

1. 买方挂牌交易模式

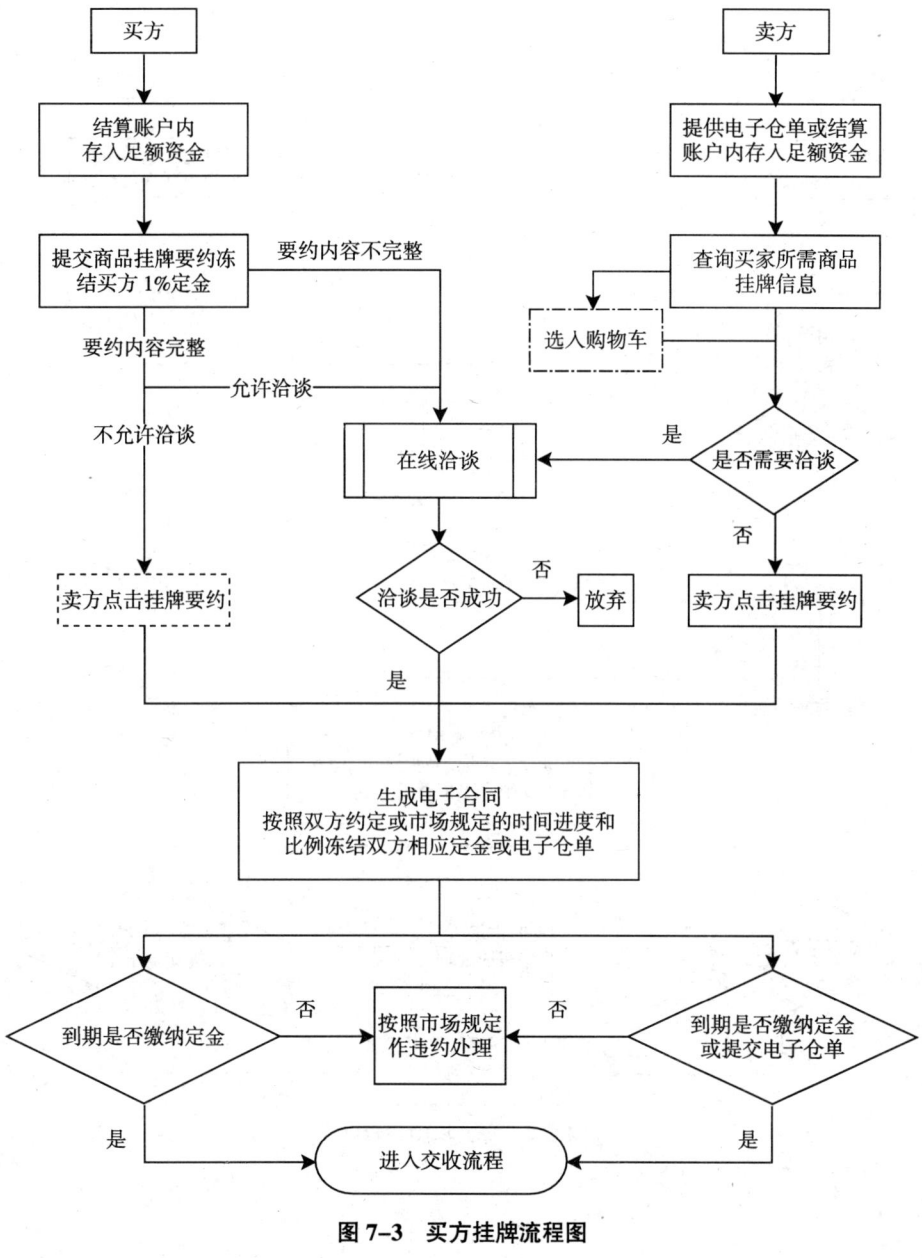

图 7-3 买方挂牌流程图

2. 卖方挂牌交易模式

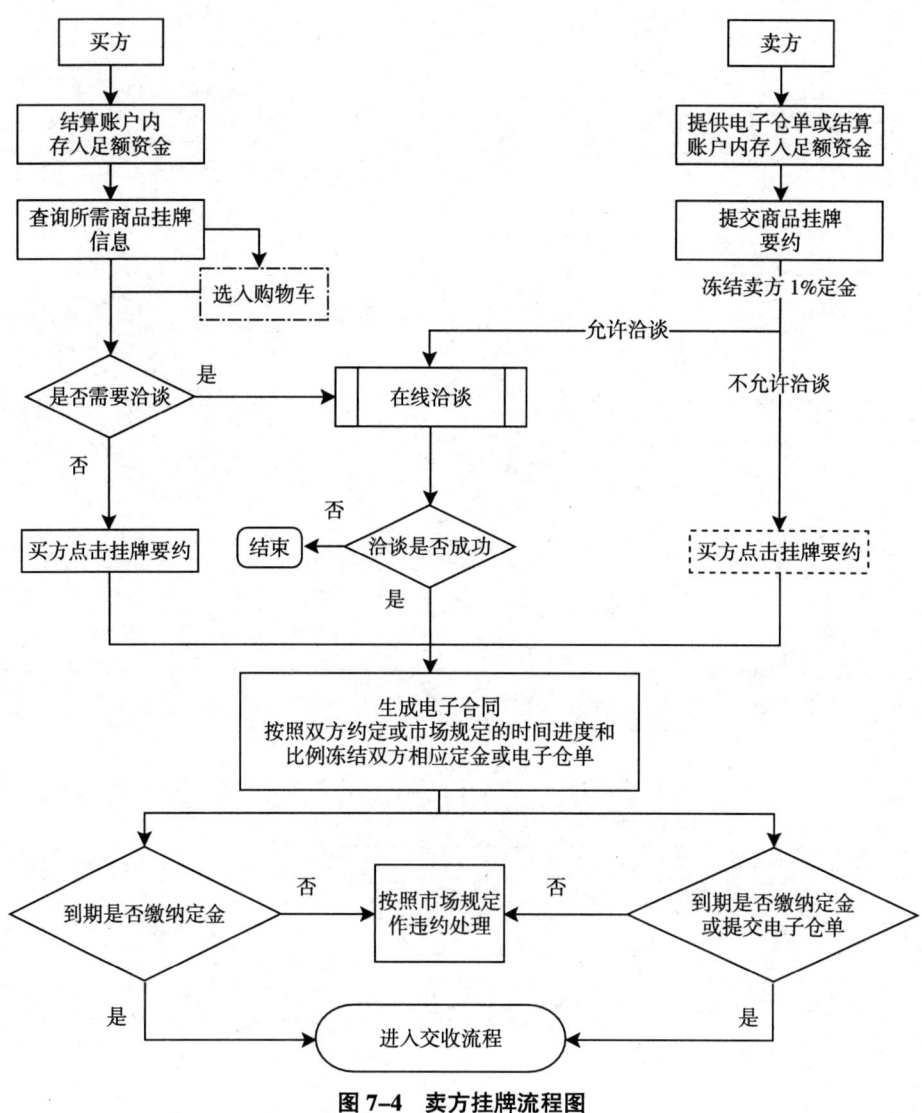

图 7-4 卖方挂牌流程图

第七章 中国商品交易市场的体系与模式

3. 电子竞买（卖）模式

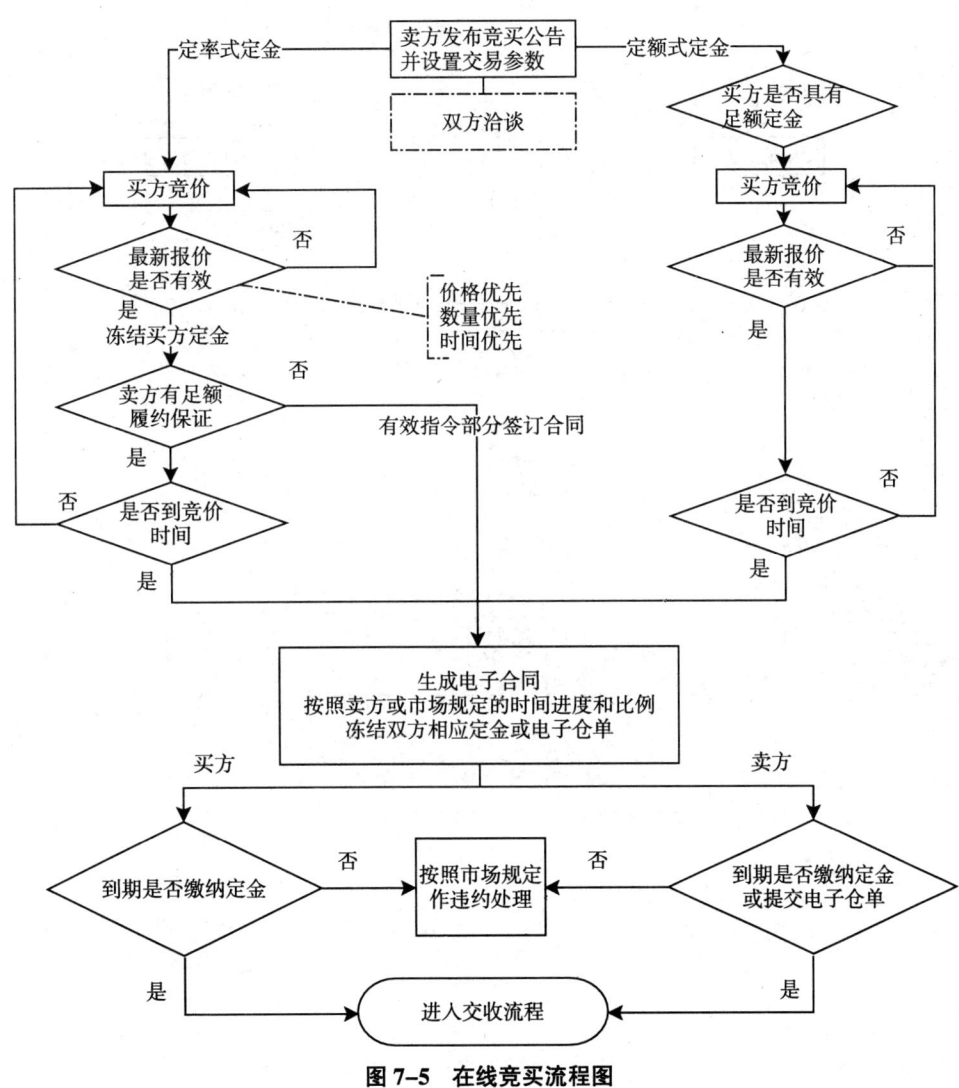

图 7-5 在线竞买流程图

4. 在线洽谈模式

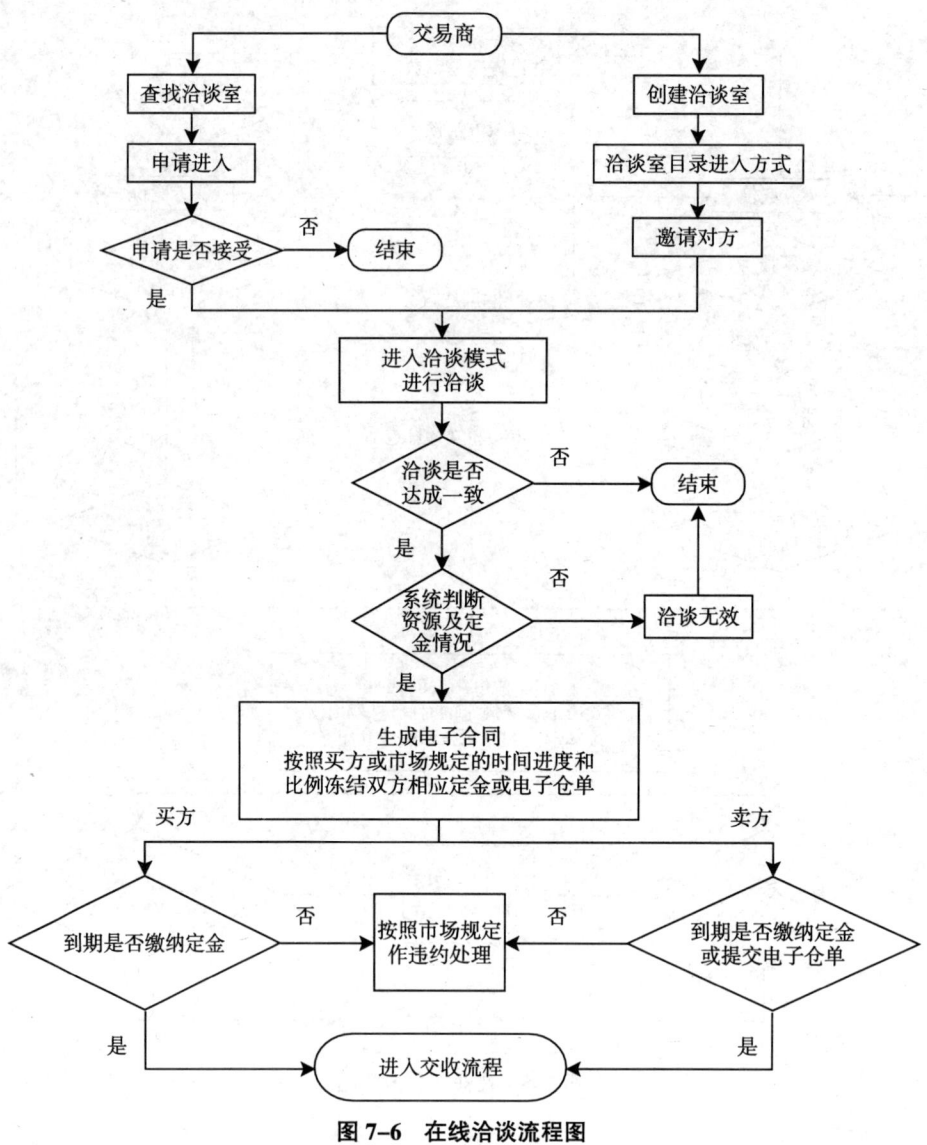

图 7-6 在线洽谈流程图

5. 双向竞价、竞价专场模式

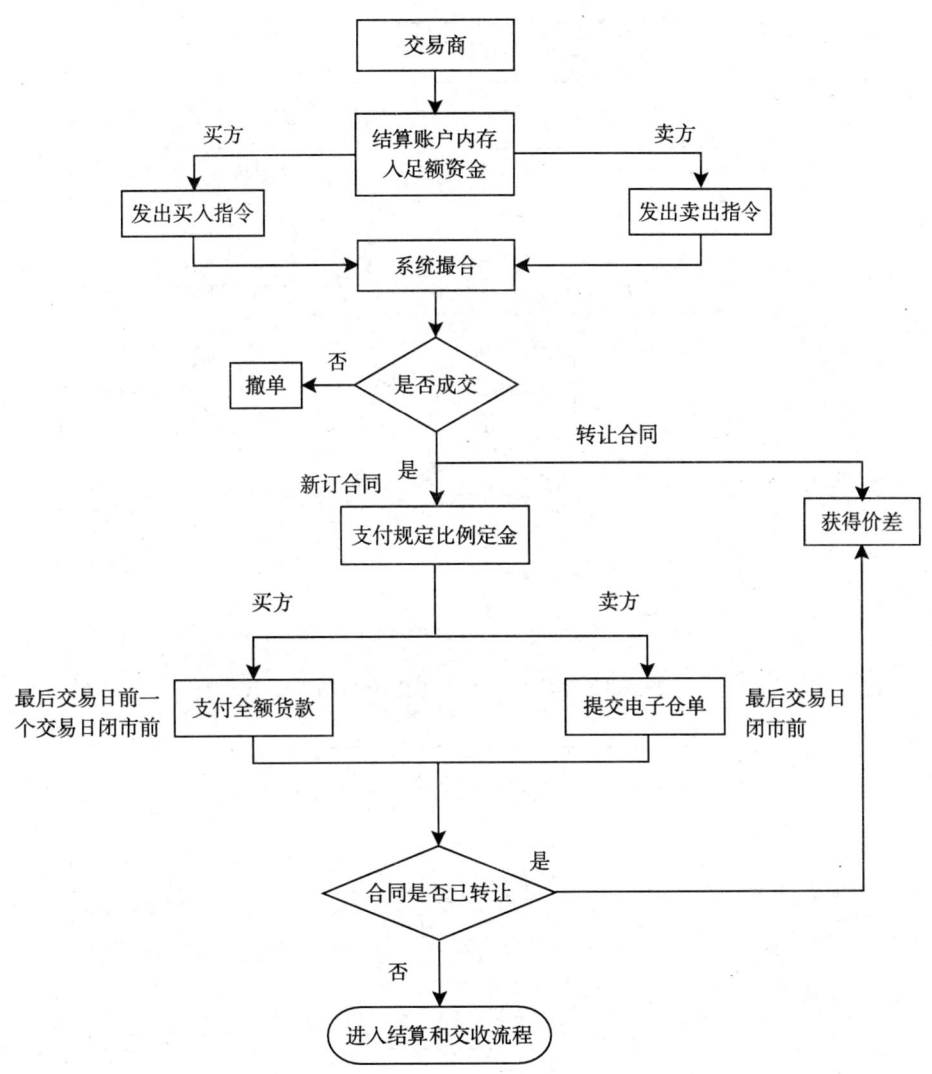

图 7-7 双向竞价、竞价专场流程图

6. 集合竞价模式

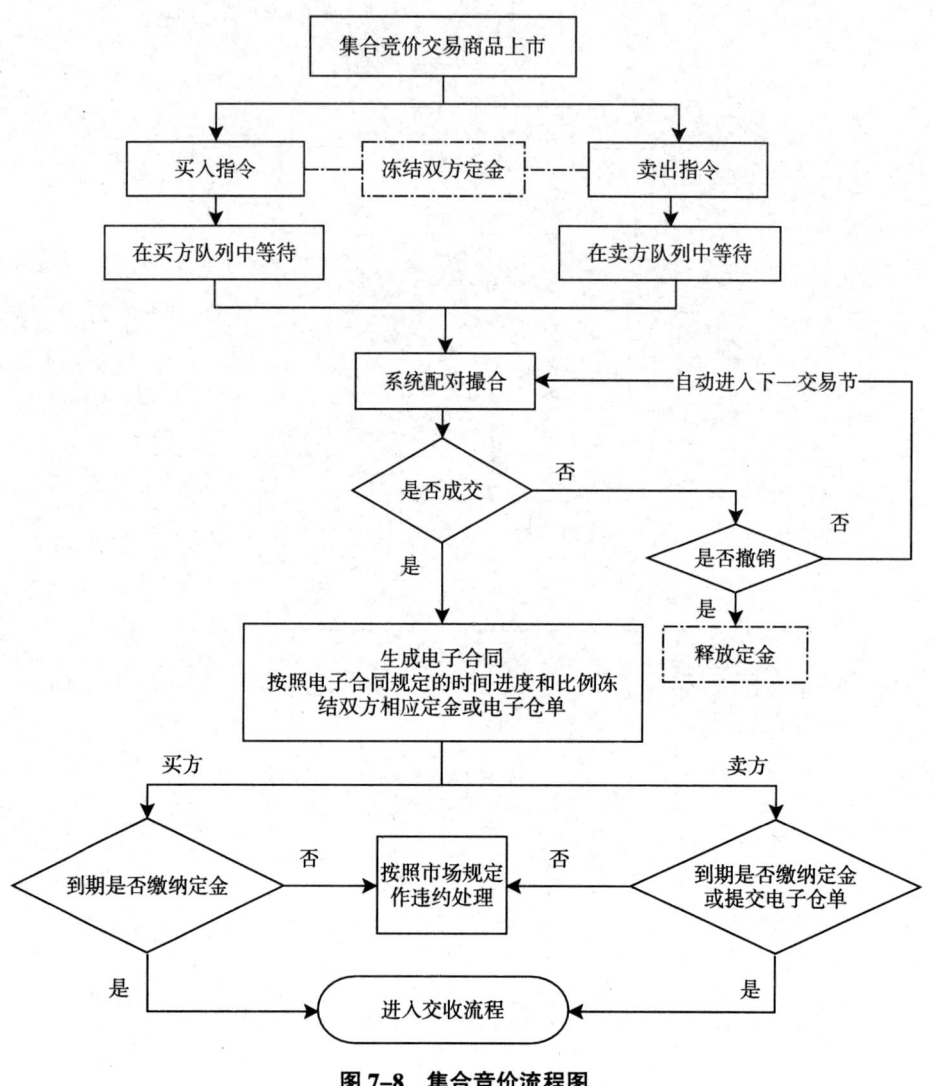

图7-8 集合竞价流程图

7. 在线专场模式

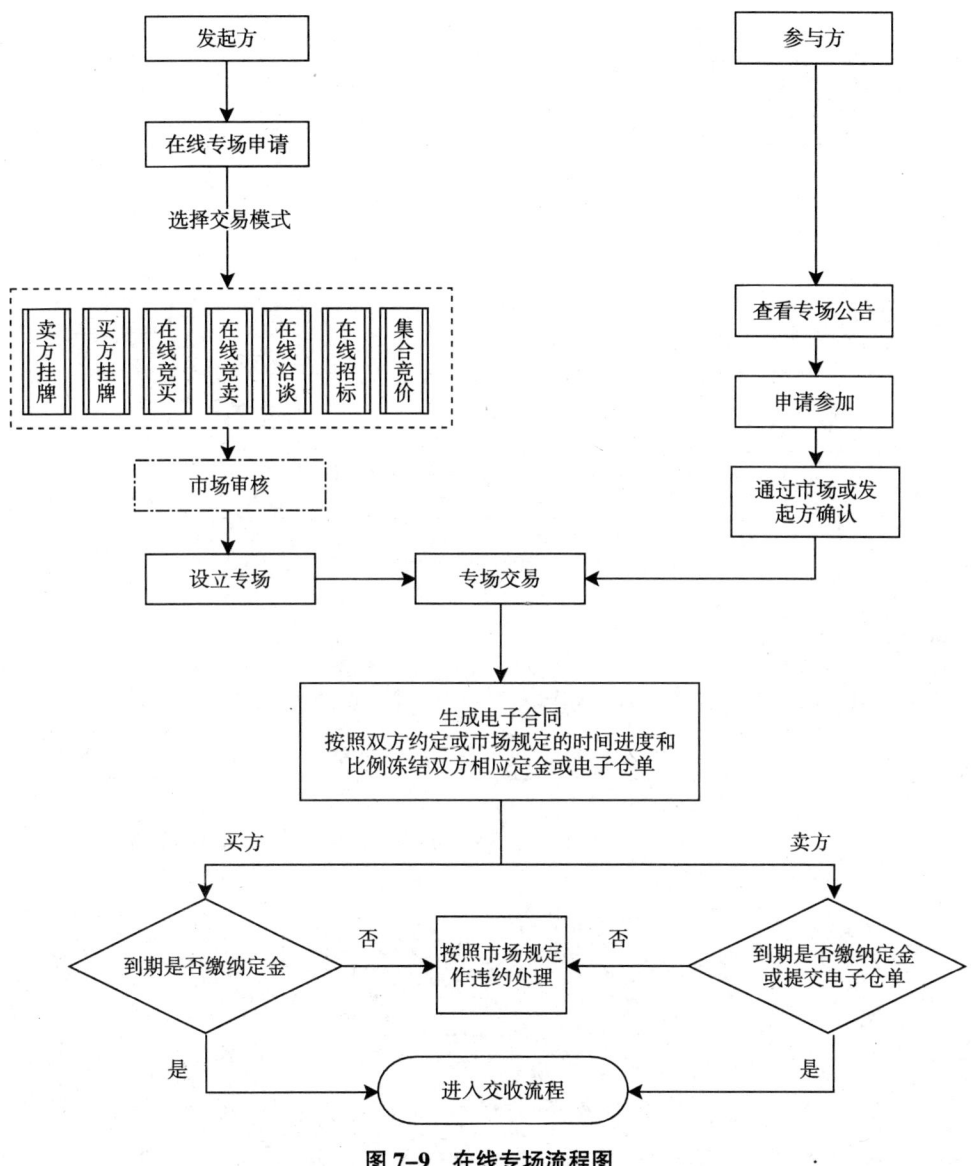

图 7-9 在线专场流程图

8. 在线招标模式

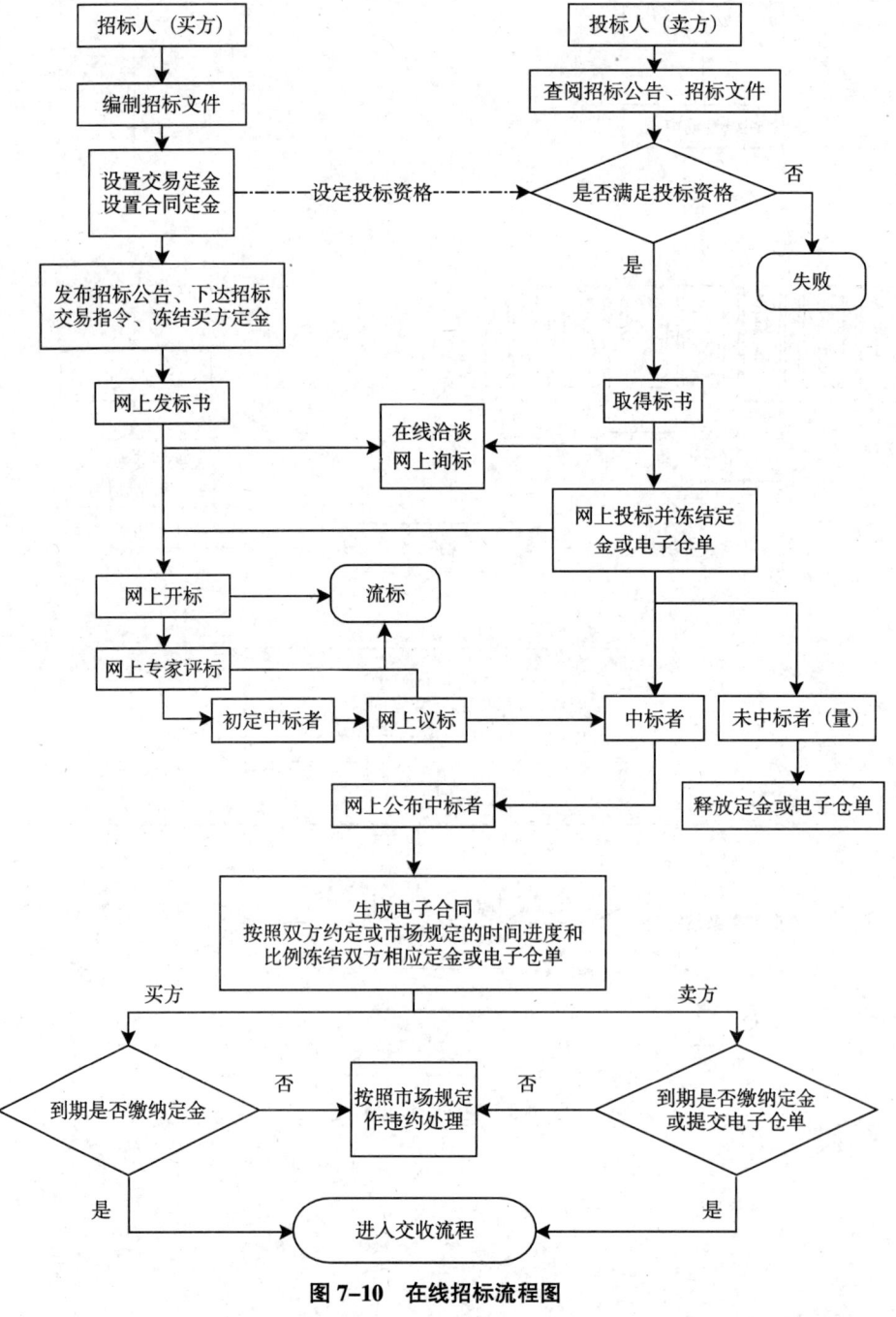

图 7-10 在线招标流程图

四、中联钢电子交易市场运营的优势

中联钢电子交易市场致力于服务钢铁生产、流通及用户企业，为钢材的市场流通提供一个安全而低成本的网上交易平台。中联钢电子交易市场通过提供信息、交易、融资、物流等服务，构筑良好的信用保障体系，为企业运营实现资产保值和投资增值。

中联网与传统的实物现场交易相比有这样的优势：

表7-1 中联网运营的优势

比较优势	电子交易	传统交易
信用保证	完善的资金结算方式和风险控制机制，保证资金安全和交货履约	合同执行不规范，无第三方信用保证
质量保障	钢材品种、品牌、交收仓库、违约的统一认定和管理，保障交货质量	供货质量仅靠供应商的信用提供保障
信息及时	及时发布市场行情、供求信息、技术分析等专业资讯信息	信息相对单一、闭塞
时空限制	全天候、跨区域地进行交易，不受时空限制	交易时间有限，交易区域受到限制
价格发现	通过公开、公正、公平、高效的交易运行机制，形成具有权威性、公开性和预期性的价格	一对一交易，难以反映整个市场的供求关系，价格变化难以预测
转移风险	规避价格波动风险，控制生产成本，锁定预期利润	无法规避价格波动的风险

五、中联钢电子交易市场的收费标准与方式

表7-2 中联钢电子交易市场的席位租金收取标准

项目	租金
租期一年	15000元
租期二年	25000元
租期五年	40000元

表7-3 中联钢电子交易市场的手续费收取标准

		交易手续费	交收手续费
在线挂牌	成交价<5000元/吨	1元/吨	3元/吨
	10000元/吨>成交价≥5000元/吨	3元/吨	
	成交价≥10000元/吨	5元/吨	
双向竞价		1元/吨	5元/吨
在线专场		1元/吨	5元/吨

六、独具创新，在线培训

中联钢还开设了在线培训课程，其中包括交易商出金流程、交易商入金流程、交易商入市流程等七门教程，同时提供在线咨询与使用的免费服务。

中联钢是一个全新的提供专业运营模式的网络交易中心，也是中国钢铁行业的电子交易平台，旨在探索和实践适合中国钢铁行业特色的电子商务模式，以电子商务构架新型钢铁产业链，提升中国钢铁行业的国际竞争力。

第五节 股份制商品交易市场

一、股份制商品批发市场

股份制商品交易市场是指采取现代企业制度的公司制组织形式来进行商品交易市场的运行，具体来说可分为上市的股份制商品交易市场和非上市的股份制商品交易市场。

（1）上市的股份制商品批发市场：浙江中国轻纺城集团股份有限公司于1993年3月成立，是全国第一家以大型专业批发市场为基础改组的股份制企业，1997年1月，向社会公开发行"轻纺城"股票，也是第一个上市的股份制市场。深圳市农产品股份有限公司于1989年成立，1997年向社会公开发行股票，中国小商品城（义乌）于2002年5月9日上市。

（2）非上市的股份制商品批发市场，如宁波轻纺城、洪城大市场等。2001年成立的中国第一家合资批发企业——中日合资的上海百红公司于2002年10月在上海七浦路开出一家名叫"世富上海"的服装批发市场，这是我国第一家的中外合资市场。[①]

二、深圳农产品有限公司

深圳农产品有限公司（简称深圳农产品）于1992年从布吉农产品批发市场起步，1997年上市，探索出了一条中国特色的农产品批发市场的创新模式，可以归纳为五个方面：

---

① 这是我国第一家中外合资的批发市场，日方合作者是日本大西衣料株式会社，是日本纺织业的龙头企业，其在东京的世富大西批发市场以经营各种产自日本、韩国以及在中国生产的日本定牌商品为主，2001年商品销售额超过36亿日元。该批发市场由于市场模式"水土不服"，于2004年9月18日退出上海。

第七章　中国商品交易市场的体系与模式

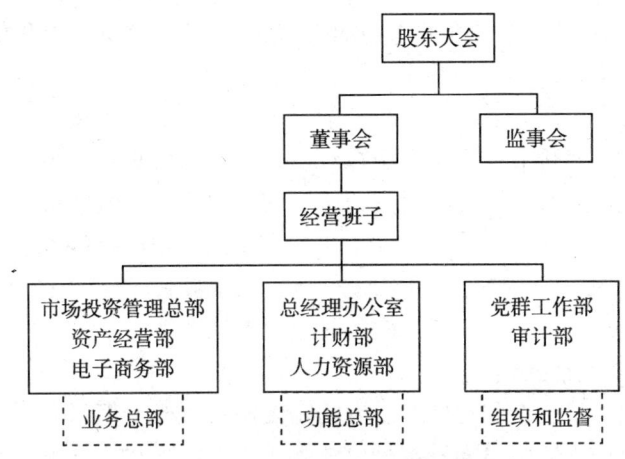

图 7-11　深圳农产品组织架构图

(一) "布吉模式"——"企业办市场、企业管市场、市场企业化"模式

20多年前，深圳市农产品股份有限公司肩负着解决深圳市民"菜篮子"问题的使命，用517万元的资本开始了创业之旅。当年，其核心公司布吉农产品中心批发市场就在布吉河畔的一片泥塘中横空出世。"布吉模式"是"企业办市场、企业管市场、市场企业化"的模式，首开我国农产品流通体制改革之先河，使深圳布吉农产品批发市场迅速成长为全国规模最大的农批市场之一。布吉批发市场在多年发展中探索出物资集散、价格生成、信息发布、标准化建设、商品促销、服务引导、产业带动七大功能，并使这些功能得到淋漓尽致的发挥，构建了"公司+销地批发市场+产地批发市场+中介组织+基地+农户"的产业化模式。

自1992年以来，布吉农产品批发市场的交易量、交易额连年位居全国农产品批发市场榜首，2007年交易额达到160.71亿元；市场占地面积15万平方米，建筑面积25万平方米，有天光鲜菜交易区1.5万平方米，吸引了全国30个省市经销商设点经营，每日入场交易的机动车辆5000多辆，交易高峰期2万多辆，日入场交易人员3万~5万人次；市场经营的蔬菜、水果、粮油、土特产品和饮料分别占深圳市居民消费量的85%、90%、40%、45%和50%以上，其辐射面覆盖了整个华南和珠江三角洲、港澳台地区以及东南亚各国，并进军欧美市场，成为中国最大的农产品集散中心、信息中心、价格指导中心和转口贸易基地，开创了享誉全国"企业办市场、企业管市场、市场企业化"的"布吉模式"，为我国农产品流通体制改革提供了有益的探索，真正实现了"建一个市场、活一片产业、富八方群众"的目标。

(二) 资本扩张模式

深圳农产品于1997年上市，上市后，深圳农产品就开始了资本扩张之旅，先后近20次收购兼并，成功率达100%。至今公司先后在深圳、南昌、上海、长沙、北京、成都等 21 个城市投资经营管理 32 家大型农产品综合批发市场和大宗农产品网上交易市场，如深圳布吉农产品中心批发市场、深圳市福田农产品批发市场、南昌深圳农产品中心批发市场、上海农产品中心批发市场、山东寿光蔬菜批发市场、合肥周谷堆农产品批发市场、深圳布吉海鲜批发市场、北京大红门京深海鲜批发市场、广西糖网食糖批发市场、西北果品中心批发市场、成都农产品中心批发市场、长沙马王堆蔬菜批发市场、广东惠州农产品物流配送中心等十几家大型现代化的批发市场，初步形成覆盖珠江三角洲、长江三角洲、环渤海湾、中南、西南、西北等地区的全国性农产品批发市场体系。

（三）管理输出模式

该模式输出的是资本和管理，得到的是资源和规模。多年来深圳农产品不仅给旗下批发市场注入了大量的资本，更注入了创新的文化。创新和实干带来了资源和规模的快速增长：1996 年深圳农产品的市场总交易量是 130 万吨，市场总交易额是 68 亿元；2003 年深圳农产品的市场总交易量已达 1320 万吨，市场总交易额已达 348 亿元；2012 年深圳农产品的市场总交易量已达 2400 万吨，市场总交易额已达 1400 亿元，约占全国规模以上批发市场交易总额的 10%。公司旗下的批发市场每天有 6 万家批发商、6 万车辆、25 万人次进场交易，每天向城市居民餐桌供应近 8 万吨农产品，向 2 亿多名消费者提供优质安全的农产品。

（四）发展战略目标

（1）3~5 年的发展战略目标：抓住历史机遇，集中资源，加快建立现代农产品物流网络体系，用五年左右的时间使农产品公司成为一流的现代农产品物流网络的领导者和现代农产品物流解决方案的提供者，并进一步提升向生产加工和零售服务两头延伸的内涵与质量，领跑中国农业物流。

（2）扩张战略：为了上述目标，公司将稳步推进批发市场的扩张战略，控制一批核心农产品批发市场（20~30 家），通过服务创新和交易方式创新，延伸单体批发市场功能，提升单个农产品物流平台的业务经营，并将其转换升级为现代农产品物流中心。同时，整合农产品物流平台上的相关资源，建立现代农产品物流网络体系，并发展基于此网络的新业务，获取更多协同效应。

（3）两头延伸：通过整合农产品物流的上下游产业价值链，利用电子拍卖、网上竞拍等手段，发展成为一流的现代农产品物流连锁经营企业和农产品供应解决方案的提供商。公司两头延伸的战略重点是对一个中心的巩固和发展，延伸的内涵是提升农产品物流业务的价值；延伸的质量是降低公司对农产品生产加工和连锁零售的投资风险，提升生产加工和连锁零售的投资价值。三农问题是中国现代化的关键，而农产品流通是深圳农产品的强项。

（五）创新盈利模式

深圳农产品不断创新、不断探索我国市场经济框架下农产品流通的规律，缔造农产品流通领域的新规则和标准。2005年以来，深圳农产品采取管理创新交易升级的新农产品流通方式和盈利模式。传统的农产品流通方式和盈利模式是：批发市场出租摊位，商户交纳租金。新的农产品流通方式和盈利模式将是"鼠标加水泥"，最主要的模块有三个：级差地租、实物交割、衍生交易。

（1）级差地租。批发市场改造和升级，提升功能和价值；批发市场将向商户收佣金；批发市场的土地将不断的升值。

（2）实物交割。批发市场不仅是交易平台，将发展为物流平台；储运、加工、配送等业务有更多的附加值和更大的发展空间。

（3）衍生交易。批发市场不仅是物流平台，还将发展成大宗农产品交易所；交易所推出蔬菜、水果、水产品的远期交易合约（如食糖、西红柿、胡萝卜等品种）；远期交易合约将吸引庞大的资金入市，产生海量的交易额，催生农产品的大生产、大流通。

在新的农产品流通方式和盈利模式下，深圳农产品将有望形成"百亿地产，千亿物流，万亿衍生交易"的大格局。公司在生产加工领域培育了"田地蔬菜"、"益民"豆腐、"美益"鲜肉、"品品鲜"冷鲜肉等多个农产品知名品牌。公司还引导农产品流通向现代连锁业纵深发展，探索出"生鲜加强型"超市、综合超市、邻里购物中心、折扣店等多种连锁经营模式，走社区化、差异化、便利化、规模化、多业态发展道路，"民润"超市在广东省连锁业中名列三甲。同时，公司向物流配送及电子商务交易领域进军，实现了批发交易与连锁零售、直销代理与物流配送、有形市场与网络市场的有效结合，形成了全国性的、多层次的农产品流通体系。

第六节 会员制交易所市场

一、会员制市场模式的内涵

会员制市场模式是指相对于公司制模式的一种市场模式，如上海产权交易市场推行的是会员制，它有100多家执行会员，还有300多家非执行会员。其实执行会员相当于做市商，他们在社会各个阶层为企业提供信息、交换信息，使得投资、交易更加活跃。从目前的情况来看，会员制模式显然生命力比较强，它是产权交易市场的发展方向。会员制市场模式需要一定的基础，如业务联系较紧密的会员单位，资本市场方面非常活跃，制度比较健全，所以会员制的建立就顺理成章，如果地区性交易所品种单一、交易量少、信息相对闭塞，则不容易建立会员制。

目前,中国郑州粮食批发市场、上海华通有色金属现货中心批发市场(国家指定白银交易市场)、上海黄金交易所、大连石油交易所、北京石油交易所等均采用会员制。

二、上海黄金交易所

(一)基本概况

上海黄金交易所是经国务院批准,由中国人民银行组建,在国家工商行政管理局登记注册,不以营利为目的,实行自律性管理的法人。遵循公开、公平、公正和诚实信用的原则组织黄金、白银、铂等贵金属交易。其基本职能包括:①提供黄金、白银、铂等贵金属交易的场所、设施及相关服务;②制定并实施黄金交易所的业务规则,规范交易行为;③组织、监督黄金、白银、铂等贵金属交易、清算、交割和配送;④设计交易合同、保证交易合同的履行;⑤制定并实施风险管理制度,控制市场风险;⑥生成合理价格,发布市场信息;⑦监管会员交易业务,查处会员违反交易所有关规定的行为;⑧监管指定仓库的黄金、白银、铂等贵金属业务;⑨中国人民银行规定的其他职能。

(二)基本业务

(1)会员制组织形式:会员由在中华人民共和国境内注册登记,从事黄金业务的金融机构以及从事黄金、白银、铂等贵金属及其制品的生产、冶炼、加工、批发、进出口贸易的企业法人,并具有良好资信的单位组成。现有会员128家,分散在全国26个省、市、自治区;交易所会员依其业务范围分为金融类会员、综合类会员和自营会员。金融类会员可进行自营和代理业务及批准的其他业务,综合类会员可进行自营和代理业务,自营会员可进行自营业务。

目前会员中金融类机构有20家、综合类机构有119家、自营类机构有10家。据初步统计,会员单位中年产金量约占全国的75%,用金量占全国的80%,冶炼能力占全国的90%。

(2)交易方式:标准黄金、铂金交易通过交易所的集中竞价方式进行,实行价格优先、时间优先撮合成交。非标准品种通过询价等方式进行,实行自主报价、协商成交。会员可自行选择通过现场或远程方式进行交易。

(3)交易品种和价格:交易所主要实行标准化撮合交易方式。目前,交易的商品有黄金、白银、铂,交易标的必须符合交易所规定的标准。黄金有Au99.95、Au99.99和Au50g三个现货实盘交易品种以及Au(T+5)与延期交收两个现货保证金交易品种;铂金有Pt99.95现货实盘交易品种Pt(T+5)现货保证金交易品种;白银准备挂牌延期交收合约。详细品种信息见表7-4。

(4)资金清算:中国银行、中国农业银行、中国工商银行和中国建设银行作

第七章　中国商品交易市场的体系与模式

表7-4　上海黄金交易所交易品种

交易品种	黄金（Au）					银（Ag）	铂（Pt）
合约	Au99.99	Au99.95	Au50g	Au（T+5）; Pt（T+5）	Au（(T+D)	Ag（YQ）	Pt99.95
交易保证金	100%			10%			107%
交易单位	0.1千克/手	1千克/手	50克/手	1千克/手			
报价单位	元/克					元/千克	元/克
最小变动价位	0.01元/克					1元/千克	0.01元/克
交易时间	10:00~11:30; 13:30~15:30			9:45~11:30; 13:30~15:30		10:00~11:30; 13:30~15:00	
可交割条块	1千克	3千克	50克	1千克、3千克	15千克	0.5、1、3、4、5、6千克	
可交割成色	99.99%	99.95%以上	99.99%	99.95%以上	99.9%以上	99.95%以上	
最小提货量	1千克	3千克	50克	1千克、3千克	15千克	3千克	
交易方式	自由报价、撮合成交						
提货方式	择库存货、择库取货（任意指定仓库存取）	择库存货、定库取货（指定仓库存取）	择库存货、择库取货（任意指定仓库存取）	择库存货、择库取货（任意指定仓库存取）			定库存货、定库取货（指定仓库）
交割期	成交即时			成交后第5个工作日	交割申请日		成交即时

为交易所指定的清算银行，实行集中、直接、净额的资金清算原则。

（5）储运交割：交易所实物交割实行"一户一码制"的交割原则，在全国35个城市设立47家指定仓库，金锭和金条由交易所统一调运配送。

（6）认定质验：交易所对于可提供标准金锭、金条企业的资格进行认定，并指定权威质检机构对交易产品质量进行监督，对质量纠纷进行检测和仲裁。

（7）税收：经财政部、国家税务总局批准，产金企业通过交易所销售标准黄金、铂金，免征增值税；用金企业通过交易所购买黄金、铂金，发生实物交割的，由税收机关按实际成交价格代开增值税专用发票。

（8）商业银行的作用：按照国际惯例和市场原则在供求发生变化的情况下进行调剂，参与市场交易、提供黄金抵押、租赁、代理和个人黄金买卖业务等金融服务，从而进一步活跃交易、促进流通。

（9）系统服务：上海黄金交易所将积极维护和保障会员在交易中的合法权益，以会员为本，为会员的发展提供全方位服务。包括：①系统平台：上海黄金交易所的交易系统设计合理、技术先进、功能齐全，运行安全可靠、快捷，该系统可以满足未来的会员以及代理客户的黄金、白银、铂等贵金属交易需要。②质量保证：交易所认定的可提供标准金锭企业对其提供产品的质量终身负责。③资金安全：通过指定清算银行的全国网点进行资金清算，由交易所统一管理会员保证资金账户，确保资金的安全、方便、快捷。④信息共享：可实时接收和查询黄金交易所的行情，以及国内外黄金等贵金属的交易行情、评论和相关报道。

上海黄金交易所与货币市场、证券市场、外汇市场等一起构筑成我国完整的金融市场体系。

第七节　连锁商品交易市场

一、连锁经营及其类型

连锁经营是指经营同类商品、使用统一商号的若干门店，在总部的管理下采取统一采购或授予特许经营方式，实现规模效益的一种经营方式。它包括直营连锁、特许连锁、自由连锁三种类型。20世纪90年代以来，连锁经营广泛地应用于零售领域各种业态连锁。

商品交易市场可以单体运营，也可以连锁经营，但是商品交易市场连锁经营具有其自身的特点，并处于不断探索的过程中，主要采取直营连锁、特许连锁、自由连锁三种形式。除了单体市场外，一些批发市场形成了自己的品牌效应，并利用其品牌效应向外进行品牌输出，如中国小商品城（义乌）、汉正街小商品市场、深圳农产品有限公司（以资本、管理输出为特点的连锁市场）等，特别是中国小商品城已在甘肃、青海、新疆、江苏、陕西等全国20多个省市区开办了30多家分市场，在南非、乌克兰、泰国、保加利亚等国家设立了6个分市场。

二、以"强强联手"为特点的连锁市场

2008年6月26日，浙江食品市场、山东现代家电市场等9家专业市场"强强联手"，跨行业、跨区域加盟中国·现代联合集团，组成了中国首家连锁专业市场。中国·现代联合集团从1990年创办了浙江现代装饰材料专业市场，并在1998年开始实施专业市场全国连锁战略，先后走过了"自我发展连锁"、"连锁品牌输出"、"确立连锁模式"三个阶段，目前已形成了以日用消费品为主营特色的家电、食品、家居、物流四大系列专业市场，连锁网络遍布浙、鲁、苏、皖等地。

为创新中国专业市场模式，推动商业流通现代化建设，积极创建新型市场经营业态，现代联合集团联合浙、鲁两地的9家专业市场实施市场连锁模式，举行

了连锁加盟仪式。现代联合市场管理（集团）公司对浙江食品市场等首批9个现代连锁市场进行授牌，签署了《中国·现代市场全国连锁盟约》。

中国现代品牌连锁市场将实施跨行业、跨区域、跨国界的连锁战略，浙江食品市场等9家专业市场将打造统一的品牌，实施统一经营管理和市场建筑标准，并对市场进行优化配置，从而全方面提升现代市场的竞争力。"我们将通过实体与电子商务相结合的双平台市场连锁模式，实现有效的资源集聚，以标准化管理提升内生能力，迅速扩大市场规模。"

现代联合集团力争在五年内，通过兼并收购、入股、托管等产权式和非产权式的方式，发展200家国内连锁专业市场，发展境外、国外连锁市场10家。

"这种运营模式将对单一、分散、局域型的传统专业市场产生强劲的冲击力。"现代集团打造的这种连锁市场模式，将改革传统专业市场的经营模式市场业态，推动商业流通的现代化建设，并以其体量扩张和体制更新所形成的创新动力，大力推动浙江由市场大省向市场强省迈进。

三、以"1+5"为特点的连锁市场

2008年3月7日，上海中捷维家建材超市在国内建材家装行业首次尝试"1家建材超市+5家建材便利店"的连锁新模式，有效控制家庭装潢各个环节的质量。

据不完全统计，2007年我国建材市场有1万亿元产值，但其中百安居、欧倍德、好美家等连锁建材大卖场占据的份额还不到5%。不少消费者花费十多万元装修新居，却由于大量来自批发市场的建材在质量、品牌、服务上得不到保障，而引起种种装潢质量纠纷。

针对这一市场薄弱环节，上海中捷控股集团以"1+5"的连锁新模式介入建材零售市场，围绕1家中心建材超市，在2公里商圈内开设5家深入社区的建材便利店，充分发挥连锁门店在品质控制、物流配送、标准服务等方面的优势，保障家装各个环节的质量。

第八节 拍卖商品交易市场

一、拍卖市场模式

拍卖市场模式是指采取拍卖方式进行商品交易的市场模式，当前我国拍卖市场模式主要存在于艺术品市场、农产品市场，分为网上拍卖市场模式与网下拍

市场模式,当前我国农产品交易市场采用拍卖市场模式存在五大制约因素:①

(一) 法律法规的制约

农产品拍卖市场的建立需要政府出台相关的法规予以支持。世界上发达国家和地区的农产品价格体系绝大部分是在拍卖市场中形成,而拍卖价格充分体现了竞争的公开、公平、公正,且效率极高,极大地节约了交易成本。因此,西方国家规定:农产品要进入拍卖市场,绝不允许场外交易。我国农产品交易分为场内交易和场外交易,即使场内交易,拍卖也只是企业行为,有关条例、制度、规定并不具备法律约束力。因此,我国农产品拍卖市场的发展最重要的一条是需要政府制定农产品交易法规和制度,并能行之有效地实施和推广。

(二) 供应商和承销商的制约

交易中的供应商和承销商尚未培育成熟。考察我国的拍卖市场,能代表农民整体利益的供应商和承销商还没有出现。美国的农业合作社、日本的农协、澳大利亚的小麦局(或粮食协会)都代表了各自国家农民的利益,成为农民和市场的桥梁,而这些国家拍卖市场中的大型供应商往往以这些组织为代表。它们及时将信息传达到农户,以基地为依托调整农产品品种结构,并注入高科技,精加工的健康绿色食品以高附加值、精包装的形式供应给批发市场。

(三) 拍卖方式的制约

拍卖方式尚处于初级阶段。农产品批发市场的拍卖方式分为样品拍卖和全货拍卖。发达国家的农产品,从粮食到鲜活农产品全部采取样品拍卖,承销商看过输送带上的样品后,几分钟就可成交一宗货物,效率很高。国内的农产品拍卖市场则多把全宗货物摆在一起,请承销商查验后,按实际重量全货拍卖。这在农产品拍卖尚处于初级阶段的中国不失为一种很好的拍卖方式,但是随着农产品供应量的增加,由于受到拍卖场地的局限,此种状况必须改变。

(四) 拍卖硬件设施的制约

拍卖设施决定的两种拍卖方式为"人动货不动"与"货动人不动"。目前,国内许多农产品拍卖市场由于采取全货拍卖,采取"人动货不动"的拍卖方法,在现阶段的中国,这也是一种因陋就简、节约硬件设施投资的办法。但纵观世界农产品拍卖市场,通常采取的是"货动人不动"的方法,这需要批发市场的硬件设施较为完善,其中包括拍卖电子大屏幕、电子拍卖传导系统等。

(五) 农产品检疫制度不完善的制约

据农业部环保科研检测所2003年的调查,24个省、市蔬菜类产品受污染超过国家卫生标准的分别为31.3%和22.15%。水果、粮食类超标率分别为18.7%、17.6%。

---

① 郑鑫尧. 五大因素制约农产品拍卖 [N]. 中国商报,2005-11-10.

二、山东寿光蔬菜拍卖市场案例

2003年4月18日,全国第一家蔬菜电子拍卖中心在寿光正式启动,蔬菜流通流域沿袭至今的对手交易模式发生了一场新的"革命"。

寿光蔬菜批发市场作为全国农产品市场的"龙头老大",传统的交易方式已越来越不适应国内外市场发展的要求。寿光市蔬菜产业集团投资建成了包括两个面积各为430平方米的拍卖厅和一个2.7万平方米钢架配菜交货大厅在内的现代化蔬菜电子拍卖中心,借鉴了荷兰、比利时的花卉、蔬菜拍卖系统的先进技术,制定了一套切实可行的农产品拍卖系统。

蔬菜进行电子拍卖在国内没有先例,寿光蔬菜拍卖市场创新地推行会员制拍卖,由拍卖师接受供货商委托主持拍卖,承销商会员竞相应价,使农产品所有权得以竞价转让,并将推行一种"质量等级化、重量标准化、包装规格化、客户会员化和交易电子化"的"五化"管理模式。这种管理模式能有效地减少流通环节,提高工作效率,并杜绝现行对手交易中价格不稳、质量难定等弊端。

第九节 尾货市场模式

所谓尾货市场,是指经营尾货产品的一种商品交易市场。尾货是指工厂订单的剩余品、批发、零售过程中的剩余品、出口剩余品、代理剩余品,相应称之为订单尾货、批发尾货、零售尾货、出口尾货、代理尾货等。尾货是相对于正货产品而言的,与正货所不同的是尾货在时间上表现出一定的"时滞"现象。

一、尾货是市场经济的一种客观现象

尾货是市场经济的一种客观存在。虽然市场经济强调"市场出清",但只是一种理论假定,虽说现代供应链强调单品管理的"零库存",但是,不可能做到多品种的"零库存",此外"牛鞭效应"现象的客观存在,使得市场经济总会有大量的尾货存在。其原因包括五个方面:①随着科技的发展和消费者需求的变化,产品的生命周期不断缩短,因此必然会出现大量的积压品;②科技的发展,必然储存大量新的产品,当新产品问世后又会出现大量的过季产品;③随着市场规模的扩大,损耗是客观存在的,因此需要有一定的库存;④供给略大于需求的市场有利于消费者主权地位的存在,有利于消费者选择权的实现;⑤消费者群体的多层次性和消费需求的变化性,使尾货市场具有较大的发展空间。

二、尾货的概念及内涵

尾货是在生产和流通环节中产生的，在功能、安全性等方面符合国家相关标准的库存积压产品。尾货包括企业订单外生产的产品、由于某些原因取消企业订单的产成品、在流通过程中销售剩余的商品等。尾货是相对于正货而言的，尾货是订单的剩余，是仓库内积压的产品，它是长尾理论的利基（Niche）产品。

尾货与其他商品一样具有三个方面的特点：①它是具有使用价值的产品，而不是废品；②尾货具有安全性，不会对消费者造成伤害；③尾货的价格相对于正货而言比较低廉。《价格法》规定，批发产品不能低于成本价，零售产品不能低于进货价格。那尾货为什么可以以较低的价格进入市场呢？《价格法》规定：①销售鲜活产品可以低于成本价；②处理有效期即将到期的商品或者其他积压的商品；③季节性降价；④因清偿债务、转产、歇业降价销售商品可以低于成本价。

尾货根据来源的不同可分为订单尾货、出口尾货、批发尾货、零售尾货、库存尾货等。根据经营的商品种类可分为服装、鞋帽、饰品、箱包、家电、手机、家具、住房等，甚至连服务（如机票、电影、音乐票等与时滞相关的服务产品）都存在尾货现象。

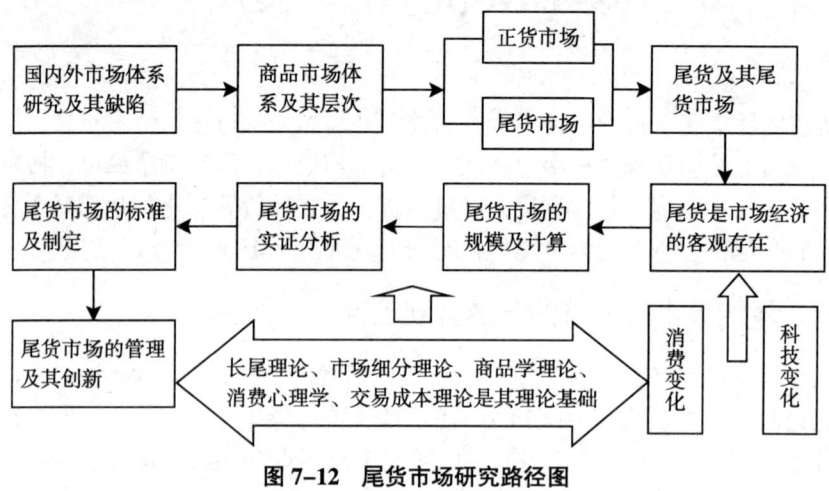

图7-12 尾货市场研究路径图

三、尾货市场及其创新的内涵

尾货市场是为从事尾货交易的买卖双方提供经常性的、固定的、具有配套设施和相关服务的场所。尾货市场是一种商品交易市场组织形态的创新。长期以来，尾货进入市场没有正规的流通渠道，如果将大量的尾货销毁，不符合可持续发展经济的需要，让其自由流入社会必然会对市场形成冲击，而采取商品交易市场的形式集中销售尾货,有利于对尾货进行管理和监督,减少库存,促进商品流通。

自第一家规范性的尾货市场 2007 年 1 月在北京出现后,在广州、济南、常熟、上海、天津、保定、郑州、青岛等城市都有发展,初步形成了北京、上海、济南、常熟、广州五大尾货交易中心。尾货市场既包括有形的市场,也包括无形市场,比如网上尾货交易市场。中国尾货网是我国最大的尾货交易平台。

在尾货市场,正货不应与尾货掺在一块经营,否则会相互冲击。如在"百货商场中开特卖场",卖一些过季的或者积压的产品,会产生较大的负面效应,会使百货店的消费定位发生变化,使你的市场细分出现混乱。

表 7–5 网上尾货交易市场一览

网站名称	经营种类	运营阶段
中国尾货网 http://www.cnweihuo.com	综合:鞋类、玩具类、服装服饰类、家用电器类、家具用品类、数码电脑类、电子元器件类、礼品工艺品饰品类、机械及行业设备类	初始期
尾房网 http://www.taofang.com.cn	尾房	发展期
中国尾房网 http://www.cnweifang.com	尾房	发展期
尾货网 http://www.weihuo.cn	手机	发展期
中国尾货网 http://www.wh008.com	服装服饰、鞋帽类	发展期并形成一定规模
天通尾货市场网 http://www.weihuo2008.com	服装服饰类	发展期
服装尾货网 http://www.fzwhw.com.cn	服装服饰类	初始期

资料来源:笔者整理。

四、尾货市场联盟及其规范的发展

2007 年尾货市场产生到现在已有 7 年,发展非常快,而且形成了不同的市场模式。比如,北京的天兰天尾货市场主要是以批发为主,天通尾货市场主要是以零售为主;济南的尾货市场则有以下三个特点:第一,以批发为主;第二,是尾货集散基地;第三,希望把自己打造成北方尾货的物流基地。一旦济南的尾货市场达到其既定目标的话,它将在我国尾货市场体系中发挥巨大的作用,发挥它在北方总部基地的独特作用。

目前在全国已经形成了五大尾货中心:北京、济南、广州、常熟、上海。此外,还有郑州、天津、石家庄、青岛也出现了尾货市场业态,这些地方的尾货市场形成了各种不同类型、独具特色的尾货市场。所以,当尾货市场发展到一定程度的时候，笔者认为建立尾货市场联盟的条件已经成熟。通过建立尾货市场联盟促进全国尾货市场规范有序发展，避免盲目、重复建设市场。尾货市场有巨大的发展前景，如果盲目发展的话，则会带来灾难性的后果，从而使这种新型市场形态的创新被扼杀在摇篮里。

五、尾货市场的配套建设

当尾货市场发展到一定程度后，需要有两个配套建设：第一个是建设尾货集散中心，将成千上万家制造商、批发商、零售商、出口商、代理商等的尾货集中起来，然后通过尾货市场发散出去；第二个是尾货市场信息系统的建设，给众多的尾货商户、消费者提供信息。

随着市场的不断完善，尾货将不仅仅包括服装尾货、鞋帽尾货、箱包尾货，还会延伸到其他一些商品领域。未来的商品交易市场会细分为两个体系：一个是正货市场体系，另一个是尾货市场体系。当然尾货是会永远存在的，但是尾货市场和商户的经营结果又是不断地减少社会尾货，从而使市场进入一个良性发展轨道。尾货市场的规范运作是关系到尾货市场生存和发展的一个关键。2008年，商务部颁布了《尾货市场经营管理技术规范》。

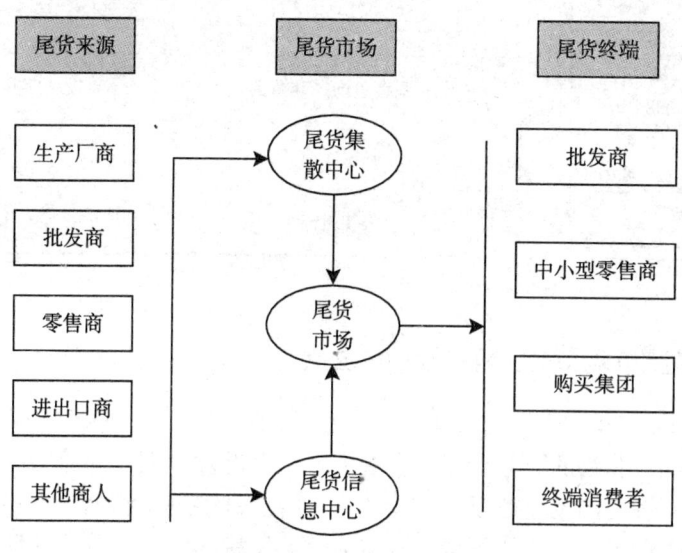

图7-13 尾货市场的配套建设

第十节 旧货市场、租赁市场及案例

一、旧货市场

(一) 旧货市场的概念

旧货市场是指交易旧货的市场和组织 2006 年 3 月国家商务部已审定并正式实施《旧货品质鉴定通则》和《旧货品质鉴定旧家用电器》行业标准，明确规定旧家电出售前必须经由质量监管部门鉴定，对超过使用年限的废旧家电须强制报废。2007 年 3 月，上海出台了规范旧家电等电子产品在二手市场交易的行业标准。按照这项规定，包括电视机、冰箱、洗衣机、电脑、手机等所有在上海市二手市场交易的电子产品，须统一粘贴经由旧货质量认证的标识，标明使用年限，且使用期超过 10 年的电子产品将在二手市场上禁售。

(二) 潘家园旧货市场案例

北京潘家园旧货市场位于北京三环路的东南角，是全国最大的旧货市场，与其说是旧货市场，倒不如说是古玩市场。周一至周五店铺商户和大棚一区二区开放，周六日所有店铺地摊会开放，全年不歇市，人气极旺，经营各种文物书画、文房四宝、瓷器及木器家具等，共有 3000 多个摊位。

潘家园旧货市场是 1992 年春季自发形成的。王东生是最早来到这里经营的。1995 年潘家园街道办事处投入了大量资金，使原有的马路市场退街进场，这里的经营者来自中国的 24 个省市自治区，至今已经拥有 2300 多个摊位。2001 年 10 月底建成投入使用的工艺品大棚，每个周末都有许多专业或业余的书画家在此直接销售自己的书画作品，因此价格比别处便宜，甚至连北京的许多画廊也从这里进货。

二、租赁市场

(一) 租赁市场的概念

租赁是指出租人在一定时期内把租赁物借给承租人使用，承租人则按租约规定，分期支付一定的租赁费。租赁市场是经营租赁产品和服务的市场，涉及房屋租赁、专用设备租赁、汽车工具租赁、人才租赁、儿童玩具租赁、图书音像租赁、电池租赁等。

(二) 租赁市场案例

上海金海岸租赁有限公司是经中国银行业监督管理委员会批准设立的非银行

金融机构。它以租赁业务为主营，明确选择科技含量高、成长性和现金流好、符合国家产业政策的行业作为业务开拓和经营的主要发展方向，逐步形成了以航空租赁为主，交通、能源、电信设备租赁等租赁业务共同发展的业务体系。

上海金海岸租赁有限公司秉承"简单高效，稳健经营，合作共赢，开拓创新"的经营理念，为客户提供个性化的租赁解决方案，协助设备生产厂商以租赁方式拓展销售渠道，保持与银行金融业的有机协作，在创造自身经济效益的同时实现多方共赢。

租赁业作为一个新兴的行业，它的兴起与发展打破了传统信贷和金融机构体系的束缚，为金融体制的改革注入了活力。金融体制改革要求金融机构和信贷方式向多元化、多形式方向发展，形成一个以中央银行为领导、以国有商业银行为主体的各种金融机构并存和分工协作的金融体系，并使信用方式和金融工具适应市场经济的需要而相应发展。租赁机构是整个金融体系中一种新兴的非银行信用机构。它的建立一方面为中国的金融业注入了竞争机制；另一方面，也在旧的信贷体制中打开了一个缺口，使生产企业在技术改造上对金融方式和贸易方式有了新的选择。

三、租赁市场的类型

按照租赁业务性质的不同，租赁市场主要分为融资租赁市场、经营租赁市场、委托租赁市场、杠杆租赁市场和联合租赁市场。

（一）融资租赁市场

融资租赁市场是指主要采取融资性租赁方式经营的市场。融资租赁是指出租人根据承租人选定的租赁设备和供应厂商，以对承租人提供资金融通为目的而购买该设备，承租人通过与出租人签订融资租赁合同，以支付租金为代价而获得该设备的长期使用权。事实上，出租人除拥有租赁设备的所有权及其相应的处置权外，将关于租赁设备的使用权、收益权及其与该设备有关的维护、保养、培训等方面的权利与义务都转给了承租人。对承租人而言，采用融资租赁方式，通过融物的方式实现了融资的目的。

因交易方式的不同，融资租赁市场可分为直接融资租赁（通常简称"融资租赁"）市场、转租式融资租赁市场和回租式融资租赁市场三种。转租式融资租赁（简称"转租赁"）是融资租赁交易的另一种方式，是指以同一物件为标的物的多次融资租赁业务。在转租赁业务中，上一租赁合同的承租人同时又是下一合同的出租人，称为转租人。转租人从其他出租人处租入租赁物件再转租给第三人，转租人以收取租金差为目的的租赁形式。租赁物品的所有权归第一出租人。回租式融资租赁（又称"售后回租"、"出售回租"或"回租"）也是融资租赁的一种交易方式。回租业务是指承租人将自有物件出卖给出租人，同时与出租人订立一份融资租赁合同，再将该物件从出租人处租回的租赁形式。回租业务是承租人和出卖人为同一人的特殊融资租赁方式。

（二）经营租赁市场

经营租赁市场是采取经营性租赁方式的市场。经营租赁又称服务性租赁，是指出租人不仅要向承租人提供设备的使用权，还要向承租人提供设备的保养、保险、维修和其他专门性技术服务这样一种租赁形式。经营租赁是一项可撤消的、不完全支付的短期租赁业务。经营租赁的主要特点有以下四个：一是在经营租赁中，出租人根据市场需要选购租赁标的物。二是在合同期内，承租人可中止合同、退回设备，以租赁更先进的设备。三是在一次租赁期内，出租人只能从租金中收回设备的部分垫支资本，需通过该项设备以后多次出租给多个承租人使用，才能收回投资并产生利润。四是租赁期满后，租赁标的物一般退交给出租人，承租人不承担所有权风险。

（三）委托租赁市场

委托租赁市场是指采取委托租赁的方式经营的市场。委托租赁是信托同融资租赁的结合运用，是委托人基于对受托人的信任，将其货币资金财产的使用权委托给受托人，由受托人按委托人的意愿以自己的名义，为受托人的利益或特定目的，以融资租赁的方式运用和处理的行为。杠杆租赁也是信托同融资租赁的结合运用。

据 2011 年第十五届中国国际投资贸易洽谈会租赁投融资发展论坛公布的数据，目前我国融资租赁公司已有 260 余家，其中，外商投资融资租赁公司累计批准 190 家，内资试点融资租赁公司 53 家，金融租赁公司 18 家，注册资金合计超过 1000 亿元人民币，可承载的资产管理能力超过 1 万亿元人民币。[①]

我国早在 1981 年就开始引进融资租赁业务，并设立了第一家融资租赁公司——中外合资东方租赁有限公司。

虽然经过 30 多年的发展，我国融资租赁公司数量和规模都得到大幅发展，但目前我国融资租赁业的整体发展水平与我国经济规模、发展速度依然还有很大的差距。同时，我国融资租赁业仍面临着市场准入不统一、税收适用不清晰、法律环境不完善等诸多问题。

目前融资租赁在我国的市场渗透率还很低，一直徘徊在 3%~5%，而发达国家则普遍高达 15%~30%。

---

① 孟昭丽，王培伟. 我国已有各类融资租赁公司 260 余家 [N]. 新华网，2011-09-08.

第十一节　市场服务中心的再转型

一、市场服务中心存在的问题不容忽视

(一) 市场服务中心是原工商管理部门"管办分离"的产物

市场服务中心是我国商品市场发展过程中一种特有的现象。改革开放初期，我国许多商品交易市场（当时称为集贸市场）主要是由工商行政管理部门投资和管理的，在我国由计划经济向市场经济转轨的过程中发挥了重要的作用。但随着经济体制改革的深入，多部门、多种经济成分投资建市场，在大量的商品交易市场中，以前由工商管理部门建设和经营管理的商品市场只是其中的一个组成部分，而工商行政管理部门既是市场管理者，又是市场经营者的"双重身份"很难保证商品市场的健康发展，也难以构建统一、开放、竞争、有序的商品市场体系。为此，2005年党中央、国务院做出了"管办分离、管办脱钩"的决策，采取了一系列的行政手段，使工商行政管理部门"先办管分离，后办管脱钩"。而且强令在2001年12月中旬以前，限期3个月之内必须彻底将工商机关与所办市场彻底脱钩。而在"管办脱钩"的过程中，市场服务中心作为"管办脱钩"的一种组织形式，直接承接了商品交易市场的经营职能，而工商行政管理部门承担了对整个社会大市场的管理和监督职能。

(二) 市场服务中心过渡模式存在的问题

在"管办分离"过程中，从工商行政管理部门中分离出了市场服务中心，这是一个事业单位性质的转型组织。至今，在新的市场经济体制和企业经营机制下，"管办分离"的市场服务中心的出现具有重要的历史意义，发挥了重要的作用。目前，据不完全统计，在全国10万家商品交易市场中大约有1万家市场是由原工商部门"管办分离"后由市场服务中心经营的市场。

由于多种原因，市场服务中心在"管办分离"、"管办脱钩"过程中，由于"分离"和"脱钩"不彻底，存在许多不容忽视的问题和困难，严重阻碍商品交易市场建设的健康发展。笔者认为，市场服务中心组织具有明显的转型组织性质。

当前，市场服务中心存在的问题归纳起来主要有以下五个方面：

1. "管办不分离，管办不脱钩"现象十分严重

在"管办脱钩"过程中，虽然成立了以市场服务中心为主的转型组织，承接了工商管理部门经营市场的职能，如有的地方成立了市场开发服务中心（事业单位），也有的地方成立了以工商干部和工商干部家属为股东的公司（企业），还有

的将市场出售给私营企业或个人,但更多的是采取"市场服务中心"的形式,经营和管理若干个商品交易市场和资产。但一些地方"管办不分离,管办不脱钩"现象十分严重,其主要原因是一些地方工商部门为了自身的利益,在执行政策时与政策目标发生偏差,往往是"上有政策,下有对策,断章取义,为我所用"。

2. "双重收费、多头争抢收费"现象严重

市场服务中心成立后,但工商管理部门不放弃市场管理费,这样在一个市场上就出现了"双重收费,多头争抢收费"的现象——工商管理部门不放弃收费权,同时市场开发服务中心提供了市场的经营服务后相应收取一定的费用。有的地方是"双重收费",工商管理部门、市场服务中心都收费,有的地方是统一收费、比例分成,如工商管理部门与服务中心按一定比例分成。

3. 未按法定程序分割国有资产,反过来影响市场管理费

最初工商管理部门代表国家投资建设市场,形成了以市场为载体的国家资产的物质承担者,但当市场的主体承担者发生变化后,应该改变资产的承担形式,但许多地方并未按规定程序分割国有资产。例如,2001年12月16日广西桂林市恭城瑶族自治县工商局与县市场开发服务中心签订办管脱钩协议,但不经清产核资,县市场开发服务中心法人代表由工商局任命。由于未按法定程序分割资产,致使以下问题长期难以解决:①工商部门占据市场门面,参与市场经营。县工商局占有地方政府的市场门面63个,违规参与市场经营活动,当地民贸市场(综合市场)原老工商招待所属市场经营项目,脱钩后工商局仍违规进行经营。②工商部门低价出租摊位。③工商部门分期提走资金。④债务划分不合理。

4. 市场服务中心运转困难,难以对所辖市场进行经营和管理

(1)市场办管脱钩后,工商局仍在农贸市场内收取市场管理费,所收费用没有用于市场开支。

(2)工商局长期占用、长期出租的都是最好的门面和铺面,既给市场经营管理造成较大损失,又不利于管理。

(3)由于市场服务中心只有经营权,没有管理权,在工商部门不支持、不配合的情况下,对市场的管理和收费越来越难,经营户不服从管理和不缴费现象越来越多。

5. 原工商部门债务问题没有厘清

现在有的地方政府只接市场,不接债务,一些地方的银行也不愿意划转债务,他们认为债务应由工商部门承担。

二、加快市场服务中心的再转型

(一)市场服务中心是改革过程的产物,必须加速再转型

市场管理中心是一个过渡的转型组织,需要政企分开,明确职能,不能将政

府职能与企业职能相混淆，必须管办脱钩、机构脱钩。市场开发中心是一个再转型组织，需要进一步加速再转型。而市场管理中心的发展趋势是现代企业制度。

1. 市场服务中心的三种转型模式

市场服务中心在转型中可供选择的有三种模式，即：

（1）转变为政府职能部门。即将市场服务中心转变为政府职能部门内的一个机构，主要工作是对当地市场进行规划，制定产业政策。但是，随着政府机构改革朝着"小政府，大社会"的发展方向，这一转型模式受到政府机构质数的一定限制，作为事业单位回归政府部门的可能性较小，且事业单位的改革方向也是走向市场。

（2）转变为资产管理经营公司。通过建立资产管理经营公司，承担各个市场的债务，负责市场的保值增值，使各个单体市场成为"四自企业"型市场。资产管理经营公司对当地国有资产管理委员会负责。

（3）转变为企业集团公司。许多市场服务中心可以迅速转型为企业集团公司，其管辖的市场群体也应成为"四自企业"型的单体市场实体，集团公司主要进行各个市场的规划布局、发展战略、管理模式等研究。市场服务中心转为集团公司后，成为一级法人，下属的市场作为集团公司的子公司，成为二级法人，集团公司对二级法人授权管理，在财务管理上，统一管理，分级考核。

以上三种转型模式中，第二、三种模式具有可行性。转型完成后，工商管理部门取消收费，只承担对整个市场的监督管理，其收费主要是罚收款等行政性收费，并将有些合法收费改变为收税；市场服务中心也取消收费，如果是资产管理经营公司则按照投资资产的多少收取资产使用费，确保资产的价值增值，如果是集团公司则按照母子公司的原则来进行利润分配。这样，就按市场化原则完成和理顺了现在的多种矛盾和关系。

2. 注重市场品牌运营

改革开放以来，我国许多商品市场形成了特有的品牌优势、土地资源优势和大量的客户资源优势。商品交易市场也有一个品牌运营问题，商品交易市场品牌的核心就是诚信，其市场品牌价值就是市场的知名度和美誉度，即消费者的认可程度，这是商品市场生存和发展的基础。当市场发展到一程度时，商品交易市场也可以将其运作规范化、定式化为一定的管理模式，而能够带来经济效益的管理模式也是能够进行品牌输出的。如深圳农产品市场股份有限公司开创了深圳农产品市场的品牌，在资本运营的基础上进行管理品牌输出，先后在上海、广西、山东等地成立了许多农产品批发市场。

（二）国家应出台相应的政策法规

1. 应尽快明确废止《城乡集市贸易管理办法》

从计划经济到市场经济的转型，导致很多法律和规章不再适合当前社会的发展需要，应该在清理的基础上尽快废止。《城乡集市贸易管理办法》已经实施了 20 多年，在当时自然有其合理性，但现在情况已经完全不同了，原来支持收取市场管理费的理由不再成立了，此种费种也应自然消失。理顺各种债权债务关系，对有些政策性债务可以采取政策性挂账的方式，或由工商管理部门、资产经营公司、集团公司集中管理，政府承担贴息。

2. 应尽快出台《商品交易市场法》

2000 年以来，我国相继出台了一系列的商品交易市场的专项法律、法规、规章和标准。2004 年我国还先后出台了两个规范性文件，即《全国商品市场体系建设纲要》（商务部 2004 年颁发）和《关于进一步做好农村商品流通工作的意见》（2004 年国务院颁发），可以说是对商品交易市场的发展提供了相对系统的产业政策，但至今我国 8 万多个商品市场还没有一个统一的《商品交易市场管理法》，导致商品交易市场的法律地位仍不明确。

近几年来，一些地方相继出台了一系列的法律、法规、规章，为我国出台统一的商品交易市场法奠定了基础。如上海、广州、武汉、重庆等 20 多个城市相继出台了《商品交易市场管理办法》，许多地方政府对商品交易市场网点布局也进行了规划。

3. 进一步转换政府职能

（1）政府管规划、引导。政府对市场的管理主要是规划、引导，通过制定相应的产业政策来完成，而不是直接经营和管理某一种市场。着眼于统一大市场的规制，工商行政管理部门作为政府的职能部门应尽快退出市场经营，国家应尽早废除《城乡集市贸易管理办法》，明确工商管理部门退出收费领域，明确其依法行政的收费领域，并将其收费改为收税。

（2）国有资本退出市场。政府应退出各类商品交易市场的投资，仅对农产品市场保留相对较少的股份，明确市场业主负责制，积极推行现代企业制度经营管理机制，在企业组织形式、经营思路、经营方式等方面实行创新，不断适应市场体制发展的需要。通过出让市场资产所有权和经营权的方式，促进资本置换和要素集中。

（三）加快市场法人主体化的步伐

加快市场法人主体化的步伐，要迅速将市场服务中心的事业性质转变为企业性质，并将当前各类商品市场的登记制度改为市场法人注册制度。随着商品交易市场投资主体的多元化，市场将充分采取股份制形式为核心的现代企业制度，商品市场由股份制企业创办，一些批发市场公开向社会发行股票和上市，一些政府的贷款投资将改变为股份。通过市场法人主体化，使出资人与管理人、行政管理人与经营管理人相分离。通过推行现代企业制度，改变现有批发市场的治理结构，可以利用品牌效应进行品牌输出，兼并重组"空壳"市场和"有场无市"

市场。

(四) 发挥行业协会和非正式组织的作用

发挥市场行业协会等社会中介组织和总裁联席会等非正式组织的作用，完善协调服务，积极推行市场行业协会建设，加强行业自律，真正发挥其纽带和桥梁的作用。针对当前行业协会太多、太乱的现状，可以通过市场行业协会联席会议的形式，协调市场协会之间的关系，逐渐实现"一地一会"、"一业一会"的目标，以减轻单个市场的压力，真正发挥行业协会为市场服务的功能。

(五) 可以探索商品交易市场"倩女先嫁"

商品交易市场是投资回报率较高的领域，对一些国有投资效益较好的商品交易市场，国有资产经营公司可以投资市场，也可以采取"倩女先嫁"的方式，实现国有资产的退出，改善其公司治理结构，进行规范化的公司运作，促进商品交易市场持续稳定协调地发展。实践证明，许多市场"办管脱钩"的形式可以采取国有股退出的方式。

思考题：

1. 简述中国特有的"金字塔"市场体系。
2. 简述商流市场与物流市场的区别与联系。
3. 简述粮食"场际交易"市场模式。
4. 试分析"中联钢"电子交易市场的八种交易类型。
5. 为什么说"深圳农产品"是我国规模最大、连锁最多的市场？
6. 什么是会员制批发市场？
7. 连锁经营市场是否可行，请分析原因。
8. 如何克服拍卖市场存在的五大制约因素？
9. 为什么说尾货市场是一种市场组织形态的创新？
10. 为什么说潘家园市场是一种特殊意义的旧货市场？
11. 简述租赁市场并举例说明。
12. 为什么说市场服务中心是一种再转型组织？

第八章 中国农产品交易市场

第一节 农产品交易市场的概念及发展阶段

一、农产品交易市场的概念

农产品交易市场是指进行农产品及其副产品进行交易的场所、设施和提供的一系列交易服务的机构。农产品交易市场是商品交易市场的重要组成部分。

二、农产品交易市场发展的七个阶段

我国农产品交易市场的发育是从农村集贸市场起步的,新中国成立以来国家先后三次关闭集贸市场,即使是改革开放以后,我国集贸市场也有一个时开时关到常年开放的曲折发展过程,直到1998年粮改才确定常年开放集贸市场。我国农产品交易市场至今经历了以下七个阶段:

第一个阶段:1978~1984年,是中国农贸市场的恢复和起步阶段。其特征是随着农副产品商品率的迅速提高,城乡集市贸易快速恢复和发展起来。同时,随着小商品价格的逐步放开,对部分工业产品实行了浮动价格,一部分生产资料价格实行了"双轨制"等改革措施,促进了一些小型批发市场的发展,有些生产资料市场建设也开始起步。但当时这些市场既无规模,也没有较大的辐射能力,处于小规模、分散化的粗放式发展阶段。1984年3月,山东寿光蔬菜批发市场建立,是我国农产品批发市场建设的一个划时代的转折点,标志着我国农产品批发市场正式起步。到1984年末,全国已建立起城市农贸中心2248个,其中农产品贸易中心753个,综合贸易中心241个。

第二个阶段:1985~1991年,是商品批发市场建设全面展开阶段。1985年,我国取消了实行32年的粮食统购统销制度,蔬菜、猪肉等许多农产品放开经营,进入农产品市场的品种增加,规模迅速扩大。城市经济体制改革的全面展开、价格改革的深入进行和企业改革的进展,特别是乡镇企业异军突起,为批发市场的

迅速发展奠定了基础。1990年中国郑州粮食批发市场开业，标志着中国继续走"市场经济道路"。在这一阶段，批发市场的发育和发展步伐明显加快，农副产品批发市场、专业批发市场纷纷建立。其特征是市场规模不断提高，一些市场辐射范围扩大，逐步发展为区域市场和全国中心批发市场，市场功能和作用明显体现出来。商品批发市场对于连接产销、调节供求、沟通信息，促进生产专业化发展和销售方式的多样性，满足城乡居民的消费需求都起到了不可低估的重要作用。

第三个阶段：1992~1998年，为商品交易市场数量型扩张时期。中共十四届三中全会的召开，确立了社会主义市场经济体制的目标。《关于建立社会主义市场经济体制若干问题的决议》指出：改革现有的商品流通体系，进一步发展商品市场，在重要的产地、销地或集散地，建立大宗农产品、工业消费品和生产资料的批发市场。至此，培育市场体系成为经济体制改革的一个核心内容，我国批发市场进入了一个发展的新阶段。在这一阶段，我国制定了《批发市场管理办法》、《全国商品市场规划纲要》等法规，迎来了新一轮改革发展的热潮。经济快速增长，商品市场迅速扩大，商品流通规模快速扩张，商品批发市场也出现了快速发展势头，出现了大量产地型、销地型和集散地型的农产品批发市场、工业消费品批发市场和生产资料批发市场，辐射范围不断扩大。

在这一阶段，批发市场在数量迅速扩张的同时，市场功能得到逐步发挥和完善。如商品交易和集散功能、价格形成和发现功能、结算功能、风险分散功能、信息收集、加工和发布功能，以及综合服务功能等多种市场功能得到有效发挥，在合理配置社会商品资源的过程中发挥着重要作用。

第四个阶段：1998~2000年，进入结构性调整时期，这个时期我国批发市场由数量型扩张转变为质量效益型发展。其主要特征是传统的批发市场在一些地方出现了明显的分化趋势。同时，新型流通方式和组织形式已对其构成一定的影响。在加入世界贸易组织后分销市场进一步开放的背景下，在整顿市场经济秩序、加强保护知识产权和规范税制，以及产业结构加快调整的形势下，批发市场的发展到了一个关键时期。如何规范和发展，如何与新型业态和流通组织形式竞争和融合，是批发市场面临的突出问题和严峻挑战。

第五个阶段：2001~2004年，进入市场治理整顿时期。从2001年开始，国务院决定进行"市场经济秩序整顿与规范"，并将集贸市场作为治理整顿的重点。其整顿的主要问题有：①假冒伪劣产品集散；②商贩偷税漏税；③藏污纳垢。批发市场虽然不属于整顿的重点，但长期以来集贸市场中存在的问题在批发市场中也存在，于是在批发市场结构调整中，一些批发市场"关停并转"。2001年12月11日，我国加入世界贸易组织；2002年12月，原国家计委等6部委印发了《关于加快农产品流通设施建设的若干意见的通知》；2003年，国家颁发了《农副产品绿色批发市场》、《农副产品绿色零售市场》两个标准；2003年10月27日，山东寿光蔬菜批发市场电子拍卖开业，国务院、商务部、农业部、国家税务总局、国家标准委等部门先后颁布关于农业标准化、"三绿工程"、农产品质量管理、标准化市场建设等方面的政策，推动了农产品交易市场由数量扩张向质量提升的转变。

第六个阶段：2004~2007年，农产品交易市场进入全面开放时期，许多外资进入农产品批发市场领域进行合资经营。国际投资机构如黑石集团等进入中国购买中国农产品批发市场股份，比尔·盖茨及其夫人的基金会购买深圳农产品1500万股股份，后经国家发展和改革委员会干预，外资投资机构——黑石集团退出中国农产品批发市场。农产品交易市场进入规范、可持续发展的时期。

第七个阶段：2007年至今。目前，我国农产品批发市场有4500多家。据国家统计局统计，2011年我国亿元以上农产品市场有1722家，年成交额达18920.37亿元，其中综合市场有702家，专业市场有1020家，交易额分别为6325.1亿元、12595.26亿元（《中国商品交易市场年鉴2012》）。商务部于2006年启动了"双百市场工程"，重点改造100家大型农产品批发市场，着力培育100家大型农产品流通企业，用3年时间，通过中央和地方的共同推动以及重点市场和企业示范带动，完成了2000家农产品批发市场的升级改造，出现了深圳海吉星、北京新发地农产品批发市场的典型案例。

第二节 农产品分销渠道及增值链创新

一、我国农产品进入消费的渠道分析

我国农产品进入消费的渠道可分为直接流通渠道和间接流通渠道。在20世纪70年代末至80年代中期，我国农产品流通渠道可以归纳为"一个直接流通渠道和六个间接流通渠道"。一个直接流通渠道指"生产者（农户）—消费者（个人消费者和生产消费者，即加工商、制造商）"。六种间接流通渠道包括：①生产者—商人（批发商或零售商）—消费者（生产消费者或个人消费者）；②生产者—批发商—零售商—个人消费者；③生产者—产地批发商—销地批发商—零售商—个人消费者；④生产者—产地批发商—中转批发商—销地批发商—零售商—个人消费者；⑤生产者—产地批发商—销地批发商—生产消费者；⑥生产者—产地批发商（代理商）—中转批发商（代理商）—销地批发商（代理商）—销地批发商（代理商）—生产消费者。显然，这里没有农产品批发市场、超级市场等中间环节，因为当时农产品市场还比较少，超级市场还没有出现，或者作为自选商

店出现还没有得到人们的认可。

随着农产品流通体制改革的深入,农产品市场在农产品分销过程中起着关键性的节点作用,一头联结着众多的农产品的生产者,另一头联结着众多的消费者。90年代中期以来,超市的普及使农产品分销渠道也发生了一些变化,一些农产品物流配送节点也发挥着巨大的商品分销作用,如图8-1所示。

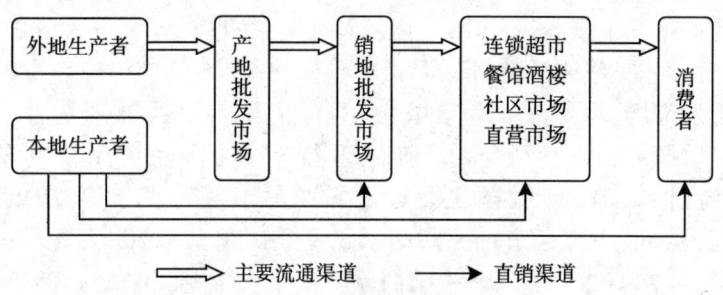

图8-1 农副产品流渠道示意图

图8-1是农产品批发市场以及超市等业态因素加进来后农产品的分销渠道现状。如果考虑到物流配送节点的因素,也可以看出"农改超"不是农产品唯一的分销渠道。

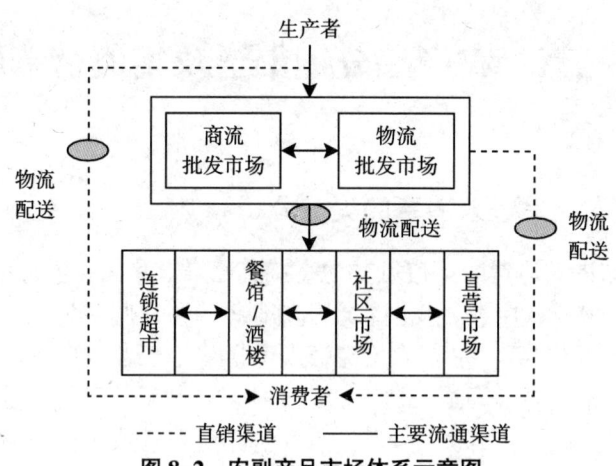

图8-2 农副产品市场体系示意图

二、"农改超"不是农产品唯一的分销渠道

从长期而言,生鲜超市是农产品分销的发展方向,但从中国当前的形势来看,农改超不能成为目前唯一的分销渠道。这可以从以下几方面来证实:

(1)农产品商品很多,和其他大多数商品一样,大多数的农产品在流通过程

中有一个由分散到集中、再由集中到分散两个阶段的流通过程，只有少数农产品由生产直接销售到消费者手中。

（2）从生产和供给的角度来看，主要有"龙头企业+基地+农户"几种农业产业化模式，如"公司+基地+农户"、"超市+供应商或加工企业+基地+农户"、"超市+农业协会+基地+农户"等。这几种模式被称为上游产业链模式，要求生产和流通过程的标准化生产和作业，当然这种上游产业链条离不开市场的主导。

（3）从消费终端的角度来看，主要有"批发市场+零售市场+消费者"模式，具体包括"批发市场+超市+消费者"、"批发市场+农贸市场+消费者"、"超市+消费者"等模式。当前人们说的比较多的是"农改超"模式，即农贸市场改变为超级市场，有的地方将其作为唯一一种现代化流通模式，有人提出"农产品超市化"或者"超市是我国农业产业化的龙头"是不符合农产品流通实际的，也是不符合我国国情的。

由上可见，农产品进入消费领域有直接销售渠道和间接销售渠道，而不是一种销售渠道；农产品传导到消费者手中需要两个过程，即上游供应链过程和下游供应链过程。

从实践来说，近几年来，一些地方盛行"农改超"，以改变城市面貌和市场环境为目的，但许多地方在提法上过于程序化和教条化，在业态上过于追求统一规制，导致单一模式的成本上升而使"农改超"受到限制。退路进厅便于加强管理，改善购物环境，但在农产品特别是一些生鲜食品仍然是小生产而需求是大市场的情况下，小生产与大市场"对接"便会出现问题，很难做到无缝联结。生产的非标准化、物流配送水平较低、代理商较小、超市的全封闭化导致许多生鲜农产品所需的温度、湿度环境不能够满足其需要，甚至会加速产品的腐烂变质，从而增加了农产品的成本。

从以上分析可以看出，农产品进入消费是一个过程，是一个产业链条，是一个增值链的过程，是一个生产者、中间商、消费者多种利益共同体共赢的过程。

近几年来，一些地方在推进农改超模式的同时，探索农加超、农进超、农服超（农产品批发市场服务超市）、农进社区等多种模式被灵活地采用起来，满足了消费者的需求，充分发挥了现有农产品批发市场、超市等多种业态的作用，服务于消费者，提供了较多的就业岗位，促进了农产品的现代化流通。

可见，农产品从生产到流通再到消费的过程或者从生产到消费的直接过程是农工商一体化、产供销一条龙、上下游相互联动的增值链形成的过程，不是单一的超市化就能够完成的过程。在当前，农产品批发市场、零售市场、农产品物流配送中心、超市等商业中介性服务组织，包括虚拟组织等，都可能是农产品进入消费领域的渠道，所以不能单纯依赖一种模式或一种业态。

第三节 农产品交易市场的科技创新

一、农产品交易市场绿色科技

何为绿色科技呢？周光召认为："绿色科技是能够促进人类生存与发展的生产体系和生活方式以及相应的科学技术。"从理论上来讲，绿色科技是与"可持续发展"（Sustainable Development）理念相吻合的科技发展方向。农产品交易市场绿色科技的核心是研究和开发无毒、无害、无污染、可回收、可再生、可降解、低能耗、低物耗、低排放、高效、洁净、安全、友好的技术与产品。农产品交易市场绿色科技包括三个方面的内容：绿色产品、清洁经营技术、资源回收与再利用。

二、农产品交易市场"非绿色"现象及原因

改革开放以来，我国建设了一批较高层次、较高规格的商品交易市场，在大量的商品交易市场中，也存在许多低层次、低规格的商品交易市场，如"非绿色"现象，所谓"非绿色"现象是指理念、产品、环境、经营不符合节能、环保、可持续发展要求的经济现象。

（一）传统的科技观制约了绿色科技的应用

传统的科技观以利润最大化为目标，把效率放在关键的位置上，试图以最小的成本获取最大的利润。在这种观点的指导下，人们完全忽视了科技创新的社会效益和生态效益，在生产与交易的过程中最大限度地消耗各种资源，以期达到提高经济效率、促进经济增长的目的，结果造成了资源的巨大浪费和生态平衡的严重破坏。

（二）法律法规不健全，缺乏激励绿色科技创新的机制

我国至今没有一部关于推动绿色经济的法律法规，目前的《科学技术进步汉》也主要是以传统发展观为指导，表现出明显的经济至上性，即只重视科技创新的经济效益，而忽视其生态效益。如作为科技基本法的《科学技术进步法》没将生态效益作为立法的目标之一，存在排污收费过低、范围过窄和排污权无交易的弊端，征收的排污费远远低于环境治理费用，削弱了排污收费对绿色科技开展和推广的激励作用。

（三）投入较少，"绿色科技"水平低

目前，我国对"绿色科技"创新的投入非常有限，创新项目的资金来源主要

是建设资金和改造资金。有关资料显示，我国绿色科技创新资金占国民生产总值的0.7%，远远低于发达国家水平；企业基建资金中用于绿色科技创新的只有4.5%，更新改造投资中用于绿色科技创新的仅有1.3%，排污收费只占应征额的51.4%。因此，我国绿色科技水平低表现在：环境污染治理技术落后；生态保护和建设科技水平不高；自然资源综合利用率低。

（四）环保意识缺乏，社会对绿色科技产品和工艺需求不足

由于我国环境保护工作起步较晚，特别是在社会上宣传力度不够，环保意识远没有得到广泛传播。公众对绿色科技关注较少，没有从战略高度来看待绿色科技成果的应用和推广，缺乏紧迫感和危机感。在我国，真正的绿色消费群体尚未形成，更没有成为消费的主力。调查表明，89%的美国公民对其购买产品的环境影响十分关心，大约有78%的人愿为购买绿色产品多支付5%的费用。而在我国绿色消费仅作为新消费意识刚刚被接受，无论是企业还是消费者都缺乏对绿色消费的全面认识，只注重消费数量、成本和质量，忽视了环境问题。

三、"非绿色"的经济学分析

外部效应最早被用来解释污染的蔓延问题。在商品交易市场中，外部效应表现在两个方面：

（一）商品交易市场的商户的内部成本外部化

成本意识是商业活动中一个极其重要的意识。削减成本变成了企业活动中的一项重要内容。不同的企业对于"削减成本"有着不同的认识，这样就极有可能诱发某些企业的"短视效应"，进而不适当地削减某些成本。尽管这些成本在当前看来确实会影响利润的增长，但在长期中却会使企业的平均成本曲线相对于其他企业要平滑许多。

1. 商户的双重短视效应

假设某一农副产品批发市场是完全竞争市场，环境十分脏乱。治理环境应该是批发市场与商户的共同责任因治理环境而承担的成本包括机会成本、时间成本、人力资本、物力与财力资本。从经济学的角度来看，最重要的成本是机会成本。那么，批发市场和商户所损失的次优结果就是环境的整洁与美观。在短期内，他们的平均成本曲线会较为陡峭地滑向最低点。长期来看，由于环境长期得不到整治，顾客来访量日趋减少。为增加销售量，批发市场和商户开始在治理环境、促销策略方面投入成本。这样，在平均成本最低点的右侧部分，批发市场与商户的平均成本也将较为陡峭地上升。如果环境问题严重，右侧部分的上升速度大于左侧部分的下降速度，在图像上表现为右侧曲线的平均斜率大于左侧曲线的平均斜率。因为在长期中，只在治理环境方面投入成本，已经不能达到迅速提升销售量的目的，还要在促销策略等多个方面有所投入。毕竟，顾客的观念存在

"瞬时刚性"，环境的长期脏乱已经在顾客心中形成印象，不投入更多资本根本无法挽留顾客。这样的结果是，批发市场和商户在未来将持续承受较高的平均成本。

2. 商户的个体短视效应

与上一个假设不同的是，批发市场希望努力做好环境整治方面的工作，而商户却一意孤行，对环境整治不闻不问。批发市场可以看做是所有商户的集合，所以某一个商户的行为并不能影响批发市场的经营水平。由于批发市场在环境整治方面不惜投入成本，所以批发市场的平均成本曲线是一条平滑的曲线，并晚于第一种情况到达平均成本最低点，长期来看将承受较低的成本。而商户的境况则变得更加糟糕。像第一种情况一样，商户的平均成本曲线陡峭地滑向最低点，并且是第一个到达最低点，假设其他商户都进行同样程度的环境治理，在平均成本的上升阶段，它的成本曲线会是一条平行于横轴且无限远离横轴的直线。也就是说，他将要承受无限大的成本。此时，整个批发市场内只有这一家商户的环境状况低于批发市场内的平均水平——他被行业淘汰了，即使付出无限大的成本，恐怕也难以挽救损失，因为可供顾客选择的其他商户在批发市场中有很多。

不难发现，上述两种"短视效应"的根源在于批发市场与商户十分看重短期利益，将一些短期成本不适当地削减，致使广大顾客在一定时期内不得不忍受环境的脏乱——顾客承担了那部分被削减掉的成本。在短期内，批发市场和商户的内部成本外部化行为有助于削减成本，谋求利润增长。在长期中，批发市场和商户将会承担由初期的外部化行为带来的更高成本。

(二) 市场环境污染、场址脏乱带来的外部效应

外部效应理论很早就被应用于对环境污染的社会影响的分析，比较常见的例子是河流上游的工厂排放的污水污染了下游的饮用水源。对于批发市场的一些"非绿色"问题，依然可以用外部效应理论加以分析。假设批发市场与商户将污水与交易时产生的垃圾及废弃塑料袋倾倒进附近的水源，而此水源流经附近几个城市。短期内，水源的水质不会发生很大变化。但在长期内，居民的饮用水质、农田的土壤肥力、空气的清新程度都将遭受极大污染。水域附近的生态环境也会逐渐恶化。最终，附近居民承担了这部分源于环境污染而带来的成本。而这只是一种最简单的情况，因为环境污染的方式有很多，譬如烟尘污染、光化学污染，而卫生问题又极易引发大规模传染病等，这些"非绿色"问题总是相伴而来，它们对于生态与环境的破坏是相互交织的。如不及时加以治理，它们对于环境与生态的破坏途径会呈近似几何级数增长——这种外部效应是可怕的。

四、建设绿色交易市场的"后动优势"

我国农产品交易市场相对于国外的交易市场具有得天独厚的优势——"后动

优势"。目前，我国的交易市场多数处于高速发展阶段，而国外的一些批发市场已经发展成型，有一些已经建成较为规范的"绿色批发市场"。我们可以把它们在建设"绿色批发市场"中积累的经验直接"嫁接"到我国的批发市场。在经过适当的整合之后，我国将会用更少的时间建成更多的"绿色批发市场"，因为我们可以借鉴先进国家的经验，削减了为解决问题而花费的大部分成本。

美国、日本和欧盟是世界三大经济体，在绿色技术的探索与应用方面，它们更是走在世界的前列，已经有相当程度的绿色技术问世。这些绿色技术对我国的绿色批发市场建设将有一些指导意义。

（一）美国的绿色技术

（1）避害技术。避害技术旨在避免生产、流通、消费过程中对环境有害的物质，通过改变人的活动方式来减少对环境的破坏。美国政府每年分配给避害技术的创新经费占总绿色技术经费的50%。

（2）监测评价技术。监测评价环境状况，如污染物及其他在自然过程和人工过程中产生的有害物质释放量的技术。

（3）污染控制技术。这些技术包括对污染物或其他天然及人造材料的处理，以消除或减少对环境和人体健康的危害，减少污染物的含量或流动性。

（4）恢复补救技术。补救技术可使进入环境后的有害物质转化为无害物质，而恢复技术则可使已经遭到破坏的生态系统得到更新和再生。目前采用的恢复补救技术包括热解吸、土壤洗涤和原地清洗等。由于现有的技术不能满足解决污染问题的基本需求，因而美国政府正在这方面加大扶持力度，希望出现大量新技术以满足减少环境污染的需要。

（二）日本的绿色技术

日本政府于2001年公布的《关于科学技术的综合战略》把环保和循环生产列为下个五年批发市场的重点战略领域之一。国立研究所、大学和企业都已把环保技术作为主要的研究开发对象。目前如土壤、水质和大气净化技术，环境激素、二噁英等有害化学物质的分解技术，工业和生活垃圾处理及循环利用技术等不断走向市场。可降解塑料、再生能源、"零排放"技术和工艺、有机农业等绿色技术得到快速发展。以循环利用废弃物为前提的"逆生产方式"正在整个批发市场运行过程中得到普及。

（三）欧盟的绿色技术

自20世纪90年代以来，欧盟的生态环境破坏已基本得到控制，公众的环境追求与政府的环境政策导向越来越重视环境安全技术与生态标志产业、洁净技术与洁净产品，带动了绿色产业中新一轮的技术创新。

（1）治理技术。法国国家研究中心的科学家们发明了一种新型催化系统，可使受造纸厂污染物侵害的土地恢复到自然状态。他们采用铁为基剂，辅以一种对环境无害的过氧化氢做催化剂,能将 250 多种不同类型的氯化污染物反应成可自然降解的化合物,从而达到除污效果。

（2）终端污染减排技术。欧盟在技术中的水污染控制、工业煤烟处理等常规环境污染治理技术方面已基本成熟和广泛普及,现在主要从事技术细化创新。在欧盟,烟道气处理已由脱硫向脱硝方面发展,工业脱硫率和脱氮率分别达 90% 和 80%,其中德国采用的过滤煤新工艺可将发电厂褐煤中 99.9% 以上的污染物除掉。

（3）污染防止技术。清洁汽车技术可谓污染防止技术中的代表。德国奔驰集团推出了革命性的电池推动汽车,为世界推行无废气汽车行动奠定了里程碑。该汽车应用的技术是通过聚合体电池,加上催化剂的协助,将氢气变作水分。整个过程会产生电流,足以推动汽车的引擎,但在这一过程中不会排放废气或制造噪声。另外,大众、法国雪铁龙公司在这一领域也有不少创新成果。

（4）可持续性技术。可持续性技术即无污染,具有替代、高效、节省等特点的技术,在该技术领域,芬兰可谓独具匠心,发明了一种绿色发酵容器,放在居民的房前屋后或花园里,居民把自家产生的植物垃圾和剩菜剩饭推放其中,容器内的发酵装置能将这些生活垃圾转化为无毒害的花草肥料,形成了家用"循环圈"。

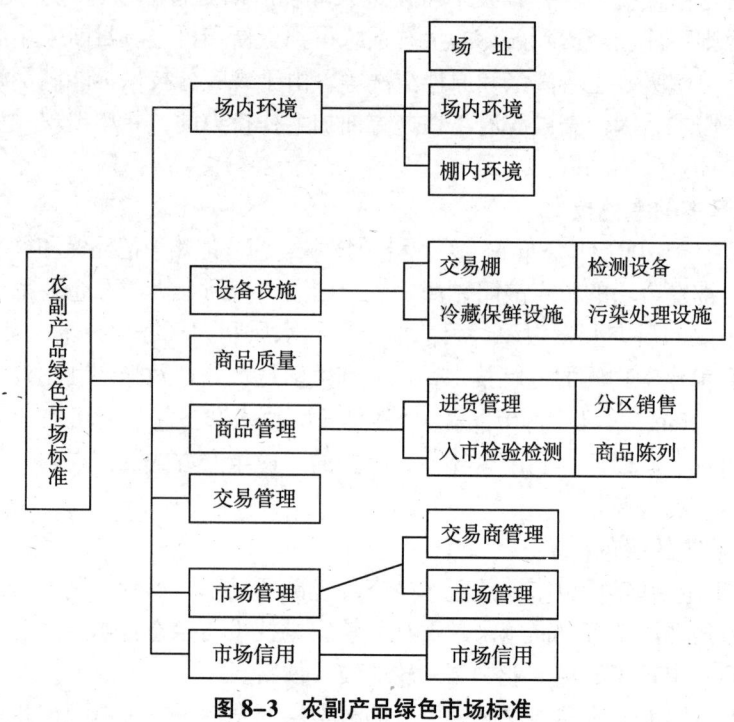

图 8-3　农副产品绿色市场标准

(四) 我国绿色市场标准

2003年10月1日,《农副产品绿色批发市场标准》和《农副产品绿色零售市场标准》实施。这两个标准在环境、设施设备、商品管理、市场管理和信用管理五个方面提出了高于一般农副产品市场的要求。《农副产品绿色批发市场标准》适用于综合农副产品批发市场和蔬菜、水果、肉禽蛋及水产品等专业农副产品批发市场,《农副产品绿色零售市场标准》适用于经营农副产品的零售场所。这两个标准的制定、宣传和培训,目的是深入推进"三绿工程",建立健全流通环节的食品安全保障体系,使市场准入管理有章可循、有法可依。

第四节 借鉴国外农产品交易市场

一、日本农产品批发市场

(一) 日本的三级农产品批发市场体系

日本的农产品批发市场以经营生鲜食品为主,是20世纪20年代随城市的发展而实行的,并且有《批发市场法》来规范其行为。其组织特点为:政府是开办农产品批发市场的主体。农产品批发市场的开设要经过农林水产大臣或经都、道、府、县的批准。

(1) 中央批发市场,需经农林水产大臣批准开设,开设者为地方政府部门、公共团体。中央批发市场需在人口20万以上的城市中开办。市场的场地及设备都由都道府县地方政府提供。它受地方政府的管理,但政府不参加交易活动,只负责指导、监督商人的交易。

(2) 地方批发市场开设也要经都、道、府、县知事批准而开设,开设者为地方公共团体、株式会社、农协、渔协等。一般在人口20万以下的中小城市设置,但需经上级地方政府批准,由市、町、村政府或民间团体(如农协、渔协等)提供场地和设备并受他们管理。这种市场是适应地方的小规模流通设立的,是次要的流通渠道。

(3) 自由批发市场是中央、地方批发市场外的市场,不需特别批准,但要登记注册,领取执照即可开办,但对开办者和参加者一般也要比照有关条例予以限制。

在上述三种组织形式中,中央批发市场是适应全国的情况而建立的,全国各地生产的蔬菜、水果等大部分都到各大城市的中央批发市场出售,因而在这类产品流通中起主要作用。

(二) 日本农产品批发市场的交易方式

日本批发市场的交易方式有拍卖、招标、买卖双方议价、卖方定价出售等，以拍卖制为主。日本的《批发市场法》将拍卖和招标作为主要交易原则，规定批发业者在批发市场上进行批发业务，必须采用拍卖和招标方式进行，只能在法律允许的特定情况下，才可以采用相对交易（议价）形式。

经过批准的大批发商首先将市场出售的各种产品加以分类编号，集中到一个货区陈列。先由中间批发商或允许进入市场的买卖参加者看货，事先选好想购买的产品货号。成交时，由大批发商叫号喊价，每个货号喊价3秒钟，在这3秒钟，由中间批发商以手工还价叫一个货号的商品，谁给出的价钱高就卖给谁。

二、美国农产品交易市场

美国的农产品生产力比较发达，人均占有耕地较多，经营规模也较大，平均每户为2400英亩。早期的粮食交易中心是圣路易斯，是水路交易中心。现代粮食交易中心是芝加哥，是铁路交易中心，这个转变是市场层次的一个标志性变化，经历了100多年的时间。

(一) 农产品现货市场体系：中央市场—拍卖市场—集贸市场

美国农产品现货市场较为发达，其农产品批发市场是在19世纪起步的，发展比较早。其特点是：批发市场的形成多是由于铁路运输的发展和自然地理位置决定的，政府不参与农产品批发市场的开设，只负责一定范围的管理。

(1) 中央市场，又称集散中心市场。由于美国地域广大，所以早期集散中心市场多位于自然地理位置优越，水路、铁路运输发达的城市，如芝加哥、堪萨斯、布法罗等。到了20世纪，位于大城市的终端批发市场的中心作用越来越小，通过产销一体化组织和产地收购市场等渠道的农副产品数量占到很大的比重，价格形式中心由终端批发市场向产地收购市场转移。这是由于高速公路和卡车运输的发展，极大地增强了收集产品的灵活性；通信手段的发达，使买卖双方迅速联系、成交、交货；食品产业为减少风险，以合同方式固定产销。这种变化在一定程度上解决了生产经营的小规模与大流通的矛盾，而产销一体化还减少了批发市场这一环节，可以节约交易费用。

(2) 拍卖市场。该市场专供鲜花、烟草和牲畜交易。因为烟草等级复杂，为降低烟农在分级划价上受骗的可能性，历史上逐渐形成了拍卖市场进行一次性拍卖交易的习惯。

(3) 农村初级市场。它属于区域性市场，规模较小，同时还进行批发零售业务。

(二) 农产品期货市场体系

美国现代期货交易始于19世纪初，1848年芝加哥期货交易所成立，逐步形成了"标准化合约"——期货合约，与远期合约相比，期货合约把买卖货物的质量、数量、时间和地点都标准化了，唯一的变数就是价格。同年，交易所建立了保证金制度。至今，芝加哥两个期货交易所（CBOT、CME）已成为全球农产品价格形成中心，同时还建立了网上交易平台 GLOBEX，2003 年 4 月 16 日两家统一了结算体系。纽约期货交易所（NYBOT）和纽约商业交易所（NYMEX）正在讨论 NYBOT 采用更先进的升级版清算系统的可能性，虽将采用同一技术，但两家清算所仍保持独立。

三、荷兰农产品批发市场

"荷兰式拍卖"具有重要影响，"荷兰式拍卖"是由拍卖人喊出最高价，如果没有人接受，就逐渐调低价格，直到有人表示愿意采购为止。荷兰人为了提高拍卖效率，发明了一套"荷兰钟"拍卖系统，钟上的刻度代表价格，在拍卖时时钟的指针从最高向最低价旋转。拍卖钟和买者座位上的电子按钮相连，当指针指到某个买者愿意接受的价格时，买者迅速按钮，则指针停止于某价格，表示该买者按此价格买进。后来电子钟代替了机械钟，钟上用屏幕显示产地、质量等级、买者等信息。荷兰、比利时等国也运用电子计算机和荷兰钟进行记录、计算、结算、打印单据，并且运用计算机网络技术，把很多拍卖市场连成拍卖网络。一个市场一般有几个荷兰钟，同时显示不同拍卖市场的货物价格，使一个买者在一个市场可以同时购买所联网市场的货物。荷兰钟系统已发展到相当现代化程度，极大地提高了交易效率。以下对阿斯米尔花卉拍卖行进行案例分析。

荷兰阿斯梅尔花卉拍卖行是世界上最大的拍卖市场，它采用现代化的交易手段，平均每天实现交易 5 万余宗，销售 1400 万枝花和 150 万个盆景，所售花卉 80%用于出口。

该行是由荷兰众多的园艺种植公司所共同拥有的股份联合体。到目前为止，大约有 5000 家经营花卉、盆栽植物的园艺公司是这一股份联合体的成员。作为拍卖行的成员，这些种植商必须按规定的义务将自己的产品经由拍卖行出售。销售以后，每家园林公司都从营业额中提出一个百分比的费用，作为代销产品的佣金。这笔佣金的数额通常在一年一度的全体成品大会上商定下来。

除了作为市场产品的卖方的园艺公司外，当然还有与之相对应且必不可少的产品的买方，即经销商，他们不是拍卖行的成员，但作为购物者，他们在拍卖行登记注册，以便能使用拍卖行高度电脑化的组织系统，接受其所提供的服务，这些商人仅需从成交额中拿出一小笔款项交付拍卖行，作为他们购物的服务费。

四、比利时农产品批发市场

虽然比利时农业和整个国民经济的现代化水平很高，但由于欧盟的保护小农政策，导致比利时农场规模一直很小。在这种条件下，为了提高农产品流通效

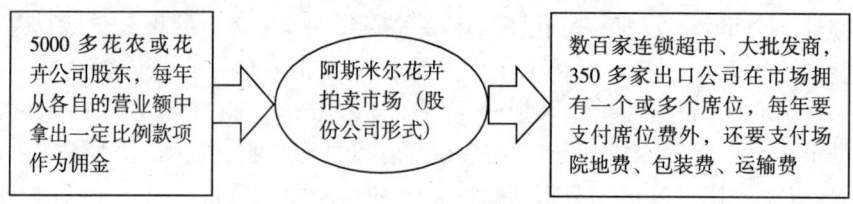

图 8-4　荷兰农副产品拍卖市场模式

率,比利时也试着建立产销一体化组织,但因为农场规模小,超级市场签订合同时面临合同纠纷风险、产品销售风险、价格风险,所以产销一体化组织逐步消失了(农产品加工工业产销一体化组织除外)。

比利时拍卖市场发展经历了三个阶段:第一个阶段是原始交易方式,农民现场展示产品,以喊叫的方式拍卖。每次只拍卖一个农民的产品。第二个阶段始于20世纪50年代,各拍卖市场运用"荷兰钟",各自制定了质量等级标准,现场展示样品,同一等级不同农民的产品合装在大包箱中统一拍卖。第三个阶段始于1983年,整个比利时的十多个大的拍卖市场联合制定全国统一的质量标准,各拍卖市场通过计算机和特定的通信线路联网,位于一个拍卖市场的买主可以在"荷兰钟"上同时看到全国各拍卖市场的果菜行情,并可以购买任何拍卖市场的在产品。这种方式极大地提高了果菜批发的效率。

五、法国农产品批发市场

法国是一个农业大国,也是一个农业生产力比较发达的国家。法国批发市场是农副产品交易的场所,市场由企业或事业单位来经营,市场的管理者不直接参与经营活动。生产者合作社及其联合体把农产品从农户手中收集起来送到市场,或由批发商将产品从不同的产地运送到市场。在市场上活跃着许多批发商,批发商阶层起着联结生产和销售的纽带,是流通领域的重要纽带和桥梁。批发市场一般面积较大、设施齐全,众多摊主的摊位上摆着样品,零售商根据自己的商店需求选择不同的品种,经过反复的比较和讨价还价,最终达成交易。有的是现场提货,有的是看样品后再由批发商按照样品标准组织发货。进入批发市场的样品都是经过严格筛选的,必须符合卫生检查标准,用标准包装和标准运输方式运输。产品价格完全是买卖双方议定的。任何部门、任何人包括市场管理者均无权干涉,任何产品都没有价格波动的界限,完全取决于市场供求关系。

但一般来说,在同一时间、同一空间,某种产品在不同批发商之间的成交价格基本相同。在这里,竞争机制的作用发挥得非常充分,每个批发商都是平等的竞争对手。当零售商将批发来的产品运回零售商店以后,交易行为就全部结束。

法国还是一个农产品加工出口强国,从而使农产品大幅升值。法国政府

1953年9月制定了《批发市场法》，将巴黎在内的23家批发市场指定为国家公益市场，并设置了信息中心。现在法国农业部仍指派统计官进驻法国23家公益批发市场，收集市场内的行情，每天下午将结果输入各市场的电脑，使得各批发市场和市场商家可以随时了解市场的行情，蔬菜、水果价格是以此信息为基础形成的，也就是说批发市场的交易价格决定了国内的批发价格。

法国伦吉斯果菜批发市场，位于巴黎南郊伦吉斯地区，称为巴黎伦吉斯公益市场，是法国最大的农副产品批发市场，占地232公顷（9000亩），其中建筑面积3300亩。经过7年建设，于1966年3月正式开业。整个市场分为水产、肉食、水果、蔬菜、乳制品、蛋品、花卉等，其产品主要供应巴黎近1000万人口的消费，同时还销往瑞士、德国、沙特阿拉伯等国家。在市场中经营的有近900家批发商和1000多家自产自销的经营公司、专业户。市场有固定客户25000多家，工作人员16000人。客商除来自法国外，还有挪威、荷兰、比利时以及北非的一些国家。市场成交量300多万吨，营业额550多亿法郎。该市场距巴黎市区7公里，直接与高速公路网及火车站相连接，距奥利机场仅2公里，有10条公共汽车线路经过该市场。

该市场由国家、巴黎所在省、巴黎市三方投资兴建，初建时共投资10亿法郎，其中国家投资56.85%，巴黎所在省政府、巴黎市政府、巴黎银行共占28.5%，私营批发商、市场工会组织占13.9%。市场自负盈亏，不向国家纳税，但在市场中经营的批发商要依法纳税。市场收入是批发商交纳的租金等各种费用。

六、德国农产品批发市场——如汉诺威市场

在德国，批发商可分为两类：综合性的批发商与专业性的批发商。综合性的批发商是连锁商店的食品采购部，它经营各种各样的农产品和食品。专业性的批发商是买卖特定品种的经营者，其中包括兼营储藏业或产地批发业务的经营者。在有的城市中，专业批发商开办了私营的蔬菜、水果或花卉的批发市场。下面以花卉为例讲述德国农产品批发市场（见图8-5）。

德国花卉的流通主要由专业性零售店和专业性批发商来承担。消费者购买花卉时，一般都需要参考售货员所提供的商品知识和建议等信息，因此，有利于满足消费者多样化要求的数目繁多的小型花店就成了花卉零售流通环节的结构性特点。在花卉流通中，批发市场起的作用很大，因为小型花店在批发市场采购最方便。在批发市场上，零售商可以选择各个品种，也可以随时买到花盆等园艺用品。由各个批发商合作办的批发商市场交易一般在早上规定的时间内进行，而由生产者合作社、花卉农户及专业性批发商开办的私营批发市场通常一整天都进行交易。由于批发商市场的运行和决策机制不如私营市场灵活和及时，因而这些年它受到了增长较快的私营批发商的强大冲击。

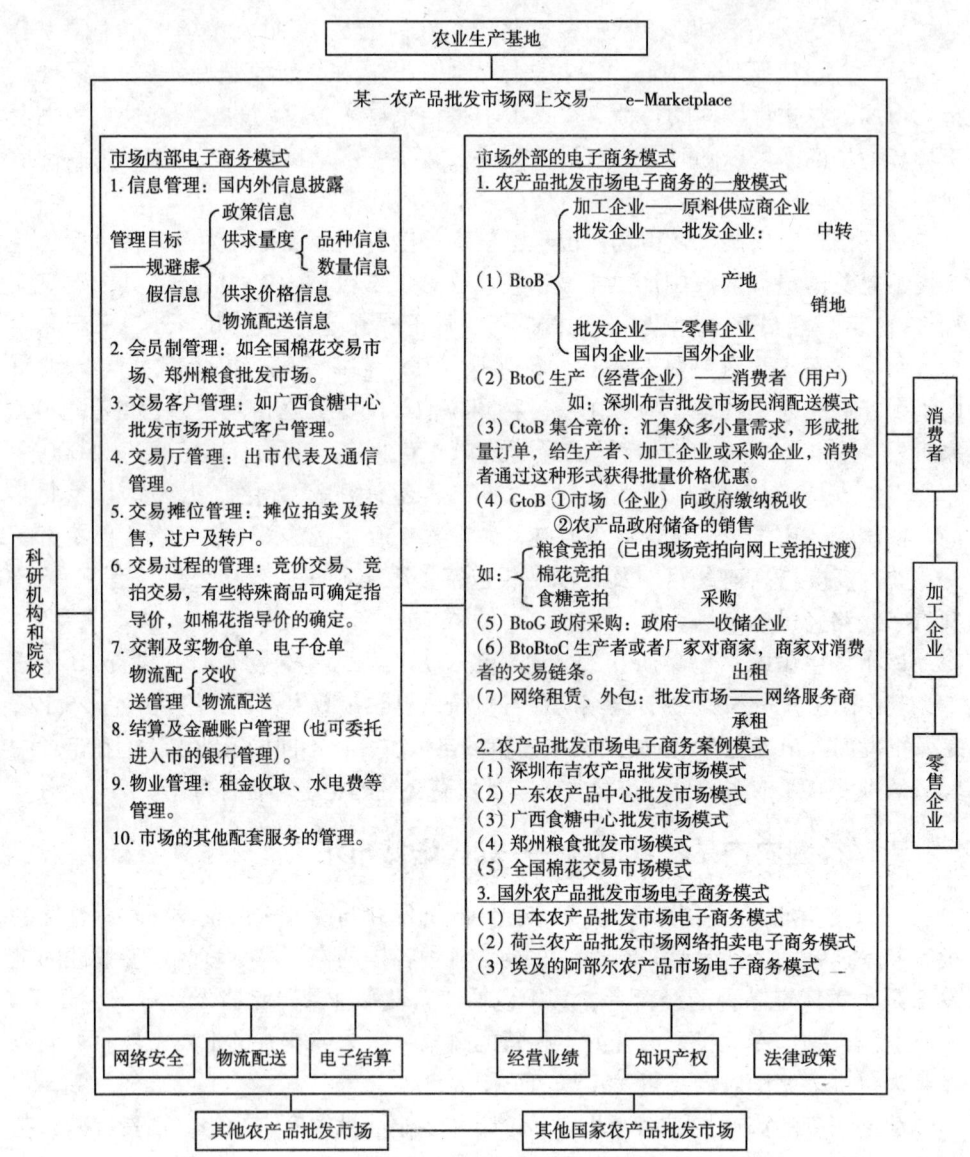

图 8-5　农产品批发市场的信息交流和网上交易的实现方式图示

思考题：
1. 简析农产品交易市场及其发展的七个阶段。
2. 简述农产品流通渠道的现状及其原因。
3. 简述绿色农产品交易市场。
4. 简述我国绿色农产品市场标准的内容。
5. 简述日本、美国、荷兰、比利时、法国、德国的农产品批发市场。

第九章 中国日用工业品交易市场

第一节 日用工业品市场的概念及其发展

日用工业品又称小商品，是指针织、服装、家电、五金、文化体育、礼品等多种消费工业品。与农产品和生产资料不同，它具有较大的供给价格弹性和需求弹性，如果市场上价格大幅度上涨，生产者可以加班加点生产，以满足市场的需求；如果市场上价格大幅度下跌，生产者可以减少生产，适应减少的需求。如果市场上价格大幅度上涨，消费者可以减少其购买量以节省资金；如果市场价格大幅度下跌，消费者可能会扩大其消费。

日用工业品进入消费领域可采取多种流通渠道，如批发交易、零售交易，从渠道而言，有批发交易市场，还有零售市场，零售市场内部的业态可以采用有店铺业态，如百货店、超市（包括综合超市和标超）、仓储商店、专业店、专卖店、便利店、购物中心等，也可以采取无店铺业态，如电视购物、电话购物、邮购、目录商店、网购、直销等业态等。

日用工业品交易市场是指经营日用工业品批发交易的市场。在西方国家日用工业品采取商品交易市场经营已经不多见，但是，在我国它还发挥着举足轻重的作用，这是由中国地域广大、人口众多、中小型企业众多等国情所决定的。义乌小商品城、汉正街小商品市场群、中国轻纺城、北京永外城文化用品市场等具有典型代表。

一、日用工业品市场总体轨迹

日用工业品批发市场是批发市场的一个重要组成部分，它的出现对打破传统的"三级批发"、"三固定"的流通体系起到了重要作用。

第一个时期是1979~1984年，这是恢复集贸市场时期。新中国成立以来，我国先后经历了关闭集贸市场（1958~1960年）——开放集贸市场（1960年下半年至1965年）——关闭集贸市场（1966年5月至1976年）——开放集贸市场

(1979年至今)的过程,在计划经济时期,曾经把集贸市场当作"资本主义的尾巴"来割。改革开放以后,对集贸市场给予了合法的地位,于是集贸市场得到了迅速的发展,汉正街小商品市场(1979年)、义乌小商品市场(1982年)、路桥市场(1978年)就在这个时期产生。

第二个时期是1984~1992年,"贸易中心热"时期和批发市场开始自发地发展。1984年我国贸易中心开始起步,1985年进入大发展的时期——形成"贸易中心热",1986年国家对贸易中心进行清理整顿。

第三个时期是1992~1998年,这是批发市场数量型扩张时期。1992年邓小平"南方谈话",以及1993年中共十四届三中全会的召开,确立了社会主义市场经济体制的目标,《关于建立社会主义市场经济体制若干问题的决议》指出:"改革现有的商品流通体系,进一步发展商品市场,在重要的产地、销地或集散地,建立大宗农产品、工业消费品和生产资料的批发市场。"至此,培育市场体系成为经济体制改革的一个核心内容,我国批发市场进入了一个新的发展时期。在这一时期,我国制定了《批发市场管理办法》、《全国商品市场规划纲要》等法规。

第四个时期是1999~2004年,我国批发市场由数量型扩张转变为质量效益型发展阶段,批发市场建设的重点是控制现有的数量规模、调整结构、规范运作、加强管理、提高效益,并开始把"百城万店无假货活动"引入批发市场。

第五个时期是2004~2012年,我国日用工业品市场进入全面开放时期,一些市场已经变得更加国际化,如义乌小商品城等。

第六个时期是2013年至今,我国日用工业品市场进入空间数据结构调整时期,如从城市中心区或者城区向城郊或周边城区转移时期,如北京批发市场的"批发及物流功能"从城区"剥离"具有代表性。

二、中国最早的小商品市场——汉正街模式

汉正街小商品市场历史悠久,如果从明成化年间(1465~1487年)建立商埠算起,至今已有549年的历史。新中国成立以后,实行计划经济,汉正街小商品市场没有得到发展。改革开放以来,它经历了四个阶段:

第一阶段(1979~1982年),市场恢复阶段。1979年10月,汉正街突破计划经济体制的限制,顺应城乡需求,率先在城市恢复、发展个体经济。当初,汉正街的个体经营户仅有103户,有200多名从业人员,汉正街仅是一个400多米长的街市。到1982年,汉正街个体经营户达458户,销售额达1600万元。1982年8月28日,《人民日报》发表题为《汉正街小商品市场的经验值得重视》的社论,文中指出:"正确认识它的性质、任务和作用,总结、推广其经验,很有现实意义。"这篇社论第一次肯定了个体工商户的社会地位,第一次肯定了日用工业品市场的地位,对我国日用工业品市场的发展起到了巨大的推动作用。以此为

契机，汉正街模式开始在全国推广，小商品市场逐渐呈现燎原之势。可以说，如果没有汉正街当年对商品流通体制的大胆改革，就没有今天中国商品市场的蓬勃兴旺。可以说"汉正街模式"与"小岗模式"（家庭联产承包责任制）、"首钢模式"（企业承包经营责任制）具有同等重要的意义。

第二阶段（1983~1991年），市场发展阶段。1991年，汉正街的经营户发展到4105户，市场销售额达到8.5亿元。

第三阶段（1992~1999年），市场繁荣阶段。1999年，汉正街的市场销售额达120亿元。1992年，邓小平"南方谈话"带来新一轮的思想解放，武汉市硚口区政府制定了鼓励个体私营经济发展的优惠政策。

第四阶段（2000~2011年），转型升级阶段。2007年，汉正街的市场销售额达280亿元。如今，汉正街有13000家个体户、近1000家私营企业，有10万从业人员，日均客流量16万人次，占地1.67平方公里，拥有稳定繁荣的室内市场群。2000年，硚口区委、区政府提出"二次创业"的思路，制定"十五"发展规划，加快建设汉正街商贸购物旅游区，推进汉正街进一步升级。至今，汉正街市场占地近2平方公里，拥有69个专业市场集群，经营面积达130万平方米。

2011年8月15日至今，汉正街市场整体搬迁进入关键时期，分为搬迁区和在建及建成区域，新汉正街向高端商业业态转变，最终建成中部地区曼哈顿。

汉正街的贡献可以归纳为：经营的品种达12万个，方便了群众的购买需求，为40万人（常住10万人、外来10万人、流动人口20万人）提供了就业机会，为国家贡献税收10多亿元。对汉正街区一级政府来讲，政府得到的利益是3亿元（财政分成），同时带动了周边"8+1"城市圈的发展和繁荣。汉正街市场形成了较大的社会效应，企业、老百姓、国家都得到了实惠。

汉正街小商品市场的目标是：突出汉正街物美价廉、商业文化、贴近民众的特色，按商贸流通、商务信息、购物休闲、文化旅游"四大功能"进行布局：①商贸交易区以多福路商贸旅游中心街为核心，设置"十大专业市场板块"、"两大物流配送组团"和"一个物流交通环线"，吸引各类品牌消费品的旗舰店、连锁店、专卖店和精品店入驻。②商务信息区以汉正街第一大道至沿江大道高层高务楼为核心，主要设置"两带两中心"，开展金融服务、商务办公，建设商务信息平台和会务展示中心。③文化休闲区以三特索道沿汉江景观带为核心，主要设置"一带两街"。④汉江沿线规划建设具有明清风格的特色商业街区，浓缩了汉正街著名地名、街巷名、特色老字号等历史文化景观，复建、新建新安书院、山陕会馆及关帝庙等民俗风情的庙宇，集中再现汉正街的传统商贸风貌，形成了多福路商业中心街—沿汉江历史文化景观区—滨水景观带—汉阳旅游区（南岸嘴、龟山、琴台大剧院）环江商贸旅游走廊。

三、世界最大的小商品集散地——义乌小商品城

义乌小商品城的发展经历了五个阶段

（一）"马路市场"阶段（20 世纪 70 年代末至 1984 年）

义乌的集市贸易最早有文字记载是明代万历年间，共有 16 处集市。而现代中国小商品市场的前身是稠城的湖清门小商品市场和廿三里小商品市场。改革开放初期，义乌外出经商的人员从外地带回了多种小商品，在义乌县城湖清门街头摆卖，形成了群众自发性的小商品市场。1982 年 9 月，义乌县政府正式开放稠城镇小百货市场，当时投资 9000 元铺设了水泥板的露天市场，摊位有 700 个。当年小商品市场成交额为 392 万元。1983 年湖清门市场摊位数增加至 1050 个，成交额 1444 万元。

（二）"草帽市场"阶段（1984~1986 年）

1984 年，湖清门的摊位已满足不了进场经营的需求，于是义乌县政府投入 57 万元，建成占地 35 万平方米、固定摊位 1800 个的第二代小商品市场，由于新一代市场架设了钢架玻璃瓦棚顶，故被称为"草帽市场"。同年，义乌县委县政府提出"兴商建县"的方针，放宽企业审批政策，简化登记手续。义乌全县掀起经商办厂热潮，年底个体户达 14259 户，小商品市场成交额达 2321 万元。

（三）高速发展阶段（1986~1992 年）

中国小商品城第三代市场于 1985 年 11 月动工兴建，总投资 440 万元，1986 年竣工开业，设有固定摊位 4096 个，占地 44000 平方米，市场内建有综合商业服务及工商、税务、邮电、金融等管理服务大楼。其后经过多次扩建，至 1990 年底，中国小商品城第三代建设已形成占地面积 5.7 万平方米、固定摊位 8503 个、临时摊位 1500 多个的全国最大的小商品专业批发市场。1991 年小商品市场成交额达 10.33 亿元，首次突破 10 亿元大关。

（四）规模化发展阶段（1992~2002 年）

第四代中国小商品城市场于 1991 年动工兴建，1992 年投入使用，共有摊位 7100 个。1992 年 3 月在国家工商局首次公布的全国十大市场名单中，义乌小商品市场名列榜首。8 月，义乌小商品市场更名为"浙江省义乌市中国小商品城"。1993 年义乌小商品市场走上了股份制发展道路，创立中国小商品城股份有限公司（商城集团前身）。1994 年 6 月 4 日，中国小商品城第四代市场二期工程通过交工验收，至此小商品城建筑面积扩大到 22.8 万平方米，摊位数增至 23000 个。1995 年中国小商品城成交额达到 152 亿元。

（五）国际化发展阶段（2002 年至今）

进入 21 世纪，义乌小商品市场走上了国际化的发展道路，为顺应国际化发展需求规划建设了第五代的专业市场——中国义乌国际商贸城。国际商贸城的建

设秉承"科学的规划、一流的设计、现代化的建筑"的理念,致力于引领传统集散型市场向现代化国际市场的飞跃。一期工程占地 240 亩,建筑面积 34 万平方米,工程投资 7 亿元,分为主体市场、生产直销中心、商品采购中心、仓储中心、餐饮中心五大经营区,共有商位 7000 余个,从业人员 50000 多人,汇集了国内外 250 余家生产企业、220 余家商品采购和 8600 余户经营户,是我国最大的饰品、工艺、玩具、花类集散中心。[1]

总体来说,我国总体交易市场经营形式更替了"四代":

第一代:市场形成的最初阶段,类似农村的集市,大部分以街为市、以路为市,条件恶劣,环境脏乱,刮风下雨都会影响正常经营。

第二代:市场进入大棚,所谓"棚亭式经营",解决了下雨时"人穿雨衣货盖苫布"的问题,但仍避免不了"天晴到处是土,天雨一脚是泥"的尴尬场景。

第三代:市场进了有顶有墙的大房子,虽说天气变化不会影响正常经营,但购物环境依然不尽如人意。

第四代:许多市场搬进了高楼大厦,还有许多投资者在知名度高的市场周围建立了若干市场,形成了市场群。随着市场规模和环境的变化,市场的经营项目和品种由单一性向多样化发展,只要国家政策允许经营的商品,都可以在市场上看到,从生活资料到生产资料无不囊括。同时,众多市场开始探索专业化经营,在大市场中形成了专业性的小市场,如家电市场、家装市场、家具市场、建材市场、药材市场、服装市场等。

四、日用工业品批发市场面临的挑战

(一)各种业态对小商品市场的冲击

自 1996 年以来,许多大商场出现交易量下降甚至亏损、倒闭,这是"大商场热"所引发的必然结果,也是市场经济在用"无形的手"选择商业零售业态。于是一些大商场开始调整业态,主要有两种形式:一是整体转业态,如一些大商场整体转为批发市场,或者转为专业店(专卖店)、超市、仓储式超市、配送中心等;二是部分转业态,如采取"1+n"的形式,即单体店+其他业态的形式(超市、专业店、仓储商店、便民店等),以及采用连锁经营的形式。

(二)外商进入中国小商品市场

1992 年,我国对外开放商业零售业,2004 年全面放开零售领域,大量的外商在我国开办百货商场、超市、专业店、专卖店、仓储商店、量贩店等,外资经历了开放零售领域、进入批发领域、独立资兴办批发企业和批发市场的过程。

---

[1] 义乌小商品市场的五个发展阶段 [N]. 中国义乌小商品网,2007-3-01.

(三) 国内日用工业品市场之间的竞争

当日用工业品市场进入大发展的时期后,初步形成了以集贸市场为基础的各种类型的批发市场体系,我国现有各类批发市场 7.5 万个,其中具有一定规模的生产资料市场 6200 个,日用工业消费品批发市场 9300 多个,农副产品批发市场 4000 多个,至今批发市场的数量和规模仍在继续扩大,这是因为当前批发市场具有较大的投资回报,是平均利润率较高的投资领域。随着批发市场的发展,批发市场行业内部的竞争也日益加剧,主要表现为:

(1) 市场之间的竞争加剧。一些批发市场都采用优惠政策吸引经营户,如降低场位出租价格、降低管理费收费标准、减免税收等,这促进了批发市场的发展,但各市场之间相互降低管理费用、减免税收的竞争,也使批发市场的未来长期发展的竞争优势正在逐步丧失。

(2) 市场内部经营户之间的低价竞争。

(3) 批发市场的重复、趋同建设,造成空壳市场的存在等,都影响着批发市场的健康、持续、有序发展。

(四) 网络交易推动日用工业品市场升级

一是商人由卖商品变为卖信息,从以前商品的中介变为商品信息的中介,商人将生产者生产的产品通过其中介活动传导给消费者,而电子订货系统以及信息网络系统的出现,使得商人将众多消费者的信息通过采集分析后传导给生产者,厂家按消费需求信息进行订单生产,商人通过信息传递完成其中介任务,商品则可以通过便捷的路径传导给消费者。

二是从向顾客销售商品到向厂家销售"影响力"。即商人收集大量的消费信息,将消费信息分别传导给不同的生产厂家,因为商家的"商圈"增大,生产厂家会利用商家的这种影响力来宣传商品,将其产品信息,如品种、规格、质量、价格等信息传导给消费者,然后再将消费者的需求反馈给厂家,厂家按商家的订单进行生产,并按订单的多少付给商家相应的"广告费"收益,而商家除了给消费者提供服务外不收取任何费用。

三是一些商业企业从商品交易场所到商品配送中心的转变,当一些商家的网络信息交易代替其原来的商业行为以后,消费者和生产者的信息可以直接沟通,但一个厂家面对成千上万个用户是一个十分困难的事情,于是就需要商家的配套职能创新——配送中心职能的社会化。

四是一些商业企业的组织形式由集中到分散。传统的销售方式是许多售货员在一个商店销售商品,或者许多服务员在一个商店里为消费者服务,而未来的商店可以通过网络进行沟通,可以将集中办公变为分散办公。随着家庭办公室(Home Office)的出现,"虚拟商店"也随之而产生,传统的实体空间的集中交易变为网络的虚拟空间交易,消费者不必到商店去购买商品,商人也不必建立一个实体的商店，而且商人甚至可以在家里办公，实现 24 小时经营。

五是网上交易可以变商店的大众化服务为个性化服务，如消费者不再被动地接受商店的服务，而是可以在网上进行个性化的商品自由选择，甚至输入自己偏好的数据信息，并通过形象模拟订购满足自己个性需求的商品，厂商则按其"订货"进行生产。

六是商品实体传导方式的多样化，由厂商直接与消费者沟通，或者由专门从事配送工作的社会化服务的商人来承担，真正做到商流、物流、信息流分离，使商人的职能进一步细化。但根据人们多层次、多元化的消费需求，在对商业零售业态的选择上，既需要"足不出户能购天下物"的网络交易、电话购物、邮购、直达供货，也需要购物、娱乐、休闲、旅游、饮食于一体的购物中心或大型商场，还需要其他业态形式，如超市、专业店（专卖店）、仓储商店乃至便民店等。虽然目前的网络交易尚未从根本上解决结算的信用、风险等问题，但网络交易使网上商店的商品拥有量、能够接纳的客户量大大高于世界上现有的最大的商场，且批零兼营无疑将对现有的批发市场形成冲击。

除此之外，厂商直达供货、自办批发和零售形成自己的网络，零售商业自由选择订货的程度等，都对现存的批发市场提出了挑战。

五、日用工业品市场的发展空间

（一）日用工业品存在的空间

从总体来说，当前日用工业品批发市场具有三个方面的优势：一是商品的价格低廉，这是较低的进货成本所致；二是品种多，批发市场大多实行"摊位制"，且大多是非公有制经济成分，许多批发市场拥有成千上万个摊位，每一个摊位有若干个进货渠道，多渠道必然带来多个商品；三是经营灵活，良好的经营机制决定了每一个商人都按市场需求来组织货源，且商品具有特色，应季商品较多，从而能够适合消费者的需要，紧跟社会消费时尚。这三个方面是现在的商业零售业态所不能够比拟的。这些优势的保持将会持续相当长的一段时间，这是由我国现有生产力发展水平和市场发育状况所决定的。

（二）未来批发市场的发展空间和趋势

从世界范围来看，日用工业品批发市场的发展也有一个生命周期，在工业化发展的初期，批发市场曾经起到过应有的作用。后来，随着其功能的衰退，批发市场也随之萎缩。许多国家的批发市场被展销会（Show）、超市和仓储超市、商业中心（Mall）以及无形批发市场所代替。近几年，在我国经济比较发达的地区，如温州日用工业品批发市场的发展势头减缓，甚至有些批发市场出现交易额减少的趋势。笔者认为，日用工业品批发市场需要从制度、组织、经营方式等多方面进行创新，并充分发挥其功能。

1. 从制度上创新，实行"管办分离"

可以采用股份制形式，向社会发行股票和债券，筹集建设市场所需要的资金，通过向社会发行股票使投资人（出资人）、行政管理人（工商行政管理局、所）、市场经营管理人三者分开，实现职能、责任、权力分开，按现代企业制度来进行运作。同时，在有些批发市场实行股份合作制等形式，使我国批发市场在发展初期所形成的多元投资主体行为规范起来，真正实现政企分开、产权明晰、权责明确、管理科学，为批发市场规范运作创造条件。

2. 塑造市场品牌和市场形象

批发市场的生命在于产品质量，产品的质量问题往往是批发市场存在的最主要问题，如果批发市场的价格低廉是建立在假冒伪劣产品的基础上，那么，这样的批发市场是没有生命力的。而从长期发展来看，批发市场必须提高产品质量，才能在社会公众中树立企业形象。当前我国将"百城万店无假货"活动引入批发市场具有较强的现实意义，但是，这也是一个极为艰巨的工作。

3. 变重收费为重管理和服务，提高批发市场的效应

批发市场必须为客户提供硬件和软件服务。硬件服务包括交易场所、停车场地、仓储设施、运输设施、质量检验、金融结算、通信设施、饮食、住宿、子女幼托、上学生活服务设施等方面；软件服务包括法规、制度、信息服务、法律咨询、仲裁等方面，至今我国尚无国家级的《批发市场法》。

4. 采用多种经营方式

当前我国批发市场主要采用的形式是摊位制交易、现货交易、买断交易、批发交易、单个市场经营，而交易所制交易、信用交易、零售交易（批发市场与零售店的"嫁接"）、租赁交易、代理交易、连锁市场经营等新型经营创新还比较少。而先进的交易方式有利于形成客观公正的市场价格，规避市场风险。

5. 明确批发市场的定位

批发市场可分为三个不同的层次：第一是外向型批发市场，如义乌小商品城，在全国办分市场，在国外办分市场；第二是全国型批发市场，即面向全国的市场，主要位于交通枢纽，形成某一商品或某类商品的全国性商品集散地；第三是区域型市场，即面向区域内的市场，主要是指面向当地农村市场的批发市场。而批发市场的层次是由市场的地理条件、历史发展、交通条件所决定的，不以个人意志为转移，当前存在的问题是不讲市场定位，追求所谓"国家级"、"全国"批发市场等，从市场体系来看，我国批发市场是分层次的"宝塔型"结构，即国家级批发市场和外向型批发市场较少，面向全国型批发市场较多，面向农村的区域型批发市场则是大多数。

6. 建基地，引名品、名厂家进场

一个批发市场必须要有基础。实践证明，有产业支撑的市场具有较强的生命

力和活力，同时一个批发市场的名品、名厂家或商家的多少是衡量批发市场规格的一个重要指标，如果有基地、名品、名家三大要素进入市场，批发市场就具有强大的生命力。批发市场要逐步建立起产供销、农工商一体化、一条龙的市场体系和机制。

7. 充分发挥批发市场的功能

从世界范围来看，批发市场主要有集散功能、价格功能、信息功能、结算功能、服务功能、管理功能、配送功能、租赁功能、展销功能等，要充分发挥现有的功能需要有一个过程。批发市场在发展过程中只有不断地进行功能创新，才能具有强大的生命力。批发市场包括有形市场和无形市场，而有形市场的建设要控制规模和数量，当前，要充分发挥现有的批发市场的作用，从效率的角度而言，应做到"一市多用"，即批发与零售相结合、销售与租赁相结合、网络交易与配送中心相结合、展销会与批发交易相结合。

第二节 案例：义乌小商品城

一、义乌小商品城——全球最大的日用工业品（小商品）批发市场

义乌小商品城坐落于浙江中部义乌市，创建于1982年，是我国最早的商品交易市场之一。经过五易其址、十次扩建，义乌已形成以中国小商品城为核心，11个专业市场（义乌农贸城、家具市场、木材市场、义乌装饰城、物资市场、通信市场、家电市场、汽车城、二手车交易市场、房地产交易市场、出版物交易中心）、14条专业街相支撑，运输、产权、劳动力等要素市场相配套的市场体系。

义乌小商品批发市场现拥有营业面积400多万平方米，经营商位6.2万个，汇集了16个大类9105个子类170余万种单品，集聚了1.8万余件商标，800多件驰（著）名商标，6000多家总代理、总经销。

2012年市场总成交额达580.03亿元，同比增长12.6%，日均成交约1.5亿元。这是义乌小商品城成交额自1991年以来连续22年居全国专业市场榜首。义乌小商品城是国际小商品的流通、研发、展示中心，是我国最大的小商品出口基地。

2012年，面对复杂多变的国际经济形势，浙江省和义乌市相继出台一系列旨在推进义乌国际贸易综合改革试点健康、快速发展的举措，从市场采购、电子商务和开拓新兴国家市场等方面积极促进义乌小商品城转型升级，并使其成交额再创历史新高。

二、义乌小商品城的现状

通过"义乌小商品城 www.occ.com"网站信息可以了解到，义乌小商品批发市场由中国义乌国际商贸城、篁园市场、宾王市场三个市场组成。同时，义乌还在甘肃兰州、北京通州、青海西宁、四川、辽宁、广西等地建立了分市场和小商品配送中心；也在国外的乌克兰、南非、澳洲、巴西等地建立了分市场，总数约为30余家。

义乌小商品城已有义乌国际商贸城一区、二区、三区、四区、五区以及义乌中国小商品城篁园市场6个主要商贸城。

（一）义乌国际商贸城一区

中国义乌国际商贸城一区市场于2001年10月奠基，2002年10月22日正式投入营运，市场占地420亩，建筑面积34万平方米，总投资7亿元，分为主体市场、生产企业直销中心、商品采购中心、仓储中心、餐饮中心五大经营区，共有商位10000余个，经营主体10500余户。一楼经营花类、玩具；二楼经营饰品；三楼经营工艺礼品；四楼开办了中小生产企业直销中心、台商馆，东铺房为外贸企业采购服务中心。

（二）义乌国际商贸城二区

中国义乌国际商贸城二区于2004年10月22日开业，市场占地483亩，建筑面积60余万平方米，拥有商位8000余个，经营主体逾万户。一楼经营箱包、伞具、雨披（袋）；二楼经营五金工具（配件）、电工产品、锁具、车类；三楼经营五金厨卫、小家电、电讯器材、电子仪器仪表、钟表等；四楼设生产企业直销中心及香港馆、韩商馆、四川馆、安徽馆、江西九江馆、新疆和田馆等精品交易区；五楼设外贸采购服务中心；市场中央大厅二、三楼设旅游购物中心、中国小商品城发展历史陈列馆。

（三）义乌国际商贸城三区

中国义乌国际商贸城三区建筑面积46万平方米，一楼至三楼拥有14平方米标准商位6000余个，四楼至五楼拥有80~100平方米商务商位600余个，四楼为生产企业直销中心，入场行业为文化用品、体育用品、化妆品、眼镜、拉链（含纽扣）服装辅料等行业。

（四）义乌国际商贸城四区

中国义乌国际商贸城四区于2008年10月21日正式开业，市场建筑面积达108万平方米，拥有商位16000余个，现有经营主体19000余户。市场一楼主营袜类；二楼主营日用百货、手套、帽类、针棉；三楼经营鞋类、线带、花边、领带、毛线、毛巾；四楼主营文胸内衣、皮带、围巾。

第九章　中国日用工业品交易市场

（五）义乌国际商贸城五区

中国义乌国际商贸城五区市场占地 266.2 亩，建筑面积 64 万平方米，总投资 14.2 亿元，分地上五层、地下两层，拥有商位 7000 余个，主营进口商品、床上用品、纺织品、针织原材料、汽车用品及配件等行业。

（六）义乌中国小商品城篁园市场

中国小商品城篁园市场于 1992 年 2 月 13 日开业，建筑面积 16 万平方米。现有日用百货、针棉、鞋类、线带四大行业，新老商位 7000 余个，市场经营户总人数超过 1.5 万人，日均客流量 3 万多人次。配套江滨停车场，多条公交线路环绕直达，是浙江省旅游局指定的购物旅游定点单位，省工商局命名的三星级市场。

三、义乌小商品城的经营种类

义乌小商品城经营 16 大类、4202 个种类、33217 个细类、170 万个单品，囊括了工艺品、饰品、小五金、日用百货、雨具、电子电器、玩具、化妆品、文体、袜业、副食品、钟表、线带、针棉、纺织品、领带、服装等所有日用工业品。其中，饰品、袜子、玩具的产销量占全国市场的 1/3，是国际性的小商品流通、信息、展示中心，被联合国、世界银行与摩根士丹利等权威机构称为"全球最大的小商品批发市场"。

四、义乌小商品城的经营模式

（一）硬件——商城店面设计

（1）实现了市场硬件的智能化：场内安装电梯、自动扶梯 37 座，汽车可直上二、三、四层，整个市场安装了 13000 多个宽带网络接口，每个商位都可上网交易和查阅信息。现代物流、电子商务、国际贸易、金融服务以及住宿、餐饮、娱乐等服务功能配套齐全。

（2）店内设施便捷、现代化：市场内人流和货流畅通无阻，并设有中央空调、宽带网络系统、网络电视、数据中心、消防安全监控中心。

（二）供应商数量庞大

（1）供应商的种类包括：①自产自销，比如代理袜子、内衣。②批发商，比如代理衣服，先到石狮、湖州去进货，再拿来卖。③代理商，比如代理一些小有名气但又没能力开专卖店的品牌。

（2）市政府大力保护，摊位价格保持不变。义乌小商品市场的产权始终牢牢掌握在政府控股的国有企业手中。义乌小商品市场最佳摊位每 5 年使用权的实际含金量可高达 100 万元，而义乌市政府能够坚持把价格定在 5 万元，控制了高价炒作，从而使来自全国乃至全球的市场不会被挡在门外。

(3) 政府支持，大量引进外商。义乌市政府主动大量引进外来交易对象，引进地缘关系，从而快速建构商业社会存在的基础——契约社会的形象，这对中小城市乡土市场迈进成熟的经济状态是相当重要的。

正是义乌市政府主导的市场公平、公正的原则，使得国际小商品生产企业与供应商大量涌入义乌，防止市场垄断的出现，确保了义乌市场健康蓬勃地发展，零售商和消费者的福利得到保证。2005年8月，联合国在义乌设立了亚太地区首家采购（信息）中心，加入了联合国的采购网络，成为联合国物资采购的重要基地和价格信息采集中心。除了外交部等国家有关部委将在义乌建立礼品采购中心外，家乐福等超市也将在义乌市场设立采购中心。在国际贸易舞台上，义乌已确立了"买全球，卖全球"的发展格局。

（三）盈利模式——薄利多销

（1）经营理念："做小生意赚大钱"是义乌人的经营理念，即薄利多销。在所有环节上千方百计地降低成本，并且靠良好的信誉吸引"回头客"，在竞争激烈的商战中让"薄利"与"多销"良性互动，这是义乌小商品市场做大的关键。"商品性价比高，商务成本低，采购效率高"构成了义乌小商品市场强大的生命力和国际竞争力，义乌小商品市场把"低成本、低税费、低价格"做到了极致。商户的利润则得益于此基础上的大批量采购——大进大出。

（2）盈利基础：市场信息传播渠道宽广，拥有各种专业报刊及中国小商品招商网等多家小商品市场信息网站。同时发达的市场链和万商云集的火爆交易，使义乌小商品批发市场成了发布小商品价格、新产品动向的信息源头。

（3）出口量：义乌小商品批发市场的商品辐射200多个国家和地区，行销东南亚、中东、欧美等地，2005年出口量已达总成交额的60%。其中，工艺品、饰品、小五金、眼镜等优势行业商品出口量占行业销量的70%以上；市场内60%以上的商户有外贸供货业务，现长驻义乌的外商达8000多人，境外商务机构500余家。

（四）管理模式

（1）规范化管理：①义乌小商品城对市场进行了严格、统一的划行归市管理，即经营某种行业的只能在经营该行业的区域经营，保证了不同楼层间经营效果，也提高了采购者的效率。②有统一固定的开发票处，零售商不得私自开取发票。

（2）人性化管理：节假日为不能回家的商户庆祝节日，送去温暖。

（3）优良质量管理：①要求零售商不得出售假货，发现假货"假一罚十"。②义乌国际商贸城引进ISO9000国际质量管理体系，工商、税务、商检、金融等职能部门派驻市场，提供优质的服务和政策管理，保证市场安全和良好的经营秩序。2002年，义乌国际商贸城获得国家质量监督检验检疫总局授予的全国唯一的"重合同，守信用" 市场荣誉，被评为浙江省首个五星级文明市场。在世界品牌实验室等权威机构发布 2007 年度中国最具价值品牌 500 强排名中，中国小商品城位居第 150 位，品牌价值达 42.04 亿元。

（4）现代化管理：2003 年，义乌小商品城自主编程开发的我国首个专业市场电子信息化管理系统投入使用，实现了市场开发、商位租赁、经营户行为规范、商务信息等服务全电脑管理。

（五）服务现代化——"一条龙服务"

经过多年的发展和完善，义乌小商品城积累了丰富的市场资源，实现了从现金、现场、现货的传统"三现"交易到国际贸易、电子商务、洽谈订单、商品展示、现代物流等的大跨越，现代化管理和服务体系日益完善。最新一代的义乌国际商贸城运用电子商务、物流配送等现代流通方式嫁接提升传统市场，实现有形市场与无形市场的功能对接。除了建有全中央空调、高架立体交通网络、信息宽带网络，实现三星级酒店标准物业管理外，还建有专门的电子商务系统。

（1）义乌为每个商位安装宽带接口，40%以上的经营户开展电子商务，开通了网络电视，其中由市场发展商投资 1000 多万元建成的中国小商品数字城网络免费为所有经营户制作网页，把 5 万余个商位搬入互联网，日点击率过 10 万人次，是全球会员数量与商品信息量最大的小商品网站，实现了有形与无形市场共同发展的新型格局。目前，已有各类小商品门户网站 500 余家，新浪、阿里巴巴等一批知名商务网站都在义乌拓展业务。

（2）登录义乌小商品城网站，能够感受到其电子商务系统的完善。消费者可以足不出户选购商品。这种网上交易方式有以下四个优点：①商品种类齐全，各种生活用品、小首饰、装饰品等应有尽有；②商户繁多，方便进行比较和选购；③价格低廉，省略了中间环节；④网站专门为商户和消费者的互动设置了需求、供给商品列表，使供求关系一目了然。

（六）庞大的物流系统

物流是义乌小商品市场的"主动脉"，更是现代流通业发展的关键环节。义乌市委、市政府及时将各大联合托运物流场站收归政府管理，从而有效地防止了经营者抢码头、占地盘。

作为浙江省三大物流中心和三大"大通关"建设站之一，义乌小商品城拥有 200 余条联托运线路，直达国内 200 多个大中城市；六条铁路行包专列；建有浙中地区唯一的民用机场，拥有 20 余条航线；紧邻宁波、上海港，海运发达，形成了公路、铁路、航空立体化的交通运输网络，日货物吞吐量达 5000 余吨，义乌开通了全球 2502 多个大中城市和国际主要港口的货运业务，有五个专业货运市场，国内外货运经营单位 600 多家。全球海运前 20 强企业中有 8 家在义乌设立了办事机构。2002 年，开办海关办事处，开通"一关三检"，配套建设了国际物流中心和商城物流中心，现代物流基础设施先进，功能完善、高效，是我国最大的内陆海关之一。国际物流中心还与宁波港、上海港合作，实现了跨关区"一站式"通关，外贸商品流通周期大幅缩短，"内陆港"功能正在开始凸显。

（七）永不落幕的小商品博览会

义乌小商品城拥有先进而发达的市场体系，会展业发起早、影响力大。市场配套建有居国际先进水平的大型展馆——总建筑面积4.6万平方米的义乌小商品批发市场梅湖会展中心，设5个展馆，可容纳1500个国际展位，配有国际会议厅、商务中心、咖啡吧等，每年承接不同规模的国际、国内展会20余个。中国小商品博览会自1995年开办来，已经举办过19届，2002年开始，博览会升格为由国家商务部举办的国家级外向型展会，2005~2008年中国义乌国际小商品博览会展会成交额分别达80.98亿元、94.5亿元、108.9亿元、103.6亿元。其中，外贸成交额分别为6.61亿美元、7.8亿美元、9.8亿美元、9.49亿美元。

中国义乌国际小商品博览会已成为我国劳动密集型商品的重要年度展会，以经贸性、外向性和长效性而倍受关注，2011年10月，中国义乌国际小商品博览会实现成交额157.52亿元，同比增长23.38%，其中外贸成交额14.86亿美元，占总成交额的60.2%，同比增长28.13%。2014年4月，义乌还成功举办了2014年中国国际电子商务博览会和2014年中国（义乌）世界电子商务大会。

五、义乌模式的思考

随着全球性劳动密集型产业向我国加速转移，义乌小商品城外向度不断提高，带动了小商品产业的集聚发展，以义乌为中心形成了国际性的小商品产业带，促进了市场产业簇群式的发展。虽然小商品市场正在逐步壮大，但在逐步迈向国际市场的过程中仍存在着许多影响小商品市场发展层次的问题。

（1）"世界加工厂"。虽然现在有许多外商选择来义乌大批量购买小商品，但主要原因是中国廉价的劳动力给小商品带来了低廉价格，即小商品仍属于劳动密集型产品。所以要改劳动密集型为技术密集型，提高中国小商品在世界上的地位。

（2）义乌小商品城仍需继续创新。要将批发市场提升为具有中国特色、适合中国国情的现代流通，才会立于不败之地。这需要政府、理论界、企业界各方面的努力。今后一个时期，我国的批发市场还要在产业战略、商品、交易方式和经营者素质等各方面进一步提升。就义乌而言，还要在怎样建设国际市场销售网络、进入国际市场主渠道、规避非技术国际贸易壁垒、正确处理产品知识产权纠纷和反倾销等问题上有所突破。

第三节 绍兴轻纺城案例

一、中国轻纺城的五大特点

中国轻纺城位于中国经济十强县之一的绍兴县，始建于1988年，经过26年的发展，中国轻纺城总建筑面积达到365多万平方米，经营者22000多户，其中公司经营户达到5200多家，营业用房26000多间，经营面料3万余种，日客流量10万人次，境外代表机构370家，常驻境外客商5500余人，产品销往187个国家和地区。2012年，中国轻纺城市场成交额达到973.32亿元，较上年同比增长9.3%，其中面料成交额557.03亿元，同比增长14.5%；钱清原料市场成交额415.29亿元，同比增长3.6%。另外，网上轻纺城在线交易额达16.72亿元，是目前亚洲最大的纺织品集散中心。

目前，中国轻纺城已基本形成了"南部的传统交易区、北部的市场创新区、中部的国际贸易区、西部的原料龙头区和东部的物流配套区"。柯桥中国轻纺城已成为目前亚洲最大的轻纺专业市场，轻纺产品总销售额占全国的1/3，名列全国10大专业批发市场第2位。全球每年有1/4的面料在此成交，与全国近一半的纺织企业建立了产销关系。市场率先实施知识产权保护，开展现代金融服务，引导培育技术创新、品牌创建、时尚创造和产业链整合的新型公司化经营模式并取得了良好成绩。

现阶段的中国轻纺城发展主要呈现出五大特点。

（一）市场规模集群化

中国轻纺城市场体系拥有以传统老市场交易区、现代化的联合市场、全球化的国际贸易区、专业化的钱清轻纺原料市场和正在规划建设的柯北新市场为主体的"南北中西"四大市场区，已形成纺织面料、家纺产品、轻纺原料、纺织机械、服装服饰和辅料等为主体的大型纺织专业市场集群。市场的规模效应聚集了大量的海内外客商。

（二）市场配套现代化

中国轻纺城拥有占地面积25万平方米的国际物流中心，入驻联托运企业151家，开辟联托运线路近百条；拥有建筑面积90万平方米的现代化、国际化、专业化电子商务办公区；拥有宾馆酒店、金融保险、医疗卫生、翻译咨询等中介服务机构约300家；拥有"全球纺织网"、"网上轻纺城"和"市场管理信息系统"三大网络平台。物畅其流，货通天下，现代化的市场设施有效降低了商务成本。

(三) 交易方式多样化

中国轻纺城市场内公司化经营户近千家，订单合同交易约占市场全年成交量的40%，"网上轻纺城"虚拟市场经营户达6000余家，网上年成交额达12亿元。轻纺城交易方式已实现从传统的"现场交易、现金交易、现货交易"逐步向"公司化、订单化、电子化"交易方式转变。

(四) 经营模式国际化

中国轻纺城销售网络遍布全球，目前常驻中国轻纺城境外企业代表机构370家，常驻中国轻纺城的境外采购商2500多名。市场内拥有自营出口实绩企业近千家，外贸业务成交额占总成交额的35%。由中国纺织品工业协会、中国国际贸易促进委员会、全国商业联合会和浙江省人民政府联合在中国轻纺城主办的国际纺织品博览会已成为中国轻纺城走向国际市场的"金名片"。

(五) 市场管理规范化

在中国轻纺城，现代企业管理体系全面实施，市场管理水平全面提升；信用评价体系基本建立，市场经营户诚信经营蔚然成风；营业房流转管理体系有效运作，市场交易秩序空前稳定；"一站式"服务体系应运而生，政府服务优质高效。

二、东升路市场的升级改造

中国轻纺城东升路市场是中国轻纺城的发祥地，是南部成熟市场的升级改造区，改造工程共分三期，其中二期市场三层设置为境外精品面料交易区。改造后的市场占地4.1万平方米，建筑面积23.1万平方米，营业用房1600多间，2008年6月全面竣工。市场功能定位为纺织面料交易区，是中国最好的面料采购基地。

(一) 东升路市场的主要优势

1. 地理优势

东升路面料市场东临中国轻纺城东市场，南靠104国道，西邻中国轻纺城西市场，北抵浙东运河，属轻纺城最核心黄金地段。

2. 商业优势

作为中国轻纺城的发祥地，商业氛围十分浓厚，拥有成熟稳定的客户源，是中国面料采购基地，每年吸引大量的买家前来采购，是打开中国乃至全球市场的窗口。

3. 政策优势

政府全资投入、大力扶持，优越政策配套，其中租金价格仅为同等级地段的1/5，通过提高准入门槛，降低商务成本，全面保障市场健康繁荣发展。

4. 配套优势

东升路面料市场包含大型面料展示交易区，公司化经营交易区及完善的仓储配套和物业管理。绍兴县是中国纺织产业基地县，拥有众多的纺织织造及印染加工企业，采购人员在这里就能觅得优质的、可信赖的合作伙伴。

(二) 东升路市场精品展示区招商政策

1. 招商对象

(1) 市场化优先招商对象。在轻纺城东升路市场改造升级一、二期拆迁工程中涉及县农村合作银行（原东升路纺织品交易市场、芙蓉大厦）、市商业银行（原工贸中心）、西市场实业公司（原西市场支路营业房）的底层营业房的最后期承租户（必须具有由原产权单位确认申报、经轻纺城建管委审核发放的市场化优先招商资格确认单）。

(2) 社会化招商对象。凡符合下列条件之一的企业法人（经营户）均可参与：

1）境外纺织服装面料生产商、经销商。

2）国内大中型纺织印染骨干企业。

3）获得国家、省、市级纺织、印染品牌的国内企业。

4）国内其他纺织面料专业市场（中国轻纺城以外）三年以上经营纳税的经营户。

5）县内纺织印染企业500强。

6）轻纺城市场连续三年纳税额列前150名或自营出口额列前300名的经营户。

7）县内外各类金融类企业。

其中，县内纺织印染企业500强排名以2006年纳税销售为准，轻纺城市场连续三年纳税额列前150名或自营出口额列前300名的经营户以2004~2006年三年纳税总额或出口总额排名。

(3) 精品区招商对象。为了提升市场档次，在不突破社会化招商七种对象的前提下，精品交易区准入条件为：

1）年销售额3000万美元以上的境外纺织面料织造企业。

2）年销售额3000万美元以上的境外纺织面料经销商。

3）国内纺织业销售额前100位企业。

4）获得国家级纺织织造印染品牌企业（中国名牌、中国驰名商标、中国出口名牌）。

5）国内其他前五位纺织面料专业市场（中国轻纺城以外）纳税前10位的纺织面料经销商。

6）县内纺织印染企业纳税销售前20强。

7）中国轻纺城连续三年纳税总额列前10位的纺织面料经销商及中国轻纺城市场内连续三年自营出口总额列前10位的经营户。

其中，精品区招商企业均以集团或总公司作为一个招商单位。以国家或地区命名的专馆可适当降低准入门槛；连续三年排名是指2004~2006年，其余排名以2006年度统计口径为准。

2. 招商区域

（1）具有市场化优先招商资格的承租户招商区域为东升路一、二期新建市场营业房，具体指定区域另行公布。

（2）通过社会化公开招商的企业法人（经营户）的招商区域为中国轻纺城东升路一、二、三期新建市场内除拆迁安置（包括原老市场拆迁安置回购的营业房）、市场化优先招商及精品交易区外的营业房。

（3）精品交易区位置。初定将东升路二期二楼、三楼设置为精品交易区，具体视招商情况而定，以国家或地区命名的专馆另行商定。

（4）金融类企业的招商区域为中国轻纺城东升路一、二、三期新建市场内指定区域。

（5）东升路改造前以经营高档时装面料为主，新市场业态定位将以原东升路市场业态为基础进行适当拓展，具体市场业态为：时装面料、裤料（其中一期为裤料及男时装面料，二期为男时装面料及精品交易区，三期为女时装面料交易区）。精品交易区设置在二期二楼和三楼。

3. 租赁规定

（1）营业房面积：每间营业房建筑面积50~60平方米，使用面积25~30平方米，个别营业房面积稍有偏差。

（2）租期及年租赁价格：①精品区第一期租赁期限为6年，非精品区营业房第一期租赁期限为3年。②按使用面积计算，一楼至四楼年租赁价格为1400元/平方米至6200元/平方米（以实际报名时数据为准），精品区营业房租金3年一缴，租赁价格以6年为一个期间根据市场实际情况进行调整。非精品区营业房租金3年一缴，租赁价格以3年为一个期间根据市场实际情况进行调整。

（3）履约保证金：为确保市场营业房的正常规范使用，营业房承租人向轻纺城市场开发经营有限公司缴纳的履约保证金为：一楼20万元/间，二、三、四楼10万元/间，履约保证金以同期银行活期存款利息计息。承租人在租赁期间违反市场管理相关规定及租赁合同规定的，按合同约定扣除相应的保证金，所扣保证金必须于7天内补足，屡次违约不改的，直接解除租赁合同。

（4）其他费用：在营业房租赁期间内，承租方须按时缴纳水、电、物业管理等费用，并承担延期付款的违约责任。

（5）营业房间数规定：符合东升路市场精品区准入条件的企业，经营户可租赁营业房2间，其中符合准入条件（1）、（2）、（3）、（6）前5位的可承租3间营业房，其他经营户只能租赁1间。

（6）租赁管理：①在营业房租赁期内，任何取得租赁权的国内企业（个体工商户）必须由本企业（个体工商户）或绝对控股的子公司设立公司以公司化形式交易；任何取得租赁权的境外企业或经销商必须设立外商投资商业企业。②市场营业房采取"谁租赁，谁办证，谁经营"的租赁模式，做到工商营业执照、税务登记证、营业房铺位证、营业房准营证四证（照）齐全，名称一致。同时营业房承租户必须按照市场管理部门划行归市的要求，开展市场经营活动。承租户在租赁期内没有转租转让营业房的权利。③租赁期满后原租赁合同自动终止，营业房根据市场实际情况重新确定租期和租赁价格，并重新签订租赁合同。

（7）租赁合同解除：承租户有下列情况之一的，直接解除租赁合同，收回营业房，并且扣除全额履约保证金，取消租金奖励。①采取隐瞒或欺骗手段，获得营业房租赁权的；②无正当理由未按规定时间开业的；③违反规定擅自转租转让、转借或私自调整营业房的以及工商营业执照、税务登记证、营业房铺位证、营业房准营证四证（照）不齐全、名称不一致的；④擅自改变经营范围、营业房用途或擅自对营业房变更装修，情节严重的；⑤无正当理由闲置营业房或全年累计歇业达60天以上的；⑥履约保证金被扣除后，无正当理由未在30内补足的；⑦不服从市场公司管理规定并给市场管理造成严重妨碍的；⑧利用营业房从事非法活动或进行非法经营的；⑨违反国家法律法规其他规定的。

（8）优惠政策：对外地来柯桥经商居住的，在子女就学、就业、住房购买、户籍管理、养老保险、医疗保障等方面享受绍兴县居民同等待遇。

由上述可见，中国轻纺城东升路面料市场是政府全资打造的国际纺织面料高端市场，从东升路精品市场的招商政策中可以看到其提升市场、创新交易方式、实现管理升级的新理念。

东升路面料市场包含：①大型面料展示交易区（如水大集团、香港宏达纺织有限公司）；②公司化经营交易区；③完善的仓储配套和物业管理。东升路面料市场是经营高级纺织面料的专业市场，交易方式已从传统的"现场交易、现金交易、现货交易"逐步向"公司化、订单化、电子化"交易转变，同时还拥有"全球纺织网"、"网上轻纺城"和"市场管理信息系统"三大网络平台。

第四节 天意小商品市场案例

一、天意小商品市场简介

北京天意小商品市场地处西城繁华地区——阜成门立交桥西侧，1992年11月18日正式开业，是北京市规模最大的小商品批发兼零售市场之一。拥有1550个摊位，1998年成交额达3.8亿元，2007年成交额达到10多亿元。客流量、经济效益及社会效益居北京小商品批发市场之首。

市场营业面积 11000 平方米，有 20 个营业厅。市场餐厅可为商户和顾客提供可口饭菜，设有卡拉 OK 厅供商户及顾客休息、娱乐。有北京—石家庄、北京—广州、北京—浙江等专线公铁联运服务，并为商户提供 8 处仓储库房。

主要经营日用百货、服装鞋帽、箱包皮带、礼品玩具、家用电器、厨房用具、玻璃器皿、纸张文具、钟表眼镜、化妆洗涤等 16 类近万种商品。

天意小商品批发市场设有礼品厅、箱包厅、玩具厅、电器厅及精品屋等商品专卖厅，商品精美，品种繁多，价格低廉，为顾客创造了一个良好的购物环境。

经过多年的创新与发展，天意市场新建了天意新商城。新商城的主楼从 1 层到 5 层是营业大厅，有 6 万余种小商品。

1 层主营日用小百货、小饰品、中国结、帽子、手套、毛巾、丝巾、塑料制品、劳保用品、玻璃器皿、汽车装饰、宠物用品、小五金及打火机等。

2 层主营皮具箱包。有 600 多家皮具、箱包、布包、皮带专柜，是北京最大、最集中的皮具箱包批发集散地，特别适合会议和办公用。

3 层主营针织内衣、外衣、衬衫、领带、文胸、内裤、床上用品，是天意市场的优势商品，也是北京市规模最大的针织品批发营销地。

4 层分为两个厅，玩具厅主营智力玩具、电子玩具、毛绒玩具和车模、画片等。电器厅主营电器小家电，包括音响、音像设备、通信设备、灯具、电气化厨房设备、彩灯、串灯，以及不锈钢制品、钟表、照相机、手机配件。

5 层主营服装和精品鞋，包括男装、女装、童装、休闲、牛仔、西裤。

东楼 1 层主营拖鞋、布鞋、皮鞋、旅游鞋等；2 层为文具厅，主营文具、办公用品、体育用品；3 层为袜子专卖，有 300 多家厂商，是北京最大的袜子市场；4 层为小吃城。

临街大楼 1 层为泳衣、丝巾专卖厅；2 层主营化妆品。

二、商户构成

天意小商品批发市场的 2000 多名商户分别来自广东、浙江、河南、河北、湖南、湖北、东北、安徽、江苏、上海、天津、北京等地，汇集了四面八方、天南地北的 6 万余种小商品。商户进驻模式如图 9-1 所示。

（1）商品交易流通模式。目前来说，天意商品批发市场的商品交易与流通模式依然采用传统的店面式、摊位制，依然沿用商品交易"一手钱，一手货"的交易模式。

但是随着网络技术的发展以及现代科技的日益进步，天意小商品批发市场引进现代化的管理与交易模式，并逐渐导入网上交易模式，培育出其自有的市场采购网络。现在，全国的交易者都可以通过网络进行商品的买卖交易，在网上实现商品的销售和购买。

第九章 中国日用工业品交易市场

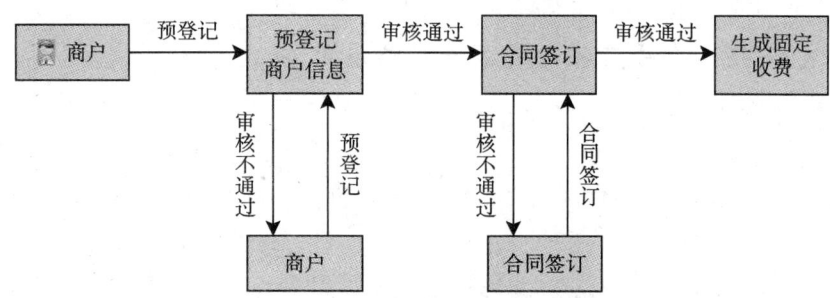

图 9–1 商户进驻天意批发市场的模式

（2）商品交易流程。经过不断的完善与发展，天意商品批发市场的网上交易流程也逐渐完善与成熟。进入其交易的网上平台系统，所有的用户都可以很轻松地找到自己需要的商品板块或者自己想要出售的同类商品的价格等各个方面的信息，从而有利于自己合理地定价，以实现最大的经济利益。

第五节　涵江商贸批发中心——小商品批发"B2B"模式

福建涵江商贸批发中心位于莆田市的涵江区，是原国家经贸委首批35家重点联系的批发市场之一。它内设小商品批发城、副食品批发城、化工装潢装饰材料批发市场和建筑装饰材料批发市场，涉及服装、纱百、鞋包、小百货、化妆品、五金交电、塑料制品、装饰材料、京果、食杂十个行业。商贸批发中心的客户遍及全国各地，日客流量平均达3万多人次，年成交额30多亿元。

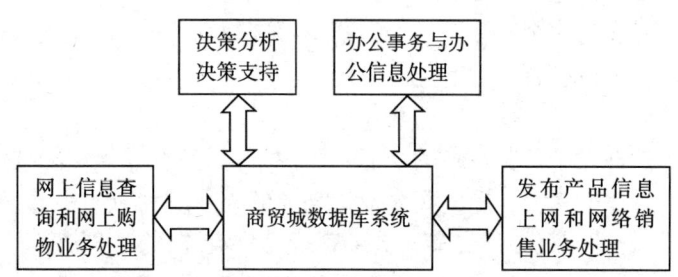

图 9–2 涵江商贸批发中心的电子商务系统

一、涵江商贸批发中心的电子商务系统

涵江商贸批发中心电子商务系统具有如下特性：

1. 易用性

商家和用户都要求所设计的系统应该是"傻瓜化"和"形象化"的。这就要求系统界面应高度智能化、图标化和菜单化，除了卡号、密码等必需的特殊操作外，用户只要通过点击鼠标或触摸屏，就可以进行各种所需的网上查询或订购操作。

2. 强大的远程双向查询功能

网上商贸最大的优点之一，就是可以完全打破商贸城地域对商务经营活动的限制。商家可以通过网络查询厂家信息、各地货源和市场情况；消费者可以在任何一台联网的电脑上查询商贸城内商品的品牌、厂家、价格等资料。而实现这种双向查询功能，要求系统具有强大的导航功能，常年收集全国各地的相关商业网站，然后根据商贸城的业务，按行业制作不同的导航网页，加入本系统的商家只要输入密码，就可以访问全国乃至全球同行业最新的商业信息，进行网上谈判、网上采购或网上结算。

3. 安全性

安全性是现代电子商务系统的生命。一个安全性不好的系统，不仅可能导致系统经常被攻击或瘫痪，使网上商业活动不能正常进行，而且可能导致商业机密泄露或结算系统被恶意侵入，给商家或消费者带来严重损失。所以，设计系统时要从两个方面认真考虑安全性问题，一是网站本身的安全（系统安全），二是网络用户的安全认证（用户安全）。

4. 实时性

商业活动的一大特点是商品信息瞬息万变，一个良好的商务系统应该能及时地向用户反映最新的进货、出货、销售、库存情况，这就要求设计系统时要将整个商业活动过程作为一个整体、一个系统工程来规划，采用动态数据技术对商业活动的各个环节进行整合。

5. 多功能

为了充分发挥电子商务系统的功能，用户不仅能通过网络进行各种查询、信息输入和修改操作，系统还应向商家提供强大的商业统计（如每日、每周、每月的分类统计）、管理（如辅助决策、员工管理、物流配送、财务管理）、办公（如合同撰写、签订和发送）功能。另外，系统还具有广告宣传功能，使网站管理能够在一定程度上实现"以站养站"，降低日常维护的费用。电子商务系统还应留有适当的数据接口，以便与政府、税务、工商、银行、商检、海关等相关部门连接。

商贸城实现的功能不局限于目前商贸批发中心诸多商家的商业经营活动,还是一个庞大的"虚拟商城",未来整个莆田市甚至其他地方的商家也可以加入到这个虚拟商城。商家甚至可以不租建店面,就在网上建立虚拟商店,进行网上销售和其他商务活动,用户之间可以从货物的合作发展到资金和信息的合作。整个商贸城系统还要融入全国乃至全球电子商务网,把商家带入到全球经济一体化的新舞台。

二、商贸城电子商务系统的开发实现步骤

第一步:网上信息的发布;建立网上市场信息查询网页,以供商家查询行业信息用;根据商贸城目前的十个行业,由专业人员搜集相关商业网站的网址,建立十组导航网页;建立网上销售查询网页,供外部商家或用户查询商贸城商业信息用。

第二步:将全面建立起商贸城电子商务各个子系统:基于B2B(商家对商家)的电子商务子系统,包括网上采购、网上批发、网上交易、网上结算功能的实现。基于B2C(商家对消费者)的电子商务子系统,包括虚拟商城和虚拟商店网站系统的开发(网上货柜设计、网上商品展示、网上商品零售、网上购物车或购物篮设计,网上支付和结算系统开发);网上商场管理系统,实现与工商、税务、商品检验等政府管理部门的网络系统接口软件的编写与调试;开发商家财务管理、订单/合同管理和经营决策系统。

三、涵江商贸批发中心网上小商品批发的优势

(1)市场优势:商品种类有30多万种,是其他各地的小商品批发市场无法比拟的。

(2)成本优势:所有产品都是厂家直销,绕过各环节和当地批发市场,直接在网络上进货,中间少了好几个渠道和环节,因此有很大的成本优势。

(3)数量优势:对于中小用户来说,单个产品数量不能太大,但要求产品种类、款式要多,直接从厂家进货,很难满足中小用户的要求。网上小商品批发商城商品种类多,数量要求少,而且可以不同的商品种类混批,只要总金额300元以上就批发,大大节省了时间、精力和成本,因此,对中小用户来说,是最佳的进货渠道方式。

(4)物流优势:涵江商贸批发中心以第三方物流为主要组织形式。

1)跨区域物流。电子商务的跨时域性与跨区域性,要求其物流活动也具有跨区域或国际化特征。电子商务按其交易对象可分为B2C和B2B。在B2C形式下,如A国的消费者在B国的网上商店用国际通用的信用卡购买了商品,若要将商品送到消费者手里,对于小件商品(如图书),可以通过邮购;对于大件商

品，则由速递公司完成交货。目前，这些流通费用一般均由消费者承担，对于零散用户而言流通费用显然过高。如在各国成立境外分公司和配送中心，利用第三方物流，由用户所在国配送中心将货物送到用户手里，可大大减少流通费用，提高流通速度。在 B2B 形式下，大宗物品的跨国运输是极为复杂的，如果有第三方物流公司能提供一票到底、门到门的服务，则可大大简化交易，减少货物周转环节，降低物流费用。

2）电子商务时代的物流重组需要第三方物流的发展。在电子商务时代，物流业的地位将大大提高，而未来物流企业的形式就是以现在的第三方物流公司为雏形，第三方物流将发展成为将来整个社会生产企业和消费者的"第三方"。

第六节　永外城文化用品市场——国有企业改制成功的市场案例

一、北京永外城文化用品市场简介

北京市永外城文化用品市场有限公司（原北京市文化用品公司，1955 年成立），是北京市政府确定的 190 家大型骨干企业整体改制的试点单位，也是北京一商集团按照建立现代企业制度的构想于 2003 年 1 月 1 日完成公司整体转制的国有控股企业。

1992 年，北京市文化用品有限公司创建了全国首家由国营商业企业开办的大型专业批发交易市场，运营主体是北京市永外城文化用品有限公司，现已成为集文具办公用品、礼品赠品、体育用品为核心项目的众多国际知名品牌和全国 2 万余家生产企业的产品展示、展卖的窗口，交易面积达 11 万平方米，其中营业和仓储各占一半（仓储面积 30000 平方米），增加 600 个车位，总停车位达到 1000 个，是北京最大的商业配套停车场，网络宽带接到每个商户，是北京最大的文化用品集散中心，每年交易额达到 50 多亿元。

二、北京永外城文化用品市场的四大转变

自成立以来，北京永外城文化用品市场经历了四大转变：①从综合批发市场到专业批发市场的转变；②从管理市场到经营市场的转变；③从有形市场到有形与无形市场相结合的转变；④从初级市场到新型业态的深刻转变。

永外城文化用品市场在董事长张军的带领下，经过多年持续不断的发展、创新，现已形成以文具办公用品、体育用品、礼品赠品三大专业商品为主的经营格

局，文化类产品年交易总额居全国同类市场的首位，进场经营的全国各地知名工商企业达 20000 多家，建立了遍布全国的购销网络，其中学生用品类产品年交易额的北京市场占有率达 90%，使这个原经营亏损近千万元的国有批发企业实现盈利上百万元；资产负债率由原来的 89% 降至现在的 54%；企业净资产由原来的 3200 万元增加到现在的近亿元；市场建设总投资 2.6 亿元，总建筑面积 11 万平方米，经营面积 35000 平方米；仅文化用品一项年销售额达 50 亿元，成为全国最大的专业文化用品批发市场。

2003 年 5 月，公司与国家体育总局器材装备中心联合共建的全国大型体育用品专业连锁商城——北京国体商城在抗击非典中开业；2004 年 6 月，礼品大楼全面营业；公司投资控股的地处长安街六部口的摄贸金广角摄影器材专卖店在全国摄影器材单店的年销售额中位居首位。

董事长张军考察走访了北京市及国内外相关市场，深入市场调研，对公司品牌精心策划，大力宣传；通过设立综合服务大厅，为进场商户和消费者提供便捷的"一站式"服务，于 2003 年被北京市授予"守信企业"单位。2009~2011 年与北京工商大学商业经济研究所所长洪涛教授等合作，推出了"北京永外城文化用品市场指数"，并被纳入商务部指数体系。

第七节　天虹服装城——第三级市场、标杆市场案例

一、纺织服装市场是我国最活跃的市场

随着人们生活水平的提高，我国进入纤维消费的时代，全国 2007 年有亿元以上市场 489 个，成交额达 6750.66 亿元，而 2002 年仅有 272 个，成交额为 2640 亿元。至 2008 年已开业的纺织服装专业市场项目有 37 个，投资总额超过 466.85 亿元，总建筑面积达 1305.5 万平方米以上。到 2012 年我国有亿元以上纺织服装鞋帽市场达到 578 个，交易额达到 11898.76 亿元。

二、天虹集团及其服装市场投资

天虹集团旗下拥有天虹纺织和天虹置业两大业务板块，集团总部位于中国香港。天虹集团在纺织领域业绩非常优秀，不论在国内市场还是国际市场的开拓上都迈出了较快的步伐，2004 年底天虹纺织在香港联交所主板成功上市。天虹服装城是由天虹集团投资 6 亿元，在中国纺织服装基地——江苏省常熟这一国内最

大的服装专业市场的基础上建设的一个新型市场。

三、常熟天虹服装城创新

所谓建设"标杆市场",是指按《中国纺织服装专业市场建设与管理规范》(以下简称《规范》)建设标准化市场;所谓建设"第三极市场",是指建设与传统市场不同的纺织服装市场,目前在很多省市,特别是长三角地区专业市场的建设风起云涌,既有新市场的开工建设,也有老市场的升级改造,其中不乏体量大、硬件新的新型市场,但从目前来看还没有一个能够满足品牌企业个性化需求的、综合配套功能强大的市场载体,天虹服装城正是瞄准了这个市场缺口,要填补这个空白。

2007年1月,中国纺织服装专业市场联盟正式成立,当时正在筹建中的天虹服装城成为该联盟首批理事单位;同年4月,天虹服装城与国内著名南派服装的代表、广州白马服装市场的运营商——广州白马服装市场有限公司正式签约进行战略性合作;9月,《规范》通过专家审定,天虹服装城成为首批试点单位,一连串重要活动轨迹勾勒出天虹服装城高起点、高标准打造全新市场的定位与思路。

天虹服装城位于常熟招商城核心地段,总建筑面积达13.8万平方米,大楼完全按现代商业业态风格设计,主楼27层,裙楼5层,地下2层,市场经营面积近6万平方米,集商贸、商务、办公、物流、会展、餐饮、金融等功能于一体,是一个现代化的大型服装专业批发市场。市场2008年9月开业后成为常熟招商城的标志性建筑,成为引领时尚的旗舰型品牌市场典范。

四、天虹服装城成为常熟服装城的核心商圈

天虹服装城位于全国最大的服装批发市场——常熟招商城核心商圈的黄金地段,东有常熟长途汽车站,南与大市场隔街相望,西与主力布匹市场毗邻。在这里日均客流量20万人次,日资金流量6亿元,有241条辐射全国1000多个城市的客货运专线,地段优势极佳。这对商业地产的成功来说至关重要,这也正是天虹的优势所在。与那些平地起高楼的新市场相比,这里既有"市",又有"场",是在成熟的、发达的市场之核心地段做提升,做综合配套。

中国纺织服装专业市场联盟于2007年1月19日正式成立,2月10日,天虹把专家们请到常熟,召开了联盟成立后的首次研讨会,正式启动市场建设及管理规范体系的编制工作。在研讨会上,来自各领域的专家顾问团队对天虹服装城的基础设施、交易方式、服务功能、市场管理等方面情况进行了比较深入的了解,提出了许多建设性意见。

第九章 中国日用工业品交易市场

（一）标杆市场

天虹服装城在硬件设施上充分考虑到综合配套和各种服务功能，是按照"标杆市场"的标准来做的。尽管其市场体量并不是最大的，但综合配套性强，各种功能齐全，并且作为一个模式，具有"可放大"的功效。

天虹服装城在进行基础建设的同时也在进行品牌建设。面对激烈的市场竞争，天虹服装城在开建之初，就把建设、管理和以后的经营定位在一个较高的水平，从基础设施、交易方式、服务功能、市场管理等方面不断探索、完善纺织服装行业流通体系，推动中国纺织服装专业市场的改造、规范和升级；通过标准化市场建设，实现了天虹服装城的全面创新，逐步形成布局合理、功能先进、产销结合的新一代专业市场。

（二）引进白马精英团队管理市场

在与中国纺织服装专业市场联盟携手的同时，天虹服装城又与白马市场签约合作，引进精英团队管理市场。广州白马服装市场在市场运作方面比较成熟，管理也非常规范，特别是品牌孵化功能强、效果好，同行中对此均有共识，口碑不错。白马市场虽然租金不断提升，但大客户始终保持稳定，很少流失，这说明市场的管理到位。因此，天虹服装城选择白马作为战略伙伴，并于2007年4月正式签约。当然合作是双方的事情，白马也是在考察了很多市场之后，从品牌发展考虑选中常熟的。

在合作方式和内容上，白马作为天虹服装城的经营管理顾问，派出专家常年入驻天虹服装城，对天虹服装城的经营、管理起支持作用。前期的工作重点主要进行了市场研究和定位工作，针对品牌营销过程中的个性化需要，从硬件入手，研究如何进行综合配套，如T台展示既要具备方便的展示功能，又要兼顾厂商在一定程度上的保密需求等，都做了非常细致的研究和规划。

（三）成功重在软件

一个市场成功与否，硬件固然是重要的，但是比硬件更重要的是经营模式和经营理念，是综合配套功能。现在有些市场虽然体量很大，但依然是房地产的经营模式，往往是铺面卖掉之后，资金到手就撤了，管理真空导致市场夭折，这对代理商来说无异于是一个陷阱。天虹在铺面经营上只租不卖，规范管理，能够带给经营户长久的信心。

（四）首家试点积极尝试如何运用《规范》

《规范》的出台，在制度规范上为专业市场的发展做了一个很好的保证。

（1）天虹服装城通过市场促进上游产业结构调整、重组、集中，成为推进产业发展、品牌建设的集聚区，为入驻的经营户提供产业链拓展的平台，成为发展型品牌孵化和发展型品牌南来北往的重要枢纽港。以品牌培育理念吸纳经营户，以品牌扎堆经营吸引各地采购商。

（2）天虹服装城通过整合金融、物流、信息、会展等多方面服务来推动专业市场的自身升级，成为集多种功能于一身的新载体；新一代的批发市场必然要有与之配套的服务，与服装业相关的设计、广告、媒体、金融、物流、会展、教育培训、信息交流、电子商务服务等商家是未来天虹服装城主楼的重要客户。它们在天虹服装城建成后将为裙楼的市场经营户提供一系列的配套服务，"零距离"的服务既为这些商家自身赢得了商业机会，也提升了天虹服装城的品质，成为与其他写字楼差异化的重要标志。

（3）以标准化建设为契机，实施自主创新战略，与产业充分融合。天虹服装城充分利用纺织服装专业市场联盟的力量来办市场，争取与100家全国的商场及联盟的二、三级批发市场建立长期合作关系，为入驻品牌搭建一个销售网络体系，目的在于帮助入驻商家进行品牌营销，做到赢在终端。

（4）依托天虹集团的国际化发展思路，用5~10年的时间打造区域、国家、国际化的服装集散和采购平台。

五、面向未来倾力打造立体营销模式

按照目前的规划，天虹服装城的营业面积中，一半是传统的铺面，传统的厂商继续可以在这里出售产品、展示形象；另一半是为满足市场个性化需求而提供的综合配套服务功能，与老市场相比，这方面有了很大提升。除了直接交易外，可以更方便、更快捷地进行订单交易和贸易洽谈。

考虑到市场未来的服务功能，天虹在进行市场商业规划时，在电子商务方面做了大量工作，目前"衣商网"已经开通，下一步天虹还将与阿里巴巴等合作，进一步探讨服装的网上销售，最终实现"立体市场，立体销售"，这是一个国际大趋势。有雄厚产业基础和丰富市场资源的常熟，在不久的将来一定会迎来电子商务的发展热潮，天虹服装城将积极面向未来需求，倾力打造立体营销模式。

思考题：
1. 日用工业品与农产品在经济学上的最大区别是什么？
2. 分析日用工业品进入市场的途径（业态）渠道。
3. 简述日用工业品市场的发展阶段。
4. 简述汉正街市场的发展及其特点。
5. 分析义乌小商品城的演变与发展。

第十章 我国生产资料交易市场

第一节 我国生产资料交易市场回顾

在新中国成立后的计划经济时期，生产资料不是商品，只具有"商品的外壳"，即生产资料在全民所有制内部不是商品，不按等价交换的原则进行交换，也不发生所有权的转移，只是在全民所有制企业与集体所有制企业相交换时，生产资料才具有商品的外壳。

改革开放以来，我国生产资料批发市场得到了迅速发展。2010年全国亿元以上生产资料批发交易市场有754个，摊位达到29.46万个，营业面积达到6082.15万平方米，成交额达到23867.58亿元，占全社会生产资料销售总额36.1万亿元的6.6%。到2012年全国亿元以上生产资料市场有1300个，摊位达到52.24万个，营业面积达到9187.30万平方米，成交额达到37233.56亿元。

20世纪90年代以前，我国生产资料批发市场主要采取"一买一卖"的传统交易方式，服务链、价值链短，流通附加值低。90年代以来，生产资料批发市场根据不同类型产品的流通特点，有重点地推进经营业态提升，加大推进汽车零配件、建筑装饰材料连锁超市业态建设；大力促进金属加工配送业发展，加快发展散装水泥配送，促进生产资料流通企业由单纯的贸易加工向加工配送、物流配送方向发展。

表10-1 2013年全国亿元以上生产资料市场统计表

生产资料市场	市场数量（个）	摊位数（个）	营业面积（平方米）	成交额（万元）
农业生产用具市场	20	6173	1389942	1848570
农用生产资料市场	33	6554	1106423	1782656
煤炭市场	14	2322	6860218	5665082
木材市场	56	19551	5512922	7270326
建材市场	192	86695	20671200	16845813
装饰材料市场	252	110641	15831436	17616960

续表

生产资料市场	市场数量（个）	摊位数（个）	营业面积（平方米）	成交额（万元）
化工材料及制品市场	37	18863	2160562	27255339
金属材料市场	264	98431	25223485	235603573
汽车市场	191	38404	11614575	50955379
摩托车市场	10	3786	261366	762932
机动车零配件市场	83	40693	3266177	11505596
五金材料市场	78	49967	4625328	9383480
生产资料市场合计	1230	482080	98523634	386495706
全国商品交易市场总计	5089	3486962	288892968	992543616

资料来源：国家统计局编：《中国商品交易市场年鉴》(2014)，中国统计出版社 2014 年版。

一、钢铁市场——网上交易市场形成

我国是钢铁生产大国，也是钢铁产品消费大国。一直以来，钢铁产品传统的销售渠道为供应商、一级代理、二、三级分销商和终端用户。传统的销售一直沿袭一进一出靠进销价差获取利润的方式。

随着互联网的快速发展，网上钢材交易作为一种新兴的交易模式越来越被钢贸商所接受和认可，网上钢铁交易市场的发展日趋成熟。钢材网上交易从交易和信息的角度极大地将钢材市场客户的地理空间集中化了。而集中竞价模式的电子交易服务、价格信息资讯服务、物流配送服务等功能，弥补了现货交易市场的不足，这种便捷、公开、平等的交易平台，得到了一批贸易商的认可和接受。

2007 年以来，我国比较有代表性的钢铁电子交易市场已有 10 多家，如"华南国际物流钢铁交易中心（广东）"、"中国联合钢铁网（北京）"、"环渤海钢铁交易网（北京）"、"金银岛网交所（北京）"、"新钢铁网（河北）"、"上海大宗钢铁电子交易中心"、"上海斯迪尔电子交易市场"、"东方钢铁在线（上海）"、"我的钢铁（上海）"、"钢之家（上海）"、"搜钢网（上海）"、"浙江金属网（杭州）"、"铁公鸡网（成都）"、"中国钢材现货交易网（长沙）"等。

二、石油交易所——三足鼎立之状

上海于 1993 年曾开设了石油交易所，交易品种涉及原油、汽油、燃料油等，总交易量一度占全国石油期货市场份额的 70%，曾是继伦敦、纽约之后的第三大石油期货交易所，但在一年后就因政策原因而关闭。2006 年 8 月 18 日，上海石油交易所重新开业。这是我国要素市场建设中的重要举措。

随着上海石油交易所的正式运行，我国的石油现货市场基础进一步扎实，石油流通领域的改革得到进一步深化；石油资源配置更能进一步优化，有利于降低交易成本，规避经营风险，提高企业的国际竞争力，促进石油石化行业的发展。同时，石油交易所落户上海，也有利于上海石油现代服务业的发展，有利于上海国际贸易中心的建设和浦东综合配套服务业的改革。

2006年12月25日，大连石油交易所成立。作为我国重要的成品油生产基地和最大的原油及制品的转运中心，大连在东北乃至全国经济中占有重要的地位。2005年，大连原油加工量实现1968万吨，中转量完成2185万吨，消费量达到287万吨。大连石油交易所是在原大连保税区石化产品交易市场的基础上变更成立的，原大连保税区石化产品交易市场的100多家会员企业全部转为大连石油交易所会员。其交易方式为传统贸易方式与现代电子交易方式相结合的现货交易，经营的主要范围是燃料油、沥青及化工产品。其目标是发现并发布价格，把市场建设成为燃料油、沥青及化工产品的"交易中心、价格中心、信息中心"。

2008年1月25日，北京石油交易所挂牌，2008年11月在北京房山正式营业。中石油、中石化、中国中化集团、中国化工集团、中国石化集团北京燕山石油化工有限公司等国有资源型大企业每年向交易所投放500亿~800亿元的计划资源，并进行800亿~1000亿元的产品采购。交易所的前身燕宾油品公司主要经营现货交易。

北京石油交易所是华北地区唯一的一家大型现代化石油交易场所。它以现货交易为主，以石油、化工产品、危险化学品经营为重点，主要交易方式有现货挂牌交易、竞价交易和中远期撮合交易三种形式。

至今，我国石油交易所形成了上海、大连、北京三足鼎立的格局。三大石油交易所将携手发挥功能，为全国石油化工企业提供高效、优质、专业化的交易服务，进一步提高石化产业的安全管理水平，从根本上杜绝安全隐患的发生，携手争夺我国在全球石油交易中的定价权。

三、木材市场——市场进一步活跃

（一）木材交易市场与标准

木材交易市场是以木材现货交易为主要交易形式，具有管理机构、管理制度、管理功能和服务功能，为买卖双方提供木材现货交易的场所。木材交易市场应具备为进入交易市场的买卖双方提供信息、通信、展示等服务的功能，公平、公正、公开交易的监督功能，以及提供物流、加工和交易结算的功能。

2000年我国出台了《木材交易市场开业技术条件》行业标准，规定了木材交易市场的分类原则，提出了开业所需的各项技术条件，包括木材市场的内部管理、经营环境、经营活动和经营质量管理体系等方面的技术要求。该标准适用于申请开业和已开业的以现货交易为主的木材交易市场以及其他生产资料现货交易市场中的木材交易部分。

标准规定了木材市场的经营,包括经营环境、木材经销商、交易单元、顾客、木材交易市场规模的划分等。其中,经营环境包括选址、停车场、货场出入口、设施、运输、装卸设施、通信、信息公告设施、质量检测设施、计量设施、安全监控设施、卫生设施、交易厅、标识、通道、顶棚、墙面、地面、仓储、照明、消防安全技术条件。同时,它还规定了木材市场的经营管理,包括营销管理要求,检验人员技术要求,商品检验(验收)的技术要求,木材储存、包装、运输和技术要求等条件。

(二)木材交易市场是木材流通的主渠道

中国和全球对木制品的旺盛需求极大地刺激了我国木业的发展,使中国成为全世界最主要的木制品加工出口国之一,木材行业持续增长的同时也带动了对原材料的巨大需求。2007年全国木材年总资源达8550万立方米,其中原木进口量超过3700万立方米,锯材600万立方米,中国的加工和出口已经完全融入全球木制品的供应链条当中。

随着市场经济的发展,木业全面快速的发展必然牵动木材市场的进一步发展,各大型木材专业市场及其庞大的经销商、代理商队伍经营着全国木材总资源的70%,木材专业市场为衔接供求、发展物流、促进进货机制建设发挥了重要作用,是社会生产链中不可缺少的环节。

(三)木材交易市场逐渐规模化

2000年,我国《木材交易市场开业技术条件》(WB/T1015—2000)行业标准颁布,促进了木材交易市场规范发展。2007年,市场成交额排名前四位的木材市场分别是华东胶合板市场,成交额为744760万元;浙江南浔建材市场,成交额为657620万元;常州长江自由贸易中心,成交额为338300万元;广东鱼珠国际木材市场,成交额为310278万元。虽然成交额不是很高,但这四家木材市场均跻身2007年全国百强商品批发交易市场的名单,可见我国木材批发市场还应更加活跃,在交易成交额、交易品种数量等方面进一步加强。

四、橡胶市场——大宗网上交易活跃

中国已是世界第一大天然橡胶消费国、第二大进口国、第五大生产国。2001年,中国天然橡胶生产50万吨,进口各类天然胶产品98万吨。中国加入世界贸易组织后,国内天然橡胶市场将因关税逐步降低、进口配额最终取消以及价格与国际接轨而面临激烈竞争。针对这种情况,我国相继建立了中国(海南)天然橡胶交易市场、青岛国际橡胶交易市场、河北衡水橡胶城等,以促进橡胶交易的发展。

(1)2002年7月,海南农垦总公司和云南农垦集团共同组建中国天然橡胶交易市场。两公司橡胶产量占中国天然橡胶生产总量的70%。为应对加入世界贸易组织的挑战，规范国内天然橡胶市场，中国两大天然橡胶主产区海南和云南农垦携手合作，引进现代交易与物流理念，共建中国天然橡胶交易市场。

海南农垦与云南农垦将共同注资组建海南中橡电子商务有限公司，应用现代电子技术，建设中国天然橡胶专业交易市场。在合作第一阶段，两大垦区将实现在统一的交易平台、信息平台、清算系统上进行天然橡胶网上销售。客商只要通过互联网进入中橡公司的天然橡胶交易网络，就可以实现异地购买橡胶产品，且做到销售价格同步、保证金互保、货款代收代付、货物代发。

(2) 2006年3月，青岛国际橡胶交易市场成立，这是由青岛保税区管委和中国橡胶工业协会联合发起的从事国际天然橡胶交易的专业化市场，也是我国第一家利用保税区"境内关外"特殊政策，实行美元挂牌、保税交易的国际橡胶交易市场。市场自运营以来，采用电子商务方式，即期现货交易模式和中远期交易模式相结合，为国内外的橡胶经营商及消费企业提供了良好的销购交易场所和网络信息服务，打造起全新的第三方交易平台。截至2006年5月，橡胶市场已发展会员600多家，其中国际会员80多家；完成交易216万吨，交易额43.67亿美元，交易额位居青岛市十大交易市场之首，与东京工业品交易所、新加坡商品交易所并列成为世界天然橡胶三大机构，使我国在争取国际商品定价权方面走出了可喜的一步。

(3) 河北衡水橡胶城是河北省重点建设项目，是中国最大的集橡胶制品及原辅材料生产、经营于一体的专业化大市场，该城由衡水市桃城区人民政府兴建，依照城市规划设计，统一配置供暖、供水、供电、通信、排污等公共配套设施，同时设有展销交易大厅、小型汽车站、综合服务楼等服务场所。全城共设21个小区，外围门店以二层建筑为主，且风格各异，整体建设风格采用花园式、景点式，城内可以容纳400多家工商企业从事生产经营。建成后，市场内的各类产品直接覆盖京、津、冀、鲁、豫等地区，并辐射到全国，成为橡胶制品及原辅材料的集散中心。

从2007年1月1日起，天然橡胶进口关税实行选择税率，这对相关企业的利润造成了一定的影响。例如，青岛双星集团的利润会减少1500万元，这迫使相关企业在成本方面作出相应调整，从而给橡胶批发市场带来一定的冲击。

从2007年7月1日起，轮胎等橡胶产品出口退税率从13%降至5%，对天然橡胶产品实行选择税，可以合理保护我国天然橡胶产业的发展，同时还可兼顾下游橡胶行业的利益，保护了国内天然橡胶最低价和种植企业的盈利水平，但对于天然橡胶进口格局的影响不会太大。

五、汽车交易市场

(一) 汽车交易市场的概念及概况

2000年以来我国汽车产销量以两位数的速度增长，2000年产销200万辆，2007年超过800万辆；2008年超过900万辆；2009年超过1300万辆，并第一次超过美国，成为第一大汽车产销国；2010年产销超过1800万辆；2011年虽然受到汽车政策的影响，但是中国汽车市场仍然实现了平稳增长，汽车产销1841.89万辆和1841.89万辆，同比增长0.84%和2.45%；2012年汽车产销1927.18万辆和1927.18万辆，同比增长4.6%和4.3%，比上年同期分别提高3.8个和1.9个百分点，增速稳中有进；2013年我国汽车销售达到2198.41万辆，同比增长13.87%。

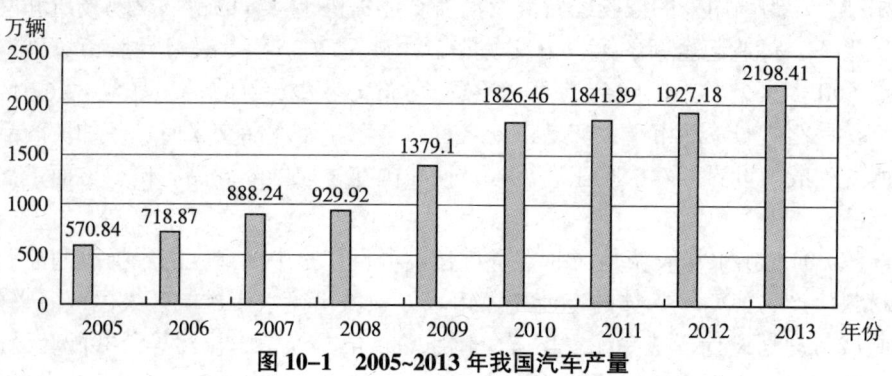

图10-1　2005~2013年我国汽车产量

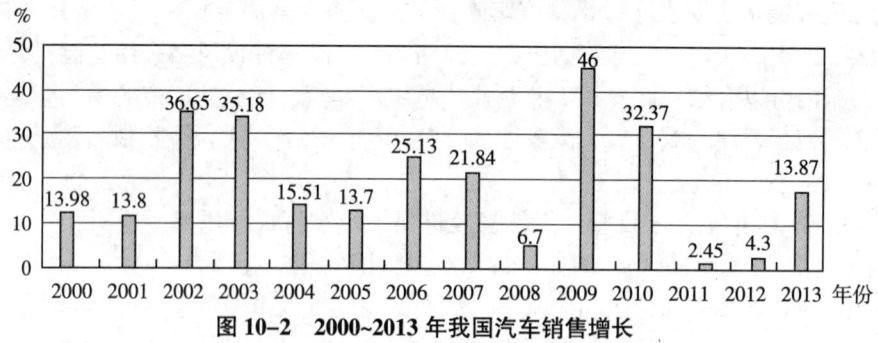

图10-2　2000~2013年我国汽车销售增长

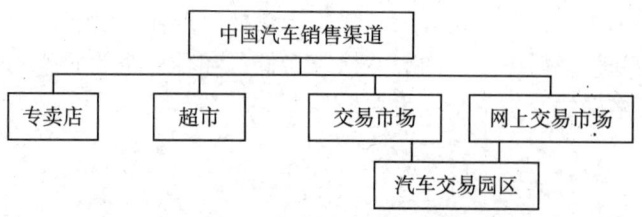

图10-3　中国汽车销售渠道

第十章 我国生产资料交易市场

汽车市场是指经营新上市汽车及旧车的场所及组织，包括网下汽车交易市场和网上汽车交易市场。

我国汽车交易市场的经营模式有：①以管理服务为主的模式，管理者不参与经营销售，由经销商进场交易，市场只做好硬件建设及完善的管理服务，如北京亚运村汽车交易市场；②以自营为主，其他入市经销商较少，即市场管理者同时也是汽车销售者，该类型占市场的 80%~90%；③从销售量来看，自营与其他入市经销商各占 50%。

我国汽车市场经历了四个阶段：第一阶段（1995~1998 年）是汽车交易市场的创建时期，初步形成了汽车大卖场的雏形；第二阶段（1998~2002 年）是汽车市场的大发展时期，有形汽车市场与 4S 专卖店并存；第三阶段（2003~2004 年）是汽车市场的充分发展时期，是有形汽车市场与 4S 专卖店的竞争时期；第四阶段（2005 年至今）是汽车市场进入规模化经营的稳步发展时期。

全国现有汽车市场 510 家，其中有一定交易规模的有 200 余家，年交易额超过 20 亿元的有几十家。2007 年亿元以上汽车交易市场有 197 家，摊位数 47942 个，营业面积 847.6 亿平方米，交易额达到 2305.84 亿元。2007 年北京亚运村市场交易额达到了 130.02 亿元，天津空港国际汽车园交易额达到 101.72 亿元，杭州汽车城交易额 76.26 亿元，在全国具有较高的地位。

（二）我国汽车用品交易市场发展趋势

1. 交易市场日趋增多

目前绝大多数大中城市至少有 3~4 家汽车交易市场，北京有汽车市场 20 多家，如北亚市、中联、北方等。许多汽车交易市场中都配有室内、外停车场、商务中心、多功能会议厅、展示厅、餐厅、资讯、监控等各类设施，交易市场配套日趋完善。

2. 交易市场布局已经完成

以前华南区域以广东的批发市场为全国龙头老大，全国各地商贾纷纷会聚在此进行交易，现在全国各区域都已有规模较大的批发市场，辐射力日益增强，如华东的上海凯斯、西南的红牌楼汽配城和云南的车行天下，日益彰显本地汽车霸主的地位；华北的天隆北方汽车用品批发市场覆盖华北市场，辐射东北市场。

3. 区域交易市场规模越来越大，集聚客户越来越多，竞争越来越激烈

如华南地区的广州福怡汽配城，经营面积 3 万多平方米，汇集了汽车用品界的 200 余家精英，引领着中国汽车用品的最新潮流；与其仅一步之遥的广州倚云汽车用品广场，占地总面积 18000 平方米，集合汽车用品行业的实力厂家 150 余户，两者的竞争非常激烈。

4. 专业市场与综合市场同时并存

在各地市场中都有精攻一类的专业市场，如广州市场专做精品批发的倚云汽

车用品广场、永福国际汽车电子城等，也有许多享誉盛名的综合市场，如福怡汽配城、利远广场和金永福汽配城等。

（三）汽车市场的热点问题——《汽车品牌销售管理实施办法》受争议

2005年2月，国家商务部、国家发展和改革委员会、国家工商总局颁布了《汽车品牌销售管理实施办法》（以下简称《办法》），并于4月1日实施，引起了社会较大反响。

《办法》着重对实施汽车品牌销售的车型范围和时间、汽车生产企业建立完善的汽车品牌销售服务体系、汽车供应商和品牌经销商的资质条件、设立程序、行为规范以及政府部门的监督管理等作出了规定。汽车品牌销售的核心是授权销售，即品牌销售需经授权，从事汽车品牌销售活动应当先取得汽车生产企业或经其授权的汽车总经销商授权。

《办法》对中国汽车流通领域有一定的影响，1998年以来我国也逐步开始推行4S店[①]销售模式，市场中各种汽车经营模式并存。但《办法》出台之后，规定在国内销售汽车都要实行品牌销售，从而对原有的营销模式产生了比较大的影响。

从汽车销售发展趋势来讲，品牌代理的模式是一个大的趋势。在国外，包括美国、日本、欧洲等地的汽车市场，目前基本都属于这种品牌销售的模式。这种模式和以前推行的4S店不是一个概念。国外汽车销售店建设不像国内4S店，它的经营面积比较小。销售和维修基本上也是分开的，没有要求这种前店后厂的4S模式。很明显，这种销售模式有利于经销商削减成本。

但是，目前在我国，大部分合资汽车企业都要求经销商投资建立4S店。按照《办法》的规定，汽车生产商处于绝对强势地位，必将抬高经营门槛；作为经销商为取得经销权，必须提高成本，从而不利于厂家与商家利益关系的协调。

《办法》加剧了厂家与商家地位的不平等，综观汽车市场近几年的发展，经销商在其中做了大量的努力，但在与汽车生产厂商的对话中，经销商占明显弱势。

近几年，在北京地区某个别品牌的厂家对其经销商制定了一个所谓"末位淘汰制"。它对所有经销商的业绩统一评定，末位淘汰其代理资格；还有一个是超过时限后取消经销商的代理权。此外，双方之间的不平等还体现在年终的"返利"上，仅北京地区的经销商，就有将近3000万元的返利拿不到。

按照《办法》的规定，厂家有可能随时改变与商家合作的关系。目前，厂家和商家的合作协议是一年一签，所以经销商可能随时面临被取消经营权的危险。

---

① 4S店是一种以"四位一体"为核心的汽车特许经营模式，包括整车销售（Sale）、零配件（Sparepart）、售后服务（Service）、信息反馈（Survey）。4S店是1998年以后才逐步由欧洲传入中国的舶来品。由于它与各个厂家之间建立了紧密的产销关系，具有购物环境优美、品牌意识强等优势，一度被国内诸多厂家效仿。4S店一般采取一个品牌在一个地区分布一个或相对等距离的几个专卖店，按照生产厂家的统一店内外设计要求建造，投资巨大，动辄上千万元，有的甚至高达几千万元。

很多厂商之间不平等的关系，随时危及经销商的经营权。

（四）亚运村汽车交易市场

1. 亚运村汽车交易市场的区位

亚运村汽车交易市场（以下简称亚市）原在北京奥体中心南侧建立市场，2006年9月2日搬迁到位于昌平区北七家镇的新市场，占地面积300亩，建筑面积10万多平方米。北亚市是一座全钢结构、造型时尚的现代化汽车市场集群。它最重要的特点就是充分考虑如何最大限度地满足消费者的需求。

2. 亚市的历史

亚市自1995年建成以来至今已经19年，为国内外各大汽车集团提供了汽车品牌展示与销售的舞台，为国内外各大汽车企业和品牌经销商提供了一个活跃的销售市场，架起了汽车厂家、商家与消费者之间的桥梁，为广大消费者提供了一个汽车消费与服务的良好平台，被誉为"中国车市的晴雨表"和"永不落幕的汽车博览会"。

3. 亚市的地位

如今亚市已拥有国内外汽车品牌90多个，车型500余种，年交易额100亿元，销售汽车6万余辆，几年来一直保持全国汽车市场交易量和私人购车量第一，销售轿车占北京新增轿车总量的40%，进口车销量占全国的1/5，交易量占全国交易总量的1/8~1/10，年开市时间为365天，每天接待消费者3000多人。另外，亚市还扮演着联系全国400余家汽车交易市场的重要角色，并建立了信息网络、全天候的汽车展示中心和信息中心。

4. 亚市的特点

（1）服务特点。亚市实现了真正意义上的"一站式"办公服务，养路费、车辆购置税、国税、地税、交管、环保、工商、银行、保险等多个部门现场办公，足不出市完成全部购车手续，设立总咨询服务台，解答消费者的购车疑问，提供导购服务，向社会公布咨询电话，消费者可通过电话咨询了解购车问题，设立外地人购车服务窗口，为外埠人员购车提供方便，开设消费者学校，为消费者提供售前、售中、售后的服务，举办新车投放仪式、新车发布推广及汽车厂商的市场促销活动。

（2）特色经营。亚市的特色经营主要表现在六个方面：①"放心在亚市"，拥有亚市经销商俱乐部（入市经销商）；②"重视在亚市"，拥有亚市京城汽车首代联谊会（汽车厂家）；③"满意在亚市"，拥有亚市汽车消费者学校（消费者购车）；④"活跃在亚市"，拥有亚市名人俱乐部（各界明星）；⑤"关注在亚市"，拥有亚市记者俱乐部（各家媒体）；⑥"动态在亚市"，拥有汽车市场信息合作网（全国汽车市场合作网）。

（3）大"4S"概念。新市场继续保持亚市的巨大优势、地位和作用，是一个不同于一般传统有形市场的大型汽车超市,从规划、设计之初就充分考虑了如何最大限度地满足消费者的需求,是各个品牌 4S 专卖店与亚市服务体系构成整体的大 4S 概念。

(4)新的市场功能。新市场功能设计突出整车销售的布局,合理设置售后服务功能,如汽车检测、二手车市场、汽车装饰、维修、配件、金融保险服务、汽车储运等;新市场是一个国内外汽车品牌的专卖店集群,突出知名汽车品牌形象,设置了一批汽车展示大厅及汽车广场,活跃了整个市场,是国内外汽车品牌与中国广大消费者交流得更多、更全面、更广泛的场所;是中国汽车展示、销售、服务的重要基地,对全国的汽车销售、展示、服务起到示范作用;其更加人性化的"一站式"办公服务的优势,不出大厅即可办理全部车务手续,令消费者购车更加轻松快捷。

(5)配套服务。亚市配套服务多样。①新车销售:4S 品牌专卖店集群、大型专业展销厅;配件超市、旧车超市、特种车超市、维修装饰中心、汽车检测场;②综合厅:新车投放仪式、大型促销活动、新闻发布;③管理服务中心:政府部门现场办公、金融保险中心、计算机信息中心、市场网络管理、售后服务中心;④商业配套设施:汽车文化、餐饮、住宿、商业、会议及休闲应有尽有;⑤汽车主题广场:新车投放、促销、汽车展等大型活动及休闲场所;⑥试乘试驾:"零距离"体验新车,聚敛人气,活跃市场,促进交易;⑦购车"一站式"办公服务;⑧加油站:新车加油不用出市场。

六、化工商品交易市场——江苏省区域优势明显

在 2007 年全国百强商品批发交易市场中,化工商品交易市场占据 9 家,其比例在各类专业市场中排在第二位,仅次于钢材市场(有 14 家市场上榜)。另外,值得提出的是,在 9 家百强化工商品交易市场中,江苏省的就有 4 家,占据了半壁江山。南京化学工业园石化产业基地,连云港的多家大型化工类交易市场,以及南通、常州、镇江、泰兴精细化工区都为江苏省的化工商品交易提供了保障。

(1)由南京化工园总投资 10 亿元建成的国内首个化工交易"航母"——南京化工交易所,以及 2007 年 5 月 18 日中国石油化工产业(扬州)基地落户扬州化工园区,都为江苏省的化工商品交易市场增添了新的活力。

(2)国内目前最大的塑料化工交易市场——中国·江苏国际塑化城,于 2007 年 5 月 9 日在常州开张。该市场是常州"十一五"规划重点工程、江苏省生产性服务业龙头项目,不久前以其强大的综合竞争实力获得"中国最具竞争潜力化工交易市场"第一名。市场总投资额超过 10 亿元,总建筑面积约 86 万平方米。市场位于常州国家高新区空港工业园,距常州民航机场约 2 公里,距沪宁高速罗墅湾道口约 2 公里,奔牛港和常州港近在咫尺,同时拥有危险品铁路专用线和大型

仓储基地。目前，已有中国石油、中国石化、中华国际、云天化、LG 等国内、国际行业巨头和国家级重点实验室高分子研发中心等机构入驻。

（3）2006 年 6 月 11 日，长江塑化市场正式开业，到目前为止，已吸引入驻企业 400 余家，其中已办理工商注册登记的企业 200 余家。

长江塑化市场十分重视无形市场的建设力度，在市、区两级科技局的政策扶持下，短短一年时间里，长江塑化市场建设的"中国塑化网"就成为得到国内塑料化工行业普遍认同的专业网站，而且，市场还聘请了专家，努力打造塑化行业第一网站。

专门配套市场客户储运的市场仓储工程通过近一年的建设，已于 2006 年底投入使用。面积达 1.2 万平方米的仓储工程，日储存量可达 2.5 万吨，目前已有 30 余家企业签订了储存协议，已经有 5200 多吨货物进入仓储区。

（4）张家港保税区化工业品交易市场自 2002 年成立以来，一个仅有 30700 平方米面积的交易市场，2007 年完成交易额 216 亿元，同比增长 3%，实现入库税收 1.74 亿元，同比增长 40%，入驻客商达 668 家，堪称"楼宇经济"的奇迹。至 2008 年成交额达到 250 亿元，税收 2 亿元，入驻市场客户 700 余家。

表 10-2　张家港保税区工业化交易市场情况一览表

年份	商户	交易额	工商税收（万元）
2002	88	40	500
2003	350	119	3921
2004	449	177	7137
2005	515	206	8209
2006	580	210	12477
2007	668	216	17400
2008	700	250	20000

七、建材市场——目前优势大于建材超市

改革开放以来，一些建材家居市场采取了以下多种市场创新形态：①摊位制市场；②建材超市，又叫标准建材超市；③建材综合超市，又叫家居"大卖场"模式；④"市场化经营、商场/超市化管理"型；⑤建材家居摩尔型，或建材家居交易中心型；⑥建材、家居捆绑型，或者合作联盟型；⑦品牌专营店（如曲美家具、德国柏丽厨具）；⑧业主团购和商业团购的模式；⑨"'一站式'购齐，先行赔付"，或者"先行赔付、无理由退货、差价返还"模式；⑩家居建材连锁经营模式；⑪市场联盟模式（天津环渤海等市场）；⑫建材网上交易型（含网上超市）；⑬网上交易与网下交易相结合型；⑭"1+5"连锁模式介入建材零售市场等。

随着北京房地产业的不断发展，其下游产业——建材市场行业也发展迅猛，大中型的家居建材市场已发展到190余家，其中面积在2万平方米以上的就超过30家。2007年是我国建材市场在日益激烈的市场竞争中继续调整、融合的一年，是不断提高竞争力和创新力的一年，是不断提高品质、塑造品牌、构筑市场新体系的一年。如今的家具流通领域使摊位制与建材超市并存，两种经营模式共同发展。

在国外，建材超市一直保持着良好的发展态势，但建材超市业态进驻我国大陆仅有10年的时间。目前，在全国各地约有150家建材超市，但其销售业绩只占整个市场份额的5%左右。2007年，国内建材超市依然处于较为低迷和艰难的时期。东方集团全面引进美国家具货栈的经营理念和管理模式投资开办的全国连锁大型仓储式建材超市——东方家园，目前在16个大城市拥有26家分店，但总体经营业绩并不佳。天津家世界转让给家得宝12家分店以后，其一部分店在2007年易主华润。究其原因，主要是由于建材超市不能完全适应我国国情。

另外，我国建材超市尚未形成规模经济，在物流配送与供应链、管理体制、激励体制方面存在问题。我们应当把国外建材超市的成功经验从家居文化、商业文化、消费文化等方面真正与我国的实际情况相结合，寻求新的突破，争取建材超市更大的发展。

至2013年，红星美凯龙有建材家居市场130家，交易额达到600亿元，预计到2020年达到200家，至2013年居然之家，建材家居市场达65家，交易额超过300亿元。

八、家具市场——业态升级

中国家具流通领域经过10多年的运作，流通业态正在升级，全国已形成东西南北四大销售中心和三个等级。

第一等级是四大销售中心，这四大中心是广东乐从、河北香河、江苏蠡口和成都武侯。广东乐从总面积300万平方米，年销售额为300亿元，其中70%用于出口；江苏蠡口总面积120万平方米，年销售额为80亿元；河北香河总面积120万平方米，年销售额为60亿元；成都武侯总面积100万平方米，年销售额为60亿元。

第二等级是营业面积10万~80万平方米的销售中心。在全国二、三级城市中，10万平方米以上的销售中心有很多，如南京金盛为50万平方米，浙江义乌为63万平方米，福建安南为70万平方米，上海国际家具村为75万平方米，武汉金海马为80万平方米，重庆巴南为80万平方米。

第三等级是10万平方米以下的卖场。这类卖场在全国各大中城市星罗棋布，遍地开花。仅在上海地区，这类卖场就有近40家，如金海马在上海就开了10家

10万平方米以下的卖场。

近年来在家具大卖场的发展中，出现了一些房地产商加入家具城的建设，而实际是炒地皮的现象。很多卖场盲目扩张建设，追求大而全、小而全。目前，全国家具卖场总面积估计超过4000万平方米。按1万平方米年销售1亿元计算，目前国内市场年销售2000亿元，那么卖场有2000万平方米就足够了。这表明现在有将近50%的卖场过剩。

九、五金机电城——全国布局

经过10多年的发展，我国大型五金机电市场布局已基本形成，东有号称中国五金第一城的上海五金机电商贸城；西有重庆国际五金机电城、成都金府五金机电城；南有著名的广东广佛五金机电城；北有东北五金城、中华五金城；中有长沙的雨花五金机电城。除此之外，其他大型的五金机电市场还有江苏姜堰的华东五金机电城、湖北武汉的湖北现代五金机电城、沈阳的天河五金机电城、大连已经建成并开始营业的大连五金机电城以及面向东盟的南宁五金机电城、面向中国台湾的泉州五金机电城。重庆也有光华、金科和重庆国际五金机电城三大机电"航母"。浙江永康市有号称"五金之都"的中国科技五金城，它正以较快发展的趋势与世界接轨。上海五金商贸城全部建成后将是亚洲五金行业最大的展示中心、采购中心、信息中心，集展示贸易、仓储物流、信息技术及科技交流于一身，融研发、生产、销售及配套设施于一体的产业重镇。此外，中国科技五金网正在成为中国五金第一网。

十、全国统一煤炭交易中心

中国将在1~2年内建立起全国统一煤炭交易中心，该交易中心的选址或在北京，建成后将形成以全国煤炭交易中心为主导交易平台，以区域煤炭交易中心为辅助交易平台，以地方煤炭市场为补充市场的全新煤炭市场体系。我国目前的煤炭市场主要是以动力煤、全国与区域煤炭市场、全国与区域煤炭订货会（产运需衔接会）三者构成的煤炭市场体系。我国煤炭市场的目标体系是：力争在3~5年内，建成既能实现市场主体的自由交易又能落实国家宏观调控目标的现代煤炭交易平台，进而建成市场化运作、规范化运行的现代煤炭市场体系。该市场体系将以供需双方长期供货合同为基础，以电子商务等现代交易技术为手段。初期主要以组织定期的煤炭交易会与开展煤炭现货交易业务为主，在时机成熟时，还将推出煤炭柜台交易与期货交易业务。

十一、期货交易市场——合约上市推动市场发展

改革开放以来，我国许多生产资料采取期货交易的方式，充分发挥了价格发

现、回避风险的经济功能。如在期货交易市场上市的品种有天然橡胶、燃料油、锌、铝、铜、黄金、线型低密度聚乙烯（LLDPE）等期货品种。以下仅就塑料现货、期货交易市场进行分析。

（1）塑料现货交易。随着我国对塑料品种的需求与日俱增，国内涌现出了一批专业化的市场。目前，我国有5家塑料现货交易所，分别是金银岛网上商品交易所（北京）、余姚中国塑料城、广东塑料交易所、江苏长江塑化市场、华东国际塑化城，为华北、华东和华南三大塑料集散区域提供相应的服务。目前，广东、浙江、江苏三省的塑料制品产量占全国总产量的55.6%，北方市场相对弱小，尚在发育阶段。这些市场都是现货交易市场，所形成的价格也只是区域性价格，缺乏代表性和预测性，而且由于交易机制的原因，不能充分发挥避险功能，只能在局部范围内起到有限的作用。

（2）塑料期货交易。2007年7月31日，塑料期货合约（线型低密度聚乙烯（LLDPE））在大连商品交易所上市交易，开展塑料期货交易，有利于形成国内塑料基准市场价格，从而有力推动全国统一大市场的形成，建立公平、透明、高效的市场机制。大连LLDPE期货上市后必将会完善LLDPE市场体系，与现货批发市场一起构建起LLDPE多层级市场体系。

第二节 我国生产资料交易市场展望

我国生产资料交易市场的主题仍然是结构调整与创新，这是我国商品交易市场5~10年内不可改变的主题。市场发展的趋势将表现出以下特点：

一、大型化趋势

2013年，我国亿元以上商品交易市场下降为5089个，但交易额上升到99254.36亿元，其中亿元以上生产资料批发交易市场有1230个，交易额超过3.86万亿元。上海市物贸中心有色金属交易市场成为我国最大的商品交易市场，交易额超过2000亿元。中国科技五金城现有营业面积100万平方米，营业商铺3436个，经营上万种五金产品及相关产品，吸引了170多个国家和地区的客商来此经营，2012年交易额达到470.16亿元，网上交易额达到167.5亿元，做到了网上与网下融合发展。

二、专业化趋势

从总体而言，商品交易市场分为综合型市场和专业型市场，近几年来，在综合型市场大发展的同时，专业型市场以其市场定位细分准确显示出强大的生命力，数量超过综合型市场。例如上海五金城总建筑面积150万平方米，形成集研发、生产、销售、贸易及物流仓储等功能于一体的商业重镇。

三、现代化趋势

2005年第二次全国重点生产资料批发市场总裁联席会（天津）提出了生产资料批发市场现代化，可以概括为：①企业制度的现代化；②市场管理的现代化；③市场营销环境的现代化；④市场经营主体的现代化；⑤市场信息技术的现代化。例如，张家港保税区化工品交易市场与张家港保税区海关联合建立了"张家港口岸液体化工价格信息平台"，为入驻的化工企业提供了更为方便快捷的信息服务，利用现有的人员、设备及目前采集信息的渠道，已成功出版了近700多期《每日电讯》电子刊物，为入驻客户提供了丰富的信息。再如，广东佛山乐从塑料市场为了推动传统商贸业向现代物流业升级转型，对市场进行整体规划，建设了两大物流园区，将现代物流业作为提升区域综合竞争力的重要动力，构建集原料买卖、生产加工、大型仓储和配送服务于一体的现代物流经营体系。

四、多功能化趋势

近年来，随着经营品种、规模、条件的变化，商品批发市场开始从摊位式集合向批发企业集合发展，一些大型专业市场的形态已从过去单一的摊位式向摊位、商店、专业街相结合的形态转变。一些大城市的城郊结合部则出现了仓储式平价超市的市场新形态，如上海郊区凭借其大城市交通、信息、生产、金融等良好条件发展的仓储式批发市场，具有低交易成本的优势和集聚效应。一批大型专业市场积极进行市场功能创新，不少市场开始从单一商品交换的功能向产品展示、信息交换、价格形成、造产引导、商品配送、资金结算等多功能方向发展。

第三节 我国生产资料批发市场的警示与启发

一、生产资料市场的警示

（一）追求大型化

从总体而言，我国商品交易市场的大型化趋势十分明显，2007年成交额在10亿元以上的商品交易市场共有855家，比上年增加了112家，合计成交额为34349.8亿元，增长22.4%；成交额在100亿元以上的超大型商品交易市场71

家，比上年增加 18 家，实现成交额 13989.7 亿元，增长 39.3%，合计成交额占全国亿元以上商品交易市场成交额的比重比上年提高 4.7 个百分点。但很多商品交易市场存在闲置和浪费，"有场无市"现象仍然随处可见。同时，交易市场重复建设的现象相当严重。因此，我们应当一切从实际出发，不要盲目追求大规模，要积极调整商品交易市场的结构，建立统一、开放、竞争、有序、安全的商品交易市场体系。

（二）追求同质化

随着商品交易市场数量的增多，市场在硬件建设、行业布局、管理模式、优惠政策和竞争手段等方面互相模仿、日趋相同。同质市场的存在会在不同程度上削弱专业批发市场的特色，形成市场之间争夺货源的局面，影响专业批发市场的壮大与发展。这就要求商品交易市场坚持走创新之路，创造差异化优势，打造核心竞争力，牢牢把握市场竞争的主动权。

（三）功能单一化

我国很多批发市场仍存在着功能单一、商品单调的缺陷，这样的专业市场已不能适应大流量、远距离的商品流通要求。市场的功能应从单一的商品交换向展览、展示、商品配送、交换信息、确定价格、引导生产、资金结算等多功能发展，商品市场不仅是交易中心，同样可以兼有配送、展览、信息交流和价格确定等功能。

（四）现代化水平差

交易方式是商品交易市场品质的灵魂。批发市场是一种初级交易市场，交易方式落后。近几年来，虽然已有不少批发市场在探索运用现代化手段发展市场，取得了良好的效果，但是多数商品交易市场交易方式落后，未能引入现代营销技术，导致商品交易发展缓慢，前景堪忧。

（五）不规范的大宗商品交易存在风险

大宗商品电子交易市场是一种大宗商品市场组织形态的创新，但是，存在许多不规范的运作，容易酿成大祸。如华夏商品现货交易所在网上进行钢铁、粮油、棉纺、食糖、金属、塑料、化工、煤炭、石油及仓储商品等交易，在全国有 400 多家代理商，注册客户近 20 万人。2008 年初，华夏商品现货交易所出现巨额风险，据统计，全国近 20 万人至少有 10 多亿元的资金被套。2014 年 7 月，山东农产品电子交易市场总经理携客户保证金款 2 亿多元"跑路"。

二、生产资料市场的启发

（一）市场联盟

中国物流与采购联合会作为国务院批准设立的中国唯一一家物流、采购与生产资料流通领域的综合性社团组织，一直致力于推动我国商品交易市场的发展，自 2001 年以来，先后在成都、天津、无锡和广州组织召开了"全国重点批发市场总裁联席会"，确定了三批共 93 家"推动流通现代化重点联系批发市场"，对于我国生产资料批发市场的发展起到了积极的推动与示范作用，2008 年 12 月，第 5 次全国重点批发市场总裁联席会在深圳举行。

全国重点批发市场总裁联席会是一种市场联盟，市场联盟是目前我国最大规模的商品交易市场的自发结盟，这种市场联盟的形式为联盟成员的发展提供了更多的机会，同时也在整个市场流通渠道与产业资源有效对接、促进大流通体系建设方面起到了积极的作用。

建材市场联盟最具代表性的是天津建材市场联盟，天津建材市场联盟最早由天津环渤海建材市场发起，是国内 30 多家知名建材市场的联盟体。经过 10 多年的发展，现已形成全国性的市场联盟——中国建材市场联盟。

（二）从实际出发

在国外占主流地位的建材超市业态，在国内却依然处于较为低迷和艰难的时期。究其原因，主要是它不能完全适应我国国情。现阶段，我国建材超市尚未形成规模经济，在物流配送与供应链、管理体制、激励体制方面存在问题。我们应当把国外建材超市的成功经验与我国的实际情况相结合，从实际出发，寻求新的突破，争取建材超市更好的发展。

（三）多功能发展

生产资料批发市场未来的发展趋势之一是多功能趋势，即生产资料批发市场充分发挥其多种功能，如交易功能、信息功能、展示功能、物流配送功能、进出口功能、资金结算、抵押贷款融资、创新与孵化功能等。近年来，随着经营品种、规模、条件的变化，商品批发市场开始从摊位式集合向批发企业集合方向发展，一些大型专业市场的形态已从过去单一的摊位式向摊位、商店、专业街相结合的形态转变，向交易所式的交易方式转变。一些大城市的城郊结合部则出现了仓储式平价超市的市场新形态，如上海郊区凭借其大城市交通、信息、生产、金融等良好条件发展的仓储式批发市场，具有低交易成本的优势和集聚效应。

（四）规范化发展

长期以来，商品交易市场投资建设主体混乱，导致了市场管理经营体制混乱。商品交易市场呈现诸侯割据的现象，至今仍没有一部国家统一的法律来规范、制约市场，使我国批发市场的市场准入与运作不规范，盲目重复建设，也给各地批发市场的有效管理带来了困难。近几年来，我国以标准化为主要内容的市场规范化发展成为主流和发展趋势，出台了许多国家标准、行业标准、地方标准等。

第四节　我国大宗商品交易市场

一、大宗商品电子交易及其现状

（一）大宗商品电子交易

大宗商品（Bulk Stock）是指可进入流通领域，具有商品属性、用于工农业生产与消费使用的大批量买卖的商品。大宗商品电子交易是指钢材、煤炭、石油、铅、锌、铝、铜、锡、镍、稀土、茧丝绸、橡胶、塑料甚至"文化"虚拟产品等大宗商品的网上交易。大宗商品交易市场是指专业从事电子买卖交易套保的大宗类商品批发市场，又被称为现货市场，比如全国棉花交易市场是由国家政府职能部门批准设立，并由商务部等相关职能部门进行监督和管理。

大宗商品电子交易是一种网上和网下相结合、现实和虚拟相结合、传统经济与新经济相结合的"双赢"模式，充分解决了信息来源、客户源、在线结算、物流等电子商务的"瓶颈"问题。

（二）发展大宗商品电子交易的意义

大宗商品交易市场是从事商品中远期交易的市场，健康的大宗商品交易市场是我国流通体系的重要组成部分，其快速发展加快了商品流转，促进了市场繁荣。随着电子交易市场的蓬勃发展，如何把电子交易与物流配送信息化相结合，实现大宗商品流通环节的集成高效管理，日益成为我国大宗商品电子交易与流通领域亟待解决的问题。大宗商品电子交易是一种有益的探索，具有重要意义。

二、大宗商品电子交易市场发展现状

（一）发展现状

1997年我国大宗商品电子交易市场刚刚起步，至2013年我国有各类大宗商品电子交易市场538家，年交易额超过20万亿元，目前处于营业状态的有357家，处于无交易或停业状态的有39家。从数量来说，我国大宗商品电子交易市场超过了实际所需要的市场数量。

现有的大宗商品电子交易市场有广西糖网、上海大宗钢铁电子交易中心、上海石油交易所、宁波大宗商品交易市场、全国棉花交易市场、渤海商品交易所、北大荒粮食电子交易市场、浙江塑料城网上交易市场、上海大宗农产品电子商务有限公司、宁波液体化工电子交易平台、山西中太煤炭电子交易市场、无锡市不锈钢电子交易中心、广州华南煤炭交易中心、中国—东盟物流与电子交易平台、北京金银岛交易所、广东塑料交易所、华南金属材料交易中心、海南中橡热带产品电子交易市场、东方丝绸市场交易所公司、中国铁矿石现货交易平台、四川中国白酒产品交易中心、昆明泛亚有色金属交易交易所、新华浙江大宗商品交易中心、黄河商品交易市场等。

北京现有大宗商品交易市场17家，约占全国交易市场总数的6%。2012年北京石油交易所实现交易额1005.9亿元，纳税7000余万元，成为全市首家突破千亿元交易额的大宗商品交易市场，中国燃料油现货交易平台日均交易额突破2亿元。

(二) 法律法规标准现状

1. 大宗商品电子交易的法律、法规

我国出台了一系列的法规，成为大宗商品电子交易发展的依据，但是，大宗商品电子交易仍然在探索中发展。回顾大宗商品电子交易市场发展政策，可以归纳为以下两个方面：

（1）在法律方面，与大宗商品交易有关的法律有《拍卖法》、《计算机信息系统安全保护条例》、《公司法》、《反不正当竞争法》、《产品质量法》、《签名法》、《食品安全法》等。

（2）在法规方面，2007年，证监会颁布《期货交易管理条例》（2012年修订）；2007年4月17日，商务部发出了大宗商品交易市场整改的通知；2011年，国务院颁布了《关于清理整顿各类交易场所切实防范金融风险的决定》（38号文件）；2013年11月22日，商务部、中国人民银行、中国证监会联合发布《商品现货市场交易特别规定（试行）》。2013年12月31日，中国证监会发布《关于做好商品现货市场非法期货交易活动认定有关工作的通知》。

根据国家文件精神，大宗商品交易市场应该经过相应的政府机构批准，不允许采取变相期货交易，采取集中交易的，应实行当日无负债结算制度和保证金制度，同时保证金收取比例低于合约标的额20%。同时，还明确规定了除依法经国务院或国务院期货监管机构批准设立从事期货交易的交易场所外，任何单位一律不得以集中竞价、电子撮合、匿名交易、做市商等集中交易方式进行标准化合约交易；对从事违法证券期货交易活动的交易场所，严禁以任何方式扩大业务范围，严禁新增交易品种，严禁新增投资者，并限期取消或结束交易活动。

2. 大宗商品电子交易的标准体系

2011年4月，商务部组织制定了《第三方电子商务交易平台服务规范》，用于规范第三方电子商务交易平台的经营活动，保护企业和消费者合法权益，营造公平、诚信的电子商务交易环境。

2002年国家出台了《大宗商品电子交易规范》（GB/T 18769—2002），2003年国家出台了《大宗商品电子交易规范》（GB/T 18769—2003），是对2002年的版本进行的修订,并在实施 6 年后,做了进一步的修改和完善。我国大宗商品电子交易市场始于 1997 年,经当时国内贸易部(现商务部)批准,国家经贸委等八部委进行联合论证后成立的一种新型现货交易模式,即通过网络与电子商务搭建的平台,对相应物品进行即期现货或中远期订货交易的市场,目前此类市场的管理规范和法律依据主要是 2003 年 7 月出台的《大宗商品电子交易规范》。

(三) 科技现状

大宗商品交易需要相应的科技支撑,如网络科技、交易结算、物流配送等。近几年来,时力科技 For-e Market Place 顺应市场经济和电子商务的发展需要,推出了大宗商品电子交易与物流集成化系统管理平台,国家社科基金和国家自然基金先后进行了相应的课题立项,促进了大宗商品的社会科学和自然科学研究,并在一些电子交易市场中得到应用。

三、大宗商品电子交易存在的问题

大宗商品自产生以来就伴随着许多的问题,如理论准备不足,一开始就将其当作"准期货"来运营,在运营过程中存在许多欺诈现象,重复投资较多,盲目趋同发展,导致一些市场既不反映市场供求,也不反映市场价值,成为投机的场所和工具。

(一) 理论问题——把大宗商品交易当成"准期货"

理论上,大宗商品电子交易是商品远期交易,属于现货市场的范畴,但是,许多人将其当做"准期货",将其从现货市场分离出来,又与期货市场相对应,这显然是不符合流通经济学基本原理的。

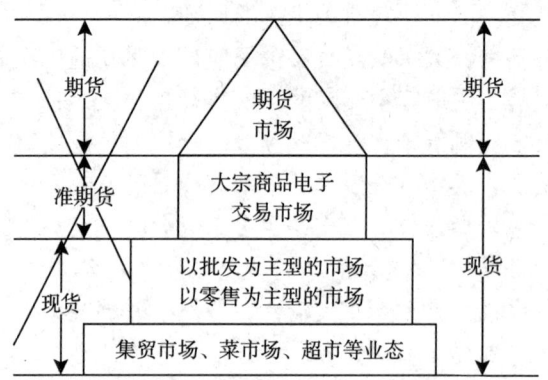

图 10-4　期货与现货市场结构图

期货市场诞生在发达的现货与远期市场上,是市场的一种高级组织形式。同时,现货远期市场又是完善的现代市场体系不可缺少的重要组成部分。中国的一部分现货远期市场采用了期货化的规则,也在一定程度上提升了现货市场的质量。大宗商品电子交易市场则是将互联网基础上的电子商务技术与期货市场先进的风险管理经验应用在了传统现货远期市场之上，形成了交易机制的一次升级与进化。这种组织形式在国内的迅速发展弥补了现有期货市场的某些不足。第三方物流的发展与电子商务平台的搭建，已经初步形成了一套商品衍生品市场体系。

（二）大宗商品电子交易实践问题

大宗商品电子交易实践问题主要是"准期货"问题，即由于中远期交易与期货交易的制度接近性，很多大宗商品电子交易市场开始引进与期货市场相类似的保证金、当日结算等制度、T+0 交易等，其交易方式与期货交易极其类似。

近几年来，全国各地从事产权交易、文化艺术品交易和大宗商品中远期交易的交易所发展迅猛，据不完全统计，截至 2011 年 11 月，各类交易所已达 400~500 家，其中大宗商品中远期交易所超过 200 家。这些交易所型市场在产生良好效应的同时，由于缺乏法律、法规、标准等体系，也出现了许多问题，如"准期货"的 T+0 交易方式、投机价格炒作过度、多品种的金融化趋势等。2011 年以来交易品种不仅再局限于有色、钢铁、农产品和能源、化工等传统行业，药材交易市场、酒类交易市场和文化品交易市场发展迅猛。

另外，大宗商品电子交易还存在监管无力、无风控、市场狂赚手续费的问题。2008 年 7 月 8 日，华夏商品现货交易所（简称"华商所"）出现爆仓现象，涉案金额为 1.92 亿元，其董事长郭远峰卷款金额高达 80 万美元。出现这一问题的原因有三个：资金无第三方监管、股东结构缺乏制衡机制、市场投资者及管理者参与交易，高比例返佣下类似"金融传销"的二、三级代理行为泛滥。

四、大宗商品电子交易[①] 规范有序发展

（一）**大宗商品电子交易市场应为"调整结构、转方式"发挥作用**

随着我国电子商务的快速发展，传统商品交易市场利用现代技术促进了交易市场的升级改造，电子交易市场的推广应用，积极推动了我国电子商务和物流业的发展。建立大宗商品电子交易市场，实现大宗原材料资源的集中管理，能够完善我国生产要素和资源价格形成机制，有利于国家宏观调控。

目前，我国现货商品交易市场已达 8 万多家，2013 年我国亿元以上商品交易市场有 5089 个，年成交额超过 9.9 万亿元，约占我国 GDP 总量的 1/5 多。全国 8 万多家商品交易市场面临着"结构调整、交易升级、管理创新"的三大主题任务，需要用现代科技提升传统市场业态。

（二）**探索大宗商品电子交易市场的有效模式**

（1）大宗商品电子交易市场的主要模式属于 B2B 交易市场模式，主要有买方

---

① 大宗商品电子交易与物流集成化解决方案［EB/OL］.国际电子商务中心，2011-01-13.

挂牌交易、卖方挂牌交易、电子竞买交易、电子竞卖交易、现货挂牌交易、现货远期交易、竞价拍卖交易、竞价招投标交易、集合竞价交易、在线协商交易、专场交易、RAT逆向拍卖交易12种不同的电子交易模式。随着电子商务的发展，多种多样的B2B电子商务模式将是一个发展趋势。

（2）大宗商品电子交易市场的交易平台，能够实现交易、交收、结算功能以及交易管理、交易监控、财务管理、行情分析、统计查询、系统管理等功能，能够充分满足钢铁、化工、煤炭、粮食等各行业大宗商品生产商、供应商、采购商、贸易商的交易需求。

（3）大宗商品电子交易市场的物流配送平台实现了交易、物流一体化管理，为电子交易中心和交易商提供电子交易所需的全程物流服务管理功能，包括交易与物流联动管理、交收管理、全面订单管理、仓储管理、运输配送管理、虚拟仓储管理、客户关系管理等，在电子交易仓单注册、挂单、撤单、交易、成交时，系统自动完成所对应货物的冻结、解冻、释放仓单等操作。

（4）大宗商品电子交易市场的综合信息服务平台及门户入口为交易商、电子交易中心管理人员、政府监管部门、公众用户等提供了交易信息、交易价格行情分析、物流信息、物流价格、综合查询、统计分析、决策支持等综合信息服务，并为电子交易、物流配送、系统管理、信息浏览等提供门户入口。

（三）进一步完善大宗商品交易市场法律、法规标准体系

应进一完善现有的交易市场的法律确立以商务部为主导的管理机构，完善部际协调机制，避免政出多门，使大宗商品的、交易管理、结算管理、物流配送管理等有法可依。

（四）充分发挥市场价格引导和信息导向功能

在大宗商品交易市场规范运营的基础上，出台确实对市场有引导力的价格指导，如"郑州价格"指数、成都中药材指数、广西食糖指数、寿光蔬菜指数等，此外还有2013年9月3日发布的"第一财经·甬商所大宗商品价格指数"、宁波·舟山指数、新华（杭州）大宗商品指数等。

总之，当前要摒弃"准期货"的交易模式，探索是有物流基地作为载体的B2B远期交易模式，并在此基础上探索多种供应链模式，以交易控制市场，不单一追求所谓的"定价权"。

思考题：

1. 什么是生产资料市场？其特点有哪些？
2. 简述大宗商品交易市场及其特点。
3. 简述大宗商品交易市场模式。

第十一章　商品交易市场的微观管理

商品交易市场的经营与管理涉及四个环节：建市、造市、用市、管市，这是既相互区别，又相互联系的一个体系及过程。

第一节　建　市

所谓建市，即市场建设的过程，这是市场建设的基础。它包括市场投资、市场选址、市场定位、市场硬件建设等。一般而言，市场的投资者负责市场的硬件建设，市场的经营与管理者负责市场的软件建设。

一、市场的投资

改革开放初期，市场建设被作为公共建设（Public Goods）投资，投资的主体主要是国家，通过政府主管部门建设和管理，把市场建设看做是政府，而不是企业的事，具体由工商管理部门承办投资、管理甚至经营，这在当时建设示范市场时起到了引导作用，但是，发展到后来，这种体制开始不利于调动多种经济成分投资者的积极性，也混淆了市场的"裁判员"和"运动员"之间的关系，不利于市场的公开、公平、公正地竞争，于是国家在2001年进行了"管办分离"的改革。

随着改革的发展，投资主体日益多元化，出现了多种建市类型：①政府投资型，在老、少、边、穷地区建市场，主要靠政府投资；②企业投资型，指各种经济成分企业投资办市场；③政府和企业共建型，即共同投资建设市场；④混合经济成分合股兴建型，较好地解决了市场建设中的资金短缺问题，引入了个人投资甚至外商合资，实行董事会领导下的企业公司管理，引入新的建市、造市、用市、管市机制。实践证明，这种机制具有强大的生命力。

二、市场的选址

市场选址要满足以下几个条件：

（一）应符合总体规划的要求

市场选址应符合当地城市总体规划、控制性详细规划、土地利用规划、商业网点、市场规划、城市绿地规划、城市功能、交通规划的要求，符合流通业发展分类指导目录的规定，并应取得相应的规划审批手续。

（二）应符合社会规划的要求

市场选址应以方便国内外商人采购和居民购物，不扰民、不阻碍交通，不破坏市容环境为原则。如北京市规定：①在交通枢纽、主要交通干道两侧和国家机关、部队、医院、学校等单位的200米以内地区，不得建设市场；②禁止利用地下空间新建商品批发市场，建立在地下空间的批发市场容易存在疏散通道不畅通等安全隐患；③产生有毒有害气体、水体、烟雾、粉尘等污染源，生产或存贮易燃易爆、有毒等危险品场所1000米距离以内，不得建设商品交易市场。

（三）应符合经济规划的要求

1. 应选择在交通枢纽和商品集散地

商品交易市场一般选择建在交通枢纽和商品集散地，这样能为市场商流、物流、信息流带来极大的便利，为市场送来川流不息的客流，也为市场带来通畅的资金融通。良好的地理区位是市场建设的潜在条件，要使潜在的市场条件变为现实的市场条件需要有市场的硬件投资和软件投资。有批发交易的商品交易市场的选址应当充分考虑货物运输流量和大型车辆的通行能力，保证客流、物流顺畅。

2. 考虑商品资源优势

商品资源优势是市场地理位置的一个重要因素，市场的商品优势表现在商品数量的丰富和商品的特色上，这就决定了市场批发经营的性质和经营的品种特色。市场经营品种的特色决定了市场的类型，形成市场特色，从而可避免市场的趋同性，造成重复建设。

3. 具有良好的销售网络

有些传统的商品集散地销售网络比较健全、稳定、销路通畅，一旦中心批发市场建成后，区域市场可与全国统一市场相互衔接，甚至与国际市场衔接。

三、市场的定位

商品交易市场按规模层次来分，可分为初级市场（集贸市场）、批发交易市场（中心批发市场、区域批发市场、地方批发市场）、期货交易市场。一般的集贸市场和初级市场是市场主体（或称市场主办法人）提供交易场地，卖者和买者在这里进行交易，管理者收取场地占用费、管理费和代收税金，或由工商行政管理部门直接收取工商管理费；批发市场不仅提供交易场地，更多的是提供服务，如信息服务、结算服务、资金融通服务、物流及配送中心服务。

集贸市场（菜市场）、地方性批发市场、区域中心批发市场、国家级中心批发市场依次递增市场辐射半径，市场的档次与服务的层次成正比，市场辐射力越大，层次也就越高，吸引的买卖客户也就越多。按客户的对象市场可以分为几种不同类型的市场，如食品、蔬菜、水果等农副产品市场、日用工业品市场、生产资料市场，或者特种商品市场，当外商进入市场并开展经营性业务时，此市场具有外向型性质。市场主体在建市过程中确定市场类型是建市的必要前提，只有明确了建市类型才能相应建设不同类型的市场。集贸市场和初级市场主要是对手成交型，而中心批发市场主要是以批发为主的交易形式，区域性中心批发市场和国家级批发市场是市场建设的两个不同层次，这既由市场的区位条件决定，也受市场主体的建市目的所制约。

四、市场的硬件设施

市场硬件包括交易厅、展览厅、会议厅、质量检测中心、综合商品经营服务大楼、仓库、停车场等，为客户提供金融、保险、储运、通信、食宿、信息咨询、娱乐旅游等经营性服务。市场的硬件设施由建市主体的投资资金和市场定位决定，投资资金多一点，硬件设施的层次可能更高一点，市场定位类型既决定市场投资规模，也决定市场硬件设施的简便和复杂化程度。

（一）市场环境要求

1. 建筑装饰及装修要求

市场建筑用内部装修须符合 GB 50222—1995、GBJ 16—1987、GB 50045—95 等防火规范的要求。

市场内大厅顶棚净高不应低于 4.5 米，能满足通风、排除异味的要求，吊顶应采用防毒涂料。根据市场的面积大小和周边环境设置出入口，出入口不得少于 2 个，主要出入口应直接面对通道，且宽度不小于 4 米，其他出入口宽度不小于 2.5 米。市场营业区应当设置安全出口，安全出口的疏散门应当向疏散方向开启，不得采用卷帘门、转门、吊门、侧拉门，疏散门的宽度不得小于 1.4 米，门内和门外 1.4 米范围内步行设置踏步。

场内面积根据营业需要合理利用，通道宽敞，符合人流、物流畅通的要求。通道宽度一般不小于 2.5 米。分设主辅通道的，主通道宽度一般不小于 3 米，辅通道一般不小于 2.5 米。通道不得堆放货物、杂物，要保持畅通。市场内安全出口的顶部、疏散通道及其死角处距离地面高度 1 米以下的墙面上，地下市场内疏散走道和其他主要疏散路线的地面上，应有疏散指标标志，并保持疏散标志明显、连续，设置在疏散通道上的指示标志高度不得高于 10 米。市场店面装修应统一店牌、风格、颜色，标志设置应符合 GB/T 1001.1—2000 的规定，要使用汉语、英语双语标识，中英文标识要符合有关规定，使用规范文字，文字书写准确、清晰、美观。

2. 面积要求

市场应根据消费规模、购买习惯、商品分类等因素，合理确定市场面积，特大型、大型、中型、小型市场应保持一定的比例结构，避免一味贪大求洋，可以因地制宜，形成自己的特色。

市场应根据实际客流，在满足消费者停车需求的条件下，配置相当于市场营业面积10%的临时卸货场和不少于市场营业面积40%的机动车、非机动车停车场，市场配建停车场应符合停车场有关建筑和设计标准，场地不得挪作他用，并应设置相应的管理标识。

市场内的各部分面积分摊比例根据实际情况合理确定，其中通道面积不应少于场内面积的1/5。安排摊位面积应考虑营业人员的活动空间，堆货面积不得超过摊位总面积的40%，堆货码放高度不得超过1.2米，其经营人员通道（出入口）不应小于0.9米，通道上不得摆放商品，保持通道畅通。

3. 场内环境要求

（1）设施安全。市场内扶梯、台阶、易滑路面、玻璃门窗等易出事故的部位，要有明显的警示标志。广告牌、店招牌等要安装牢固。市场应配备应急广播设备，在应急使用时，要用汉语、英语两种语言广播指导人员安全疏散。

（2）空气安全。市场内空间应通透、明亮，随时换气通风、排除异味。封闭市场内温度应本着节能的原则，夏季市场内温度不低于26℃，冬季市场内温度不高于20℃。湿度、通风等其他指标要符合国家卫生标准 GB 9670—1996 的相关要求。

（3）灯光照明。市场内灯光照明度应达到 GB 50034—2004 的要求。市场内应设置集中管理的应急照明设备系统，以适应疏散照明、安全照明和备用照明的需要。应急照明连续供电时间不应小于30分钟。应定期检查维护灯光照明设备，如有损坏或发生故障，要及时修复。场内地面应坚固、平整、防滑、耐腐蚀、易清洁。市场内产生的噪声应控制在60分贝以下。

（二）设施设备

1. 给排水设施

市场内用水应保证足够的水量、水压，水质标准应符合 GB 5749—2006 的要求。市场内应急用储水设备应有防污染和清洗消毒设施。市场内用水器具应符合 DB 11/343—2006 的要求，提倡在保证用水卫生标准的条件下循环用水。市场内应设置污水排放管道，污水排放标准应符合 CJ 3082—1999 和 DB 11/307—2005。污水排放管道与外部市政管道连接应依法取得许可，并按照雨污分流原则接入市政管道管理单位指定的设施位置。市场应设置化粪池。

2. 供电设施

商品交易市场应配备满足用电负荷、安全的供电设施。有条件的应单独设置配电室。市场内电线铺设应以穿管铺设为主，并配备漏电防护装置。经营户不得私拉乱搭电线，超负荷用电。市场内吊顶的照明灯具宜采用嵌入式安装。灯具防护罩应为非玻璃制品。凡经营区有用电设施的，应配置带接地线的电源插座。

3. 通风设施

市场内应尽量采用自然通风。自然风达不到卫生和经营要求的，应采用机械通风，新风量不低于每人 20 平方米/小时。场内可根据建筑面积大小配备相应功率的排风机。建筑面积 1000 平方米以下的，安装不低于 2000W 功率的低噪声排风机，1000 平方米以上的每增加 100 平方米，相应增加功率 300W。场内窗户的设置应保证空气能够顺畅对流。市场安装空调设备应符合 GB 17790—1999 的规范。

4. 消防设置

商品交易市场应按照 GB 50140—2005 的要求配备消防安全设施，按规定存放和更换，并达到安全使用的要求。市场交易区内不得设置液化气和明火设施。商品交易市场应按照相关消防规范要求，设置火灾自动报警系统、自动喷水灭火系统。设有自动消防设施的市场，每年至少应进行一次全面检测。商品交易市场应按照 GB 50140—2005 规定配置灭火器材。市场营业区灭火器材配置点的间距不应大于 20 米。

5. 环境卫生

市场内应设置专用废弃物堆放地点，按废弃物产生量统一配置废弃物分类收集容器和清运车辆，并委托环境卫生专业作业企业清运废弃物；建设符合垃圾分类要求的废弃物收集容器、密闭式垃圾清洁等垃圾收集设施。

6. 公共卫生间

商品交易市场应设置公共卫生间，按照 GB/T 17217—1998、DB11/T 190—2003 的要求设置、管理卫生间。市场应在明显处设置公共卫生间连续引导标志。

7. 无障碍设施

市场内公共空间、公共设施的设计和配置均应符合 JGJ 50—2001 及无障碍设施建设和管理条例的要求，市场出入口、通道等公共空间凡设台阶的，应同时设置无障碍通道。卫生间应设置无障碍设施。

（三）**场内布局**

1. 营业设施

市场根据经营者的需求设置柜台式、营业专间等不同商位形式。市场内柜台应按不同品类经营的需要统一设计，有品牌的可根据品牌需求设置有品牌特色的柜台。营业专间应便于展示、码放、销售商品，面积不小于 9 平方米。营业专间的装修、装饰及柜台应突出特色。

服装零售市场应根据服装卖场的面积和顾客流量设置试衣间。试衣间的布局、设计、选材应由市场统一规划。营业专间应按照不低于"一店一间"的比例设置试衣间。试衣间应有明显的标识或标志牌,其大小、形状、颜色及材质应相对统一。试衣间门外侧和内侧应设有可满足消费者试衣需求的镜子,试衣间应配置挂物钩、衣架、试衣凳。地面应铺有地毯或地板砖(革)。试衣间内可提供拖鞋。试衣间内部应有亮度适度的照明设备。试衣间内壁上应标有"请你注意携带好自己的财物"等提示性的语言。

保洁人员或营业人员应每天清理试衣间,保持地面、地毯和设施的清洁、无积尘。

2. 场内布局

市场应按照所经营的商品类别、功能分行划市。不同经营区之间应有通道分隔。经营化工原料及其有毒、易燃、易爆商品只能在市场经营区摆放样品,在库房提货,并应符合政府部门的相关规定。品牌专营及特殊商品应设专区经营。市场应根据顾客流量,合理设置顾客休息区,总面积不小于商业用房面积的1%。汽车配件市场可以设立相对集中的维修区,但应在依法取得相应的行政许可后方可营业。建材市场可以设立与市场交易品种相配套的、相对集中的商品加工区,不得在市场经营区内加工商品。商品加工区应当符合环境保护、安全、环境卫生的要求。

第二节 造 市

俗话就:"建市容易,造市难。"所谓造市,也就是指市场的宣传和招商,营造一个可供各类客户进行交易的良好的市场氛围。在市场硬件建设的过程中,市场的软件建设也随之与其配套。

一、造市的主体——市场经营管理的主体

经营组织管理机构按市场建设出资人与经营者相分离的组织原则,可以采取董事会领导下的商品交易市场有限公司的形式进行经营,即董事会领导下的市场法人代表负责制,其结构如下:

(1)由市场投资商(包括政府投资者)组成商品交易市场有限公司董事会。董事会确定市场建设的大政方针,如市场的选址、定位、规模、宏观经济发展战略以及每年的投资及分红率,确定并委托市场运行的经营性法人代表——总裁,总裁接受董事会的领导,并对董事会负责,自主地对市场进行管理和经营。

(2)市场有限公司对外是市场经营性主体,对市场内部是管理主体。有的市场也可以和工商管理部门共同进行市场秩序的管理,分别收费和税,或者由市场

统一收费和税，然后与工商行政管理部门统一结账。

（3）市场的行政管理职能与经济职能分开，在市场秩序方面市场有限公司与工商管理部门共同管理，物业管理由市场有限公司下属的物业中心承担，市场服务分直接为交易服务的服务部门和间接为交易服务的经营性服务，前者为交易直接服务采取低成本优惠服务，如物业中心、结算中心、信息中心；后者按市场供求规律进行经营性服务，如运输公司、广告公司、各类服务公司等，可由市场有限公司下属的直接公司来承办，也可以采取向社会招标的形式和招商形式承办。

（4）市场的投资者与市场的经营管理者职能分开，一般而言，市场的投资者与市场的经营者合二为一，但是，规范的市场运营管理应该分离，因为其职能是不同的，投资建设市场与经营管理市场的职能是不一样的，当市场建成后，市场集团公司应设立相应的市场经营管理公司，或者聘请具有市场管理经验的组织来从事市场的专职经营管理业务。市场的经营场所应符合国家的标准，依法取得行政许可，取得经营范围为"经营市场"的营业执照后，方可从事经营活动。但不排除市场投资者迅速转换职能，成为市场的经营管理者。

（5）市场经营管理者应当与入场经营者签订场地租赁和经营管理协议，明确双方的权利和义务，并检验入场经营者的营业执照。入场经营者违反市场相关法律法规的规定，侵害消费者权益的，市场主办者应当解除场地租赁合同，将违法经营者清退出市场。

（6）市场经营管理者应建立经营者档案，记载经营者的基本情况、进货渠道、仓储状况、主要经营品种、品牌、信用情况等。查验商品供应商的执照、商品检验检测报告、代理商的授权或委托书并留存加盖供应商印章的复印件备查。专业或批发市场应实行计算机管理。

（7）市场应设立专门机构，负责知识产权保护和商品质量管理，重点对商品进货渠道、品牌进行检查，定期对市场内的重点商品质量进行抽查，跟踪了解供应商的信用状况，杜绝假冒伪劣商品上市。

（8）市场经营管理者应依法办理税务登记，协助税务机关做好市场经营者的税收管理，依法申报纳税，不偷税漏税欠税。

二、造市的对象——市场的经营户

市场的经营商户主要包括三大类：①卖者即供货商，市场创建初期首批招商对象就是一批供货商，这是市场的基础；②买者即购货商，这是市场不可缺少的一个重要方面，招商除了供货商外就是购货商，在市场招商过程中，市场主体应始终把购货商客户与供货商客户放在同等重要的位置；③中介商即代理商，代理商及其行为的规范化是现代市场经济发展的重要标志，将有影响的代理商引进市场，会带动一方供货商和购货商进场。市场招商主要指供货商、购货商、中间商三类，除此之外还招零售商、服务商等进场投资办店和经营。这一方面促进了市场建设，可以形成规模经营效益；另一方面促进了商店的外部经济，可以形成行业经济效益。吸引客户进市的手段主要有通过市场带基地引供货商客户入市和通过市场辐射力效应引购货商和中间商客户入市。

市场内的经营者的营业执照、质量认证、厂家授权证书等应统一悬挂在商位或营业专间的显著位置。

三、造市的关键——招商及其管理

（一）市场开办初期以优惠条件引客进场

市场建成以后人们最担心的是"有场无市"，要把客户引进市场，一般采取政策优惠和服务优惠两种形式，人们一般习惯于采取政策优惠来吸引客户，如豁免市场管理费或减免税收。随着市场经济的成熟和发展，市场造市经历了由优惠政策引客进场变为用优质服务引客进场的过程。一些名、特、优、新厂家或商家认为，只要市场有良好的服务和广泛的辐射力，并不希望有多少豁免的优惠政策。实际上收费价格不变，而提高服务质量等于中心批发市场给予客户优惠政策。

（二）采取会员制/股东大会的管理办法

市场对大的客户或长期客户实行鼓励和保护措施，如根据客户使用面积（商铺等）的多少，分为银卡会员、金卡会员、钻石卡会员进行管理，建市初期采取会员制和散户相结合的管理办法。

有些交易市场采取市场股份有限公司的形式，股东是会员，也是市场的经营商户，将市场运营者的利益与市场管理者的利益有机地结合起来。

（三）市场招商分为营业面积的招商和广告招商

（1）营业面积的招商是指对买卖客户、中间商的招商，租赁营业按75%计算，因为市场的过道、楼梯等公用面积按25%折算为营业面积。

（2）市场的广告招商是指市场的建筑物、广告栏（牌）招商，由于市场人流量大、辐射广，这些地方是广告效果最好的地方，具有投资省、见效快的广告效果，因此也是市场招商的一个重要内容。招商可以采取有底价拍卖的形式，可以采取不封顶价格进行拍卖，也可以采取协商面议的形式。

（四）铺面出租、转租、退租等是市场造市的形式

铺面出租、转租、退租等是市场造市过程中必然会遇到的问题。

（1）铺面出租，特别是市场开业前的第一次招商和出租铺面，一般市场都采取"首批优惠出租"的办法，但需要将市场物业管理费、市场管理费、税收三项区分开来，市场的物业管理费是市场建设的成本下限，一般来说不能免，市场自开业之日起，不论市场经营量的大小、多少、水、电、铺面等费用开支都是不可

缺少的；市场管理费包括市场提供的服务收费以及工商部门的管理费，可以采取适度让利的办法；税收包括国税和地税，国税部分地方和部门不能随便开口子，地税部分则可以根据所在社区政府的优惠政策给予豁免，因为市场建设有利于搞活地方经济，带动一片企业和产业。政策性的收费豁免是有时间性的，一般来说，在造市两年以后，应该按章纳收。从长期来看，规范化的中心批发市场应该按经营量收税费，也可以采取每月定额收费或定位（铺位面积）收费。

（2）铺面的转租。在承包期内原承包方进行转让，商品交易市场除收取相当于同年合同承租费的10%的转让费外，其他增值所得为承租方所有。一般而言，市场活跃以后，铺面的转租费也会随之上涨，而"有场无市"的市场低价甚至免费也不会有商人选用。随着市场的兴旺，商铺也随之增值，需要注意的是，市场的经营管理者应对市场商户的商铺增值设定最高限价，特别是避免商户商铺在拍卖过程中价格拉得太高，从而会影响到下一个商户的经济利益，因为如果商铺成本太高，商户在经营过程中会遇到很大的困难。

（3）铺面的退租。承租方未到合同期提出提前退租，承租方在承担剩余合同承租费15%的损失费后，其余部分租金如数退还。

总之，客户的进出及客户在市场中的交易行为应有一套规范化的管理办法，使客户感到既能自由进出市场，又有市场规范制约。

四、造市的手段——灵活的市场经营方式

从市场的总体来看，市场为各类交易者提供交易的场所和优良的服务，使各类厂家和商家能在市场内进行便利的交易，交易者可以按市场章程选择不同的经营形式，如厂商直销、商家经销、代销等。交易方式也可多种多样，如以批发为主批零兼营；现货交易为主，远期交易为辅；即期交易为主，远距离电子订货为补充；现金交易与无纸化交易相结合。各个市场可根据自己市场的实际情况选择不同的经营形式和交易方式，有步骤地实现市场的现代化改造。

五、造市的外部条件——市场环境

（1）市场的社区环境。市场的建设是在一定的社区环境中进行的，在市场建设之初是如此，在市场的发展过程中更是如此。市场的社区环境主要有：当地党委、政府及其主管部门，工商行政管理部门，银行、保险、公安（派出所）部门，邮政电信部门，交通（铁路、公路、水路、航空）部门。

（2）市场的服务环境。它包括两个方面：一是为商品交换活动的卖者、买者提供生活服务的餐饮业、住宿业、娱乐业、托儿所、幼儿园、中小学、医院等配套设施，这些服务的系统和完善需要一个过程；二是为商品交易活动服务，如中介人仓储、运输、商务、邮电、通信、一些商品专利申请及其保护等服务。

第三节 用 市

所谓用市,即充分发挥市场的功能,使市场效应扩大,正如人们经常所说的:建一方市场、带一方企业、活一方经济、富一方人民、孵化众多的企业家。

一、发挥市场的功能

商品交易市场的基本功能是批量交易功能,此外在交易功能的基础上衍生出许多市场功能,如商品的集散功能、商品的展示功能、商品价格的形成功能、商品交易的结算功能、商品信息中心的功能、商品质量监督检测的功能、生活服务的功能、商品进出口功能、产业链整合功能、科技创新功能、旅游功能、城市名片功能等。但是在不同的市场条件下,不同的交易批发市场的作用有赖于市场功能的发挥,市场层次、等级程度以市场功能发挥的大小为标准,市场功能发挥得越大,市场层次越高。

二、建立市场基地

市场有限公司通过建立生产基地或与生产基地挂钩,建立起长期的关系和经济联合体,这也是吸引客户的一个重要手段。要在大中城市引名厂名牌进店,中心批发市场应该与零售商店相结合,如我国现有1万个连锁商店,需要有与中心批发市场相联系的配送中心;在农村发挥市场龙头作用,以市场带基地,基地带农户,促进市场基地的产业化发展。

三、提高商品交易市场的层次

①按现代企业制度建立的公司化形式对市场进行现代化管理;②充分利用现代化计算机技术,以良好的信息源带动市场;③国家级中心批发市场要发挥龙头作用,带动区域中心批发市场、初级批发市场、集贸市场发展,形成不同层次的市场网络,形成统一的体系,并且和有些期货市场的信息网络联结起来。除此之外,近年来许多不同部门的电子订货系统、商品网络系统、库存商品网络系统等迅速发展,当所有网络系统联结起来的时候,市场的整体优势就会得到真正发挥,市场效应就会进一步扩大,当然这是一个缓慢的过程。

四、树立良好的市场效益

设计市场的形象标识,确定市场形象的内容,即为国内外客户热心服务的形象,有联结中外客户的较强的辐射面,以市场形象为工具,吸引客户,不仅仅以让利为诱饵,如果市场没有形象,即使客户来了,也会走掉。

五、取得良好的市场效益

市场良好的经济和社会效益,有赖于建市、造市、用市的有效性,而市场的内部有效性还有赖于市场的外部经济性即国家的宏观调控市场在空间上的合理分布和布局。由于多年来的计划经济,我国市场建设比较薄弱,近年来,随着我国确立了市场经济体制目标,我国市场建设进入发展期,目前市场是一项投资小、见效快、回报率很高的产业,因此具有很大的吸引力,许多地方、行业、部门、企业投资建市场,这既是一个好事,又很容易引发盲目投资建设,特别是许多中心批发市场集中建在经济发达地区,从而引发市场之间的过度竞争,造成资源的浪费,使每一个市场难以形成规模效应。市场建设中存在"一哄而起"、"有场无市"以及市场结构趋同、没有特色的现象。从市场结构而言,初级市场应是大多数;中心批发市场次之,按经济区域建设市场;国家级中心批发市场应严格限制其数量的发展,并在市场体系中发挥主导作用。

第四节 管 市

管市是指对商品交易市场进行管理,主要包括商品交易市场内部管理和国家宏观管理两个方面的内容。长期以来,人们将商品交易市场当作传统的经营形态,当作即将过时的形态。在实践经营过程中,市场的开办者将商品交易市场的收费当作管理,因此严重影响了商品交易市场管理的创新与升级。

一、商户管理

商品交易市场与其他零售业态不同,商品交易市场主办方的主要职能是经营商户、管理商户、服务商户,而不是直接经营管理商品。其选择性招商具有关键性的作用。

在对商户的管理中,诚信管理极其重要,如在招商过程中选择优良的商户。市场为商户设立"诚信银行",即商户在经营过程中具有良好的诚信业绩,市场将其登记记入,年终进行表彰。2008年,成都市菜市场信用等级分类监管正式启动,根据食品质量、市民消费权益保护等多种因素考核,全市99家参与信用等级评比的菜市场被分为A、B、C、D四个等级。同时,菜市场内的商家也将按绿、蓝、黄、黑四种颜色分别挂牌,市民根据牌子颜色,就能清楚地知晓商家的信用。绿色为守信经营者，一年内无任何违法记录的商家才能获得此牌。而黑色为严重失信经营者，这类商家将被立即取缔。

二、商品管理

商品交易市场中经营的商品应该是优质的商品，有些是名牌商品，有些是品牌商品，但不应是假冒伪劣产品，尾货市场应经营尾货商品，不能将正货与尾货相互混淆。

（1）市场内经营户进货应按照要求建立进货检查验收制度，查验供应商的营业执照、生产许可证、商品检验检测报告、商标注册证、代理商的授权或委托书等是否合法有效，并留存加盖供应商印章的复印件备查。进货前检查商品产地、厂名、厂址、电话、合格证、进口证明等，并将有关情况向市场主办者备案，建立备案制度。

（2）场内不得销售"三无"产品、无中文标识、走私等国家明令禁止销售的商品，不得销售假冒他人注册商标、使用虚假产地、假冒他人企业名称或代号、仿造或冒用优质商品、认证产品、许可证标志及危害人身安全和身体健康的商品。

（3）市场应当建立不合格商品退市机制，市场内经营的商品出现或涉嫌有毒、有害、过期、假冒侵权、伪劣商品等问题时，市场主办者应当及时采取市场临时禁售措施，并向政府相关部门报告。

（4）商品陈列设施及商品应稳固、安全，定期维护保洁，便于顾客挑选。

（5）商品计量管理，包括四个方面：①商品计量单位应使用法定单位的名称或符号。②使用计量器具，采用具有国家计量行政部门制造、修理许可证单位所生产的合格产品。要定期验定，计量准确。③强制性检定的计量器具应由市场统一购置、统一管理、定期核验、按期送检。④定量包装商品的净含量应符合《定量包装计量监督管理办法》的规定。

三、交易管理

商品交易市场在交易过程中的管理应保持公平、公开、公正的原则，市场的经营管理者是市场中介，不应直接与商户争利。

（一）价格管理

（1）市场内销售的商品均应使用物价部门统一印制的价格标签，明码标价。

（2）标签标价使用的阿拉伯数码标明人民币金额，涉外市场应标明相应的外币价格，应真实清晰地标注商品品名、产地、规格、等级、型（牌）号、计价单位、销售价格等内容。价签文字规范、对位、醒目。

（3）降价商品应标明降价原因、执行期限和原价、现价。

（4）市场严禁各类价格欺诈、欺行霸市、强买强卖等行为。

（5）竞价交易应按价格优先、时间优先的原则来进行。

（二）广告管理

市场应当制定统一的广告设计规范，对市场外立面和市场内的广告进行统一管理，对广告牌标语宣传品、牌匾标识的尺寸、色彩、摆放的位置进行统一要求，应符合地方《户外广告设置管理办法》的要求。

四、现场管理

与商场一样，许多实物商品交易市场也有一个现场管理问题。与其他商店所不同的是，市场的经营管理者更多的是为商户服务，同时也为大量的采购商服务，包括一些直接购买消费的散户顾客。

（一）开关门管理

市场在开门前，市场的经营管理人员应提前30分钟各就各位，升旗手升旗，市场管理者迎接商户进入市场，商户做好开门准备，广播室播放音乐，迎接采购客人进场。导购人员引导采购商进场采购，条件好的市场设置电子屏幕导购机。

市场关门时，广播室提前30分钟播放音乐，告知采购客人离场，告知商户做好准备，在采购商、顾客全部离场后，商户依次离开市场，市场采取全封闭管理。

（二）卫生管理

（1）市场内卫生应符合国家卫生标准 GB 9670—1996，实行区域包干，并明确责任人；场外卫生执行市容环境卫生责任区制度，实行"门前三包"。市场应有公共卫生保洁人员。

（2）市场每日开市前、停止后应通场进行湿式清洁，上货后各经营摊（间）应及时清扫，保持环境卫生，做到通道清洁、无垃圾堆放。

（3）市场应加强对废弃物的分类收集和分类处理，倡导和鼓励可回收资源的综合利用，不得造成对环境的二次污染和交叉污染。

（4）市场应建立和完善建筑物空调设备的使用、应急、卫生管理措施，职责到人，监管到位。要做好空调系统各部件的日常检查、清洗、消毒、维护，防止流行病毒传染。

（5）传染病的预防，市场内要保持清洁，保证市场的环境与设施达到卫生要求。传染性疾病流行期间，对地面、墙面、柜台、货架、公共卫生间、电动扶手带、门把手等的消毒措施、消毒方法等应符合国家标准 GB 19085—2003。

（6）市场内禁止抽烟，条件允许的商品交易市场可以设置"抽烟区（间）"。

（三）车辆和交通管理

商品交易市场的客流量、物流量较大，许多特大型的商品交易市场每天各种机动车辆达到1万~2万辆车次，因此加强商品交易市场车辆和交通管理具有十分重要的作用。

（1）市场主办者应当制定严格的市场内交通管理制度，客流、物流各行其道，保证人员安全和货物运输安全。

（2）市场应当有专人对机动车停车场、非机动车停车场进行管理，合理、有序地停放车辆，疏导车辆和行人。

（3）市场应按照经营规模设置商品经营区、客户停车场（机动车、非机动车）、货物储存区（库房）、货物运输出口、卸货区形成合理的客流、物流微特环体系，并加强客流、货流的管理，保证人员与货物的安全。

（4）市场配套停车场地的出入口及交通标志、标识等各类安全设施的设置，应确保车辆停放安全有序。

五、市场的网络管理

商品交易市场在发展过程中，都经历了一个由网下交易市场与网上交易市场互动发展的过程，形成网上与网下相结合的发展态势。因此，商品交易市场管理也涉及网下商品交易市场管理和网上交易市场管理的过程，但不管是网上还是网下都涉及如何用计算机和网络技术对商品交易市场进行管理的问题。

为促进网上商品交易市场的健康发展，规范网上市场的举办、管理和交易等行为，保护交易双方的合法权益和社会公共利益，2008年《浙江省网上商品交易市场管理暂行办法》出台，这是我国第一个网上商品交易市场管理办法。

举办网上市场应具备以下经营条件：①具有符合要求的经营场所；②具有与网上交易相适应的软硬件设施和交易平台；③拥有相应的计算机技术人员和网络监管人员等专业人员；④有符合法律法规规定的市场章程、交易规则和内部管理制度等。

（一）网上市场名称登记

网上交易市场登记包括网上市场名称、网上市场举办者、网上市场服务管理机构地址、网上市场负责人、市场网址、交易商品种类、营业期限。网上市场名称依次由行政区划、商号、行业或经营特点、网上交易市场四部分组成。

（二）网上市场名称登记所需要的文件

（1）网上商品交易市场名称登记申请表。

（2）利用自有营业用房举办的，提交营业用房的产权证明；租用营业用房的，同时提交房屋租赁协议。

（3）市场章程和交易规则。

（4）市场举办者的营业执照复印件（具有"市场经营管理"和"提供网上交易平台和服务"等相关的经营范围）。

（5）市场负责人的任命文件（法定代表人签字或董事会决议）及其身份证复印件。

(6) 网上市场硬件设施清单和软件系统说明。

(7) 主要的计算机技术人员和网络监管人员等专业人员清单。

(8) 法律法规规定的其他文件。

(9) 网上市场名称与其中文域名不一致的，应同时提交中文域名注册证明文件。

(三) **市场举办者应当履行的职责**

(1) 根据需要设定经营者的入市条件，并对申请入市交易的经营者的真实身份和经营资格进行审核，逐步建立安全可信任的网上经营者身份认证机制。

(2) 建立和完善各项网上交易制度，包括用户注册制度、交易规则、风险管理制度、隐私权与商业秘密保护制度、广告发布审核制度、交易安全保障和数据备份制度、争议解决机制、重大信息披露制度等。

(3) 向经营者和消费者公示各项规章制度、协议和其他重要信息。

(4) 加强对网上经营者发布的信息和交易行为的日常管理。

(5) 依法提供信息、交易、结算、仓储、物流配送等各种网上交易配套服务。

(6) 切实维护经营者、消费者的合法权益，及时协调解决有关争议。

(7) 确保电子结算安全。市场举办者应按照国家信息安全等级保护制度的有关规定和要求，建设、运行、维护网上交易平台系统和辅助服务系统，有完善的系统安全、数据备份和故障恢复手段，落实互联网安全保护技术措施，提高网上交易的安全性。

(8) 建立并完善网上交易信用评价体系，对经营者的信用情况进行采集与记录，营造规范、守信的交易氛围。

(四) **采用集中交易方式进行标准化合约交易的网上市场应遵守的规定**

(1) 经营者应当是从事与交易商品有关的生产、经营、服务活动的企业或个体工商户。市场举办者应当将经营者营业执照报管辖地工商行政管理机关备案。

(2) 市场举办者不得以自身的资产或信誉为买方或卖方提供履约担保。

(3) 市场实行当日无负债结算制和保证金制度的，向交易双方收取的保证金比例应不低于合同标的额的20%，并一次性收取。

(4) 合约期限一般不超过半年。生产周期超过6个月的农产品，合约期限不超过一年。

(5) 市场举办者应建立严格的监控机制，对大宗商品的交易进行实时监控。应根据风险控制要求、该商品的市场流通总量以及经营者的经营情况，核定其全年及每日最大合同订货量，限制无现货背景的买空卖空，避免过度投机。

(6) 市场应当建立交易资金第三方监管制度，经营者资金账户应当分别设立，确保交易双方资金安全。市场举办者与负责资金监管的银行不得侵占、挪用经营者资金。

（7）市场举办者及管理人员不得入市或变相入市交易。

（五）网上市场经营者及其要求

（1）网上市场经营者是指在网上商品交易市场从事营业性销售活动的经营者和临时性销售自有多余商品的个人。

（2）从事网上营业性销售活动的经营者，应当依法办理营业执照。网上临时性销售自有多余商品的个人，应当由市场举办者审核其身份证明并进行实名登记。

（3）网上市场经营者经会员注册并经市场举办者审核真实身份后，方可在网上市场从事经营活动。

（4）经营食品、危险化学品、香烟、化肥等国家特许经营或专营专卖商品的，应当依法办理相关许可证件。

（5）网上市场经营者应当在网上公开自己的真实名称和标记。有营业执照以及相关许可证件的，应当在网上公开。凡是实名登记的，应在网上公示姓名、住址、联系方式等信息。

（6）凡有浙江省企业数字证书的经营者，应将营业执照在网上进行标识。

（7）网上市场经营者应当遵守市场章程、交易规则、进场协议及有关管理制度，公平交易、守法经营。

（8）网上市场经营者应充分披露商品的质量、规格、性能、数量等真实信息，不得作虚假的、引人误解的陈述。

（9）网上市场经营者不得在网上从事销售假冒伪劣商品、走私贩私商品、非法传销、虚假宣传等法律法规禁止的经营活动。

（10）网上市场经营者未经授权不得以特约经销、总代理、总经销、专营专卖等形式从事经营活动。

（11）网上市场经营者应当确保商品质量合格，按规定要求保存能够证明进货来源的原始发票、单证等，建立进货台账。

（12）在网上经营食品、食用农产品等与人体健康和生命安全有关的产品，应当按照《国务院关于加强食品等产品安全监督管理的特别规定》的要求建立有关准入制度。

（13）在网上经营化妆品、电器、钢材、化工原料、有色金属等商品的，应当按照有关规定向供货方索取有关证明文件。

（六）网上市场管理

（1）工商行政管理部门负责对网上市场进行名称登记和监督管理，组织开展对网上市场的检查，依法监督、规范市场举办者、经营者的经营活动，查处违法行为，维护市场交易秩序。

（2）市场未按规定将管理制度、经营者营业执照等相关材料报工商部门备案的，由工商部门书面通知其限期整改。

(3) 审查发现有关规则和制度不规范、不健全的，工商部门告知市场举办者按有关规定进行整改。

（七）网上消费者的权利与义务

消费者在网上市场购买商品，其合法权益受到损害的，可以依法向网上市场经营者要求赔偿。举办者应向消费者提供经营者的真实信息。经营者已离场或无法找到的，消费者有权向市场举办者要求赔偿。网上市场购买商品有关"三包"和退货等问题，按照相关法律法规处理。经营者有违法经营行为的依法处理。

六、市场制度管理

市场制度管理就是市场的软件建设，它包括市场现代组织制度、市场计算机和网络系统、市场各种制度与规则，以形成市场经营理念与文化，提高市场的知名度、美誉度、商户的满意度与忠诚度等。

（1）市场的现代组织制度。不管市场采取会员制还是采取公司制，都必须采用现代组织制度进行管理，市场也是一个要求较高的经济中介组织，需要有严格的制度做保证。

（2）市场的计算机和网络制度。商品交易市场在进行市场管理、商品管理、交易管理的时候应采取现代科技手段，应用计算机与网络技术进行管理。

（3）市场的内部管理制度。市场应建立相应的管理制度，如安全保卫制度、消防安全制度、安全运营管理制度、治安防范制度、进货验收商品抽检制度、市场承诺制度、合同管理制度、投诉制度、环境卫生制度、进货检验和索证索票制度、商品商标管理制度、商品广告管理制度等。

（4）市场的内部工作手册。市场的内部工作手册内容包括管理人员工作流程、各部门职责及责任制度、专业经营管理人员应知应会标准和培训考核制度、设施管理、商品质量管理、经营者管理、环境卫生管理等。

（5）市场分类管理台账。市场应建立分类管理台账的主要内容包括经营者证照情况、年检记录、管理和经营人员状况、商品进销、不安全商品清退处理、消费者投诉、场内设施安全等。

（6）市场重点商品统计制度。市场应建立对重点商品的销售统计和分析制度。

（7）市场"诚信银行"制度。市场应建立诚信经营管理制度。应对所有入场经营者设立诚信档案，发现失信违规或商品质量问题时应记录在案，并在市场公布。市场经营管理者应文明管理，诚信自律，按照本规范严格市场准入，及时处理消费者投诉，清退违法违规经营者和不合格商品。市场经营者应诚信经营，对实行"三包"的商品认真履行"三包"义务，不违法违规经营，不偷税漏税欠税，建立良好的社会信誉。

（8）市场封闭管理制度。市场不得容留经营者在市场内住宿。

（9）市场保安制度。市场应设置与治安保卫任务相适应的治安保卫机构，配备专职或兼职治安保卫人员，可根据保卫工作的实际聘用专职保安人员。

七、市场公共服务

（1）市场应在主要出入口明显处设置咨询服务台、导购图、宣传栏、公示栏、公用电话、存包处等公共服务设施，向顾客明示商品和服务布局。

（2）市场内应建立消费者投诉制度，设置消费者投诉办公室、投诉箱，公布投诉电话，出现损害消费者权益现象时，应尽量现场解决。

（3）市场应定期对消费者满意度抽样调查，征询对市场的意见和建议，及时改进。

（4）市场对消费者的投诉应及时受理，限定时间，认真解决，并向当事人反馈处理结果。

（5）市场应积极调解市场内经营者与消费者的纠纷，维护市场的正常经营秩序。

思考题：

1. 市场的经营与管理涉及哪四个环节？
2. 市场的硬件和软件建设主要由哪些构成？
3. 请阐述建市包括哪些内容。
4. 请阐述造市包括哪些内容。
5. 请阐述用市包括哪些内容。
6. 请阐述管市包括哪些内容。
7. 如何理解"建一方市场、带一方企业、活一方经济、富一方人民、孵化众多的企业家"？
8. 简述如何进行市场的网络管理。

第十二章 商品交易市场法律与宏观调控

商品交易市场需要法律、法规、标准等一系列政策环境，使之规范有序地发展，同时也需要国家的宏观调控，这里包括商品交易市场的财政政策、货币政策、产业发展政策等，以促进商品交易市场健康有序地发展。

第一节 商品交易市场法律体系与政策

一、与商品交易市场相关的国家法律体系

我国是一个商品交易市场大国，目前我国没有统一的《商品交易市场管理法》或者《批发交易市场法》，但是，我国许多法律中涉及商品交易市场管理。

1993年通过、2002年修订的《农业法》规定，国家逐步建立统一、开放、竞争、有序的农产品市场体系，制定农产品批发市场发展规划。对农村集体经济组织和农村专业合作经济组织建立农产品批发市场和农产品集贸市场，国家给予扶持。县级以上人民政府工商行政管理部门和其他有关部门按照各自的职责，依法管理农产品批发市场，规范交易秩序，防止地方保护与不正当竞争。

2006年出台了《畜牧法》、《农产品质量安全法》、《动物防疫法》等，其中《农产品质量安全法》于11月1日起开始实施，该法建立了农产品质量安全监测和监督抽查制度，明确将虫多、药多的5类农产品堵在市场大门外，这标志着我国的农产品质量安全管理全面纳入法制化轨道，对我国4000多家农产品批发市场具有直接影响。[①]

1999年3月15日颁布《合同法》，于当年10月1日实施，2004年8月28日颁布《电子签名法》，2005年4月1日实施，虽然没有《电子商务法》，但这些法律对规制我国网上交易市场具有指导意义。

---

① 《动物防疫法》。

二、国务院及有关政府职能部门颁布的市场法规

1983年2月5日，国务院发布了《城乡集市贸易管理办法》，肯定了"城乡集市贸易是我国社会主义统一市场的组成部分。它有促进农副业生产发展、活跃城乡经济、便利群众生活、补充国营商业不足的积极作用"。

1984年全国第六届人大二次会议明确指出："广泛设置农产品批发市场"，1993年11月14日，中国十四届三中全会召开，确立了社会主义市场经济体制的目标。《关于建立社会主义市场经济体制若干问题的决议》指出："改革现有的商品流通体系，进一步发展商品市场，在重要的产地、销地或集散地，建立大宗农产品、工业消费品和生产资料的批发市场。"

1985年9月11日，国务院办公厅转发《汽车交易市场管理暂行规定》，至今《暂行规定》的许多条款已经过时，需要进行修订。

1993年7月，国家工商行政管理局发布《商品交易市场登记管理暂行办法》对各种交易市场做出详细的规定。1994年《批发市场管理办法》（国内贸易部部长令第3号）发布，同年，《全国商品市场规划纲要》出台。①

1995年国务院办公厅下发《国务院办公厅转发国家工商行政管理局关于工商行政管理机关与所办市场尽快脱钩意见的通知》（国办发〔1995〕40号），要求工商局与所办企业市场脱钩。

1996年《商品交易市场登记管理办法》出台。同年11月27日，农业部、国家工商管理局发布《水产品批发市场管理办法》。2002年7月，国家工商总局《关于当前商品交易市场规范管理若干问题的意见》出台。同年9月，原国家计委发出《关于工商和集贸市场收费检查有关问题政策界限的通知》。

2003年，《商务部关于建立健全加工和流通领域食品安全检测体系的意见》（商运发〔2003〕457号），对农产品批发市场食品检测做出规范。2004年5月，商务部颁布《全国商品市场体系建设纲要》（商建发〔2004〕267号），要求尽快改变农产品流通环节多、流通成本高、市场秩序混乱的状况，建立畅通高效、便捷安全的农产品流通体系；加大对农产品批发市场建设的支持力度，更好地发挥农产品流通主渠道作用；按照建立统一开放、竞争有序的现代化市场体系的要求，到2010年初步形成了布局合理、结构优化、功能齐备、制度完善、现代化水平较高的商品市场体系。

2004年6月1日，商务部颁布了《流通业改革发展纲要》，2004年6月，商务部颁布了《全国商品市场体系建设纲要》；2006年7月，商务部颁布了《国内贸易发展"十一五"规划》，提出："促进商品交易市场升级。传统商品交易市场

---

① 这两个文件由于国内贸易部的撤销，自然失去法律效力。

要通过升级改造，规范市场内部交易秩序，逐步向现代流通方式发展。"

2004年7月14日，国务院颁布了《关于进一步做好农村商品流通工作的意见》，要求加强农产品批发市场建设，制定农产品产地和销地批发市场建设规划，加强农产品批发市场信息、检验检测系统及仓储、运输等基础设施建设和改造，发展和创新农产品拍卖、经纪人代理、网上交易等新型交易方式，推进农产品批发市场标准化建设，3年内培育2000个实行标准化、规范化管理的农产品批发市场，抓紧制定农产品批发市场的法律法规。鼓励外商参与农产品批发市场的建设和改造。

2005年5月29日，国务院《关于鼓励支持和引导个体私营等非公有制经济发展的若干意见》（国发〔2005〕3号）。

2007年9月，国家粮食局发布《全国粮食市场体系建设"十一五"规划》，提出到2010年，基本建成以粮食收购市场和零售市场为基础、批发市场为骨干、国家粮食交易中心为龙头、期货市场为先导，商流与物流、传统交易与电子商务、现货与期货有机结合，统一开放、竞争有序的粮食市场体系。

2014年2月27日，商务部、发展改革委、农业部等13个部门颁布《关于进一步加强农产品市场体系建设的指导意见》。

三、国家、行业协会出台了一系列标准

2002年，国家出台了《大宗商品电子交易规范》标准；2003年6月23日，国家出台了《农副产品绿色批发市场标准》和《农副产品绿色零售市场标准》；2003年10月23日，国家出台了《绿色市场认证管理办法》，经国家认监委和商务部批准颁布；2004年5月31日，国家认监委和商务部联合发布了《绿色市场认证实施规则》，农副产品绿色批发市场认证工作正式启动。

2004年8月10日，《农产品批发市场管理技术规范》以及2005年4月30日《农产品批发市场管理技术规范实施细则》先后出台，对农产品批发市场的经营环境、设备、管理等做出了详细规定。

2006年出台的标准有《摊位制建材市场标准》、《品牌市场等级评定》、《大型农产品批发市场质量安全可追溯系统建设标准》、《大型农产品批发市场安全监控中心建设标准》、《大型农产品批发市场检验检测中心建设标准》、《大型农产品批发市场废弃物处理中心建设标准》、《大型农产品流通企业项目建设标准》等。

《尾货市场经营与管理技术规范》、《农产品批发市场食品安全操作规范（试行)》、《中国纺织服装专业市场建设与管理规范》先后于2008年出台。

四、各地出台的法律、法规、标准

随着商品交易市场数量的增多，许多地方性商品交易市场法规相继出台，并

不断修改完善，如广东、上海、郑州、云南、西藏、宁夏、郑州、内蒙古、武汉、浙江、陕西、海南、重庆、广州、珠海、江西、四川、广西等颁布实施了《商品交易市场管理条例》，杭州出台了《杭州市商品交易市场管理办法》，北京出台了《北京市生活消费品、生产资料市场管理条例》（1997年颁布、1997年9月1日实施）。为商品交易市场规范发展奠定了基础，也为全国性的商品交易市场管理条例出台奠定了基础。在一些城市完成商业网点规划后，转向规划商品交易市场的网点，并使之成为规划的重点。

2006年3月15日，北京出台了《关于鼓励支持和引导个体私营等非公有制经济发展的意见》，工商行政管理部门停止针对个体工商户的最后两项行政事业性收费——集贸市场管理费和个体工商户管理费。自2007年1月1日起，天津市工商行政管理部门停止收取集贸市场管理费和个体工商户管理费，工商行政管理部门所需的相关经费由财政资金给予保障，取消"两费"也有利于改变"多头收费"的弊端。北京市"十一五"期间实行建材质量登录制度后，对商品交易市场规范化发展提出了新要求。

2001年，上海制定了《上海市肉类批发市场规范管理示范准则》，2002年制定了《上海市食用农副产品批发市场发展规划》、《上海市商品交易市场管理办法》；天津制定了《天津市集贸市场管理办法》；内蒙古自治区出台了《内蒙古粮食批发市场管理办法》等;《杭州绿色市场标准》、《食用农副产品预包装标准》、《杭州市食用农副产品绿色市场认定办法》、《杭州市区菜篮子专卖店基本条件》；2008年，浙江省工商局颁发了《浙江省网上商品交易市场管理暂行办法》(地方性法规)，对全省网上市场进行名称登记，在网上市场举办者的职责、网上经营者的权利义务、网上消费纠纷的处理等方面提供了规范指导，成效明显。

2005年，上海市《菜市场设置与管理规范》（地方性标准）出台，2006年，《北京市社区菜市场（农贸市场）设置与管理规范》（地方性标准）出台，2007年，《天津市菜市场管理办法》（政府法规）出台。

2008年，《浙江省网上商品交易市场管理暂行办法》出台，是我国第一部关于网上交易市场的地方性法律。北京工商行政管理局《关于贯彻落实〈北京市信息化促进条例〉加强电子商务监督管理的意见》于2008年8月1日颁布，在全国率先对网上商店进行规制，具有很大的社会影响。

此外，各类商品交易市场也制定了一系列的内部管理规则，如《广西食糖中心批发市场交易管理办法》、《吉林玉米中心批发市场交易管理办法》等。

第二节　商品交易市场的宏观调控

商品交易市场宏观调控是指国家运行法律手段、经济手段、行政手段对商品交易市场实施协调与控制，使之符合社会与经济发展的总体目标。

一、政府管理商品交易市场的三大手段

（一）法律手段

商品交易市场法律手段是通过经济立法和经济司法来规范商品交易市场经济关系和经济行为，以达到维护经济秩序、调控经济活动的目的。它是国家实施商品交易市场流通宏观调控的重要手段之一，是经济手段、行政手段得以正常发挥作用的法律保证。

商品交易市场法律手段有以下五个特征。

（1）规范性。商品交易市场法律规范了商品交易市场关系中国家与企业、国家与公民、企业与企业、企业与公民之间的各项权利和义务。

（2）强制性。第一，法律手段表现为商品交易市场行政的强制，即国家管理机关对商品交易市场经济法主体行使权利和履行义务的活动进行监督，对其违法活动进行纠正和处理；第二，法律手段是司法的强制，即司法机关对商品交易市场经济纠纷的解决和对经济违法行为的制裁。

（3）责任性。凡违反商品交易市场经济法规，不履行经济义务者，必须承担违法责任。违法责任一般包括经济责任、行政责任、刑事责任。

（4）稳定性。商品交易市场经济法律一经权力机关按规定程序颁布执行，一般具有较强的稳定性，不得随意变更。

（5）被动性。商品交易市场法律手段的被动性表现为三个方面：一是社会经济发展变化较大，会不断出现新情况、新问题，而要通过立法来规范和解决这些问题，往往需要经过一段时间和一定程序。这种立法滞后限制了法律手段对一些新问题调控的时效。二是有些经济行为虽然有碍于国民经济的协调发展，但并不违法。三是有法不依、执法不严、违法不究等现象，也会大大削减法律手段对流通宏观调控的作用。

（二）经济手段

经济手段是指按照客观经济规律的要求，运用经济参数变量作用于商品交易市场，引导商品交易市场各交易主体经营活动，以实现国家调控流通经济活动的目的。经济手段的运用是以国家为主体，以流通宏观调控的目标变量为依据，通

过经济利益机制的驱动，使商品交易市场的投资者、经营管理者、市场商户的微观经营活动符合国家宏观经济运行要求。

经济手段有以下四个特点：

（1）调控形式的多样性。经济手段通过利益诱导来调控商品交易市场各主体的行为，其具体形式包括两类：第一类是经济杠杆，如财政、税收、信贷、外汇、价格、补贴等。它们之间相互补充、相互制约、各司其职，只要使用得当，力度适中，就能够促进经济及商品流通的稳定、繁荣、发展。第二类是物质手段，即国家运用手中掌握的物资、市场风险金来调节市场供求关系，如市场调节基金、农产品价格风险基金、农产品生产基地建设基金等。国家通过各项专用基金的调节和使用，对市场供求进行随机调节，以维护市场的供求稳定。

（2）调节方式的灵活性。由于经济手段是通过经济利益杠杆调控商品交易市场各主体的经营行为，与其他调控手段相比较为间接，调控的负面效应也较小，企业易于接受，容易起到预期的效果。

（3）调控内容的关联性。在市场经济条件下，单一运用某种经济手段调整某一个经济参数，通常会直接或间接地引起其他经济参数的变动，从而对不同商品交易市场产生直接或间接影响，这种影响有正面效应，也有负面效应。因而，在使用经济手段时，应避免单一使用某一种经济杠杆，应当统筹兼顾、全面衡量、综合治理、灵活运用。

（4）调控效能的局限性。经济调控手段主要是通过经济杠杆作用于商品交易市场，再通过市场影响交易主体的经营行为，所以这种调控方法具有一定的滞后性，调控的过程也较缓慢。因而，必须加强对商品交易市场宏观调控经济运行的监督和预测，掌握其运动规律，才能尽量减少这方面的负面效应。

（三）行政手段

行政手段的内容包括制定商品交易市场中长期流通发展战略规划，确定不同阶段的战略重点和战略任务；根据不同时期国家对商品交易市场的要求，制定商品交易市场的各项方针、政策、措施；对关系国计民生的商品交易市场实行监控；根据市场供求状况和商品特点，对商品交易市场各主体机构及其经营活动实行必要的行政管理。

二、商品交易市场巨灾金融保险体系

（一）巨灾保险体系

世界各国的巨灾融资方式通常有以下三种：一是政府启动应急救援机制，动用本国财政资金进行救济；二是政府间的人道主义援助和企业及社会自发的捐献；三是通过商业保险体系获得救济。然而，在这种传统的巨灾风险融资安排下，各国尤其是发展中国家存在融资需求不断增长和资金供给不足的问题。过去

30 多年的灾难损失每年以 20%的速度增长，而相同区域在相同年份的 GDP 平均增长率只有 2%~3%，这就说明灾后重建存在着很大的资金缺口。商业保险对巨灾的覆盖往往也是有限的，尤其是对于保险体系不发达的国家，保险理赔对于巨灾损失的弥补更是显得非常有限。国际上的保险和再保险公司只选择性地提供给大的机构和组织灾害保险，中小企业没有覆盖到。

在这种情况下，巨灾发生后，政府往往成了最终需要依靠的金融来源，国家的财政不得不抽调其他项目的资金来支援重建工作，拖累整体国民经济发展，从而在一定的时期内阻碍了整个国家经济发展的速度。

由此，现代巨灾风险融资体系已经建立并发展起来。它基于现代风险管理中风险分散、转移和对冲的理念，综合运用保险和资本市场的风险转移工具，将巨灾风险向资本容量更大的资本市场转移，在更加广泛的范围内分散巨灾风险，从而实现通过金融市场手段创造灾后重建资金来源，改变灾后重建过度依赖政府财政救援的局面，减少巨灾对经济发展的冲击。

实施巨灾金融工程的本质在于巨灾风险的转移和分散。巨灾风险是典型的发生概率低但损失金额高的风险。国家的巨灾风险管理面临两个方面的挑战：①要发展有效的当地保险市场来处理相对较小的独立的风险暴露；②要实施风险转移为主要内容的巨灾风险融资规划以拓宽金融资源来补充灾后重建的资金来源。

（二）巨灾保险体系的实施

在我国，许多商品交易市场忽视了巨灾保险问题，但是市场又面临着多重风险，巨灾风险是市场不可规避的。购买巨灾保险可分为三个阶段：

（1）风险查勘和评估阶段。保险方与企业或个人签订合同时，事先会有一个风险查勘和评估过程，会让市场管理者、商户了解自身可能面临的风险。

（2）抢险救灾阶段。灾害发生时，保险方会在第一时间赶到受灾的场所，并及时开展抢险救灾工作。

（3）保险理赔阶段。保险方最本质的理赔功能，就是运用大数法则，将每个人的潜在风险可能造成的伤害降到最低点。

三、商品交易市场税收管理

（一）商品交易市场是我国重要的税源领域

我国商品交易市场众多，也是国家重要的税源领域。据不完全统计，2000 年，全国共有商品交易市场完成税收 140 亿元，年纳税额 500 万元以上的市场约有 126 个，其中年纳税额 1000 万元以上的有 46 个，年纳税额 5000 万元以上的市场有 4 个。

(二)商品交易市场给税收监管带来挑战

1. 投资主体多元化,税收工作量增加

政府、企业、农村、个人为了得到稳定可观的回报投资营建了许多市场,目前已经形成了遍布全国城镇、乡村的以众多商户为主要组成部分从事经营活动的市场网络。但是,市场建设缺乏整体规划和合理布局,省际之间、省内各地市之间争相建立市场,竞争十分激烈。

2. 市场多类型、多层次、多规格增加税收复杂性

我国商品交易市场规模经历了由小到大,经营方式经历了由少到多、由较低层次到较高层次的变化,许多马路市场变成了封闭型市场、街区型市场、园区市场、商城市场,或者变成了交易中心、交易所,各类商品市场也相继出现,如家电市场、家装市场、家具市场、建材市场、药材市场、煤炭市场、石油市场、钢材市场等。

3. 市场经营人员结构组成发生变化

传统市场内的业户大多是素质低、文化水平低的无业人员和农民,他们大多法律意识淡薄、经营水平低,在激烈的市场竞争中逐步显露出不适应性。现在大专以上学历的人员不断涌入市场,许多市场经营的博士、硕士、大学的商户增加,这些人经营水平高,法律意识强,同时也能够运用法律维护自己的权益。许多公司也在市场设点,有的公司还经营名牌产品。税务执法人员要自觉适应这种变化,不断提高自身素质和执法水平。

4. 市场税收监控力度不够

许多个体工商户不遵守登记管理制度,停业歇业不办理有关手续,随意进出市场,业户数量增减无常;一些临时经营业户未办理工商、税务登记,没有固定的经营场所,流动性大,难以对其进行正常管理。

5. 国税机关对商户的进销情况不明

税务机关对业户的进销货情况难以准确掌握,核定的税收定额与业户的实际经营额相差较大。

6. 市场容易成为假冒伪劣商品的集散地

历次工商部门"打假"都把市场作为重点目标,被工商部门查封、吊销营业执照的业户不在少数,在高唱打假凯歌的同时,税务机关发现市场税源相应地减少了。

7. 存在多个税务机关共管一个市场的问题

这不仅增加了许多协调工作量,而且由于不同税务机关的税收征管力度不同,也造成了业户的税收负担不一致。当地政府为了吸引业户,繁荣市场,要求税务机关从低定税,也影响了税务机关公正执法。

（三）完善商品交易市场税收征管

1. 运用现代化手段，简化业户纳税程序

自新的征管模式运行以来，税收征管工作应用计算机及网络的范围迅速扩展，应用能力显著增强，但是市场税收征管只解决了手工操作的征收和档案管理问题，在利用网络资源方面进展缓慢。近年来，银税联网工作已广泛开展，税务机关利用银行网点多、分布广的特点，采取简易征收程序，有些市场实行了电话申报纳税方式，有些市场实行了业户委托银行划转缴税的方式。这些都是通过税务机关与银行之间的网络互联，快捷完成税款征收。这在一定程度上缓解了税务人员人力不足的压力，也大大方便了业户纳税，降低了征纳双方的征纳税成本。

2. 按片分工，定岗定责

税务专管员转换职能后，市场是否还要设置专门的管理人员引起了广泛的争论，人们普遍认为，应当实事求是对待市场的现状，市场专管员不能撤，除把税款征收从专管员工作职能剥离出去外，其他职能都应保留。面对市场户数多、经营面积大、现场烦杂的状况，各地税务机关采取了按区域划片管理的办法，确定岗位职责，确定专门的管理人员，实行奖励制度，充分发挥了市场征管人员的积极性。他们在税收监控、催报催缴、文书送达、税收宣传等方面做了大量工作，对加强市场税收征管起到了重要作用。

3. 实行公开办税，增加透明度

市场商户有一个共同的特点，就是攀比心理比较严重，"纳税是小事，就怕不公平"，这句话表现了商户对税务机关公正执法的要求。税务机关为了体现公正、公平、公开的原则，在核定定额前，都要进行大量的典型调查，并把典型调查的结果公示于众；核定定额时，要广泛征求意见；核定定额终止，要将所有商户的定额情况张榜公布，使定额相对公平，商户对定额清清楚楚，减少了怨言，同时也起到了对税务机关的监督作用。

4. 发挥社会协税护税组织的作用

面对市场异常复杂的实际情况，单靠税务机关的孤军奋战，是无法管好市场税收的，只有动用社会力量，建立全方位的协税护税网络，才能达到加强征管、堵塞漏洞的工作要求。各地税务机关积极与工商、公安、市场管委会进行广泛的协作，形成合力，重拳打击偷逃税行为。另外，税务机关把市场的商户分为若干个小组，选责任心强、威信高、纳税积极的商户担任协税小组长，协助税务机关做好业户的思想工作，传递有关信息，成为税务机关坚实的群众基础。

5. 大张旗鼓地开展税收宣传

各地税务机关充分利用市场业户集中的特点，经常性地开展税收宣传活动，分发税法宣传品，悬挂宣传横幅，制作税法宣传栏，举办税收知识讲座，取得了良好的宣传效果。

(四) 商品交易市场税收趋势

1. 坚持查账征收，继续开展建账工作

要在全国范围内对市场加大建账力度，要求各地在总结经验的基础上，认真贯彻《国务院关于批转国家税务总局强化查账征收工作意见的通知》，巩固完善，逐步深化，有计划、分步骤地继续推进个体工商户、私营企业建账工作。凡是达到建账标准的，都必须按照有关规定设置会计账簿，凭合法有效的凭证，如实记载经营事项、正确核算盈亏。

2. 完善户籍制度，清理漏征漏管商户

对市场内不按照规定办理税务登记、不履行纳税义务的商户，开展一次大规模的清理工作，并探索、研究防止漏征漏管的措施，完善户籍管理制度，达到有效监控税源的目的。税务机关应采取培育市场的原则完善税收征管，要充分考虑市场的商户的特殊性，可以允许其在同城"一主多辅"办理工商执照。

3. 调查和调整征税定额

针对目前市场普遍存在的定额偏低、税负偏轻、管理偏松的状况，进行大规模的调整定额工作，加大定额的调整力度，切实解决定额和商户实际经营额的差距问题，要严格依照税收法律、行政法规的规定，秉公执法，依法征税，对擅自降低定额和应征不征的行为，要追究责任，严肃处理。

4. 推行电脑定税方法

多年来核定额税采用人工操作的方法，这种方法明显带有不合理因素，不符合先进税收征管模式的需要，与商品交易市场的发展不相适应。各地税务机关要积极运用计算机核定定额，加大市场税收管理的科技含量，在准确采集征管基础数据的基础上，确定业户定额的参数和调整系数，通过计算机对各类市场商户的信息加工处理，形成科学合理的定额标准。

5. 加强发票管理，强化以票管税

税务机关对商户发票的使用情况要进行严格检查，有力打击违法犯罪行为。要积极开展发票有奖活动，鼓励消费者向经营者索取发票，使消费者逐步养成购物索取发票的习惯。商品交易市场的经营发票可以突破现有的"万元以内"的限制，特别是对摄影器材市场、珍珠市场等应有所区别。

6. 建立科学的市场税收管理机制

税务机关应当根据市场的规模、经营特点和税源情况，划分不同的市场类型，对不同类型的商品交易市场采取相应的管理形式，科学设置机构，合理配置征管力量。地市级税务机关要设立市场税务管理专门机构，坚决避免几个税务机关共同管理一个市场的现象；对小型农贸市场可在加强定额管理及巡回检查的基础上委托有关单位代征。

7. 推行使用税控收款机

在商品交易市场内使用税控收款机，是规范市场经营行为的发展方向，也是采集业户经营数据的有力措施。各地税务机关要在具备条件的市场内设置集中税控收款台，对具备条件的业户推行使用税控收款机。

8. 加强部门配合，广泛借助社会力量，建立健全有效的防范机制

各级税务机关要主动与工商、公安、街道办事处、市场管理组织等单位建立密切合作关系，及时沟通信息，实现综合治理。要建立协税护税组织，发展协税积极分子，形成有效的协税护税网络，协助税务机关掌握业户经营变化情况。

思考题：

1. 为什么商品交易市场需要法律、法规、标准等一系列政策环境？
2. 简述你对商品交易市场法律的看法。
3. 简述你对商品交易市场法规的看法。
4. 简述你对商品交易市场标准的看法。
5. 简述你对政府职能部门行为的看法，如"三绿工程"、"双百市场工程"、"5520"工程、"百百万万"工程等。

第十三章　中国商品交易市场的发展趋势

第一节　商品交易市场大型化趋势

我国商品交易市场逐渐向大型化方向发展，数量有所减少，但许多大型商品交易市场的规模越来越大，2012年我国亿元以上规模的商品交易市场有5194家，交易额达到9.3万亿元。

随着商品交易市场的发展，市场层次也将进一步提高，中国（义乌）小商品城提出"三中心两高"的发展目标，"三中心"是指小商品贸易中心、研究中心、会展中心；"两高"是指物流高地、金融高地。

大型化商品交易市场所占比例提高的同时，特大型、大型、中型、小型商品交易市场的同时存在，许多中小型特色商品交易市场也将具有较大的发展空间。

表13-1　2000~2013年我国亿元以上商品交易市场一览表

年份	市场数（个）	年末出租摊位数（平方米）	营业面积（平方米）	成交额（万元）
2000	3087	2115115	82615615	156723889
2001	3273	2200662	93973140	177190514
2002	3258	2190814	103131711	198400373
2003	3265	2148866	109840363	215144785
2004	3365	2229818	124774690	261027342
2005	3323	2248803	131408239	300209160
2006	3876	2527987	180723148	371374661
2007	4121	2681630	198146314	440850978
2008	4567	2839070	212252204	524579577
2009	4687	2994781	232303299	579637907
2010	4940	3193365	248323113	727035303
2011	5075	3334787	262345039	820172688

续表

年份	市场数（个）	年末出租摊位数（平方米）	营业面积（平方米）	成交额（万元）
2012	5194	3494122	278993712	930237663
2013	5089	3486962	288892968	992543616

资料来源：国家统计局. 中国商品交易市场统计年鉴（2014）[S]. 中国统计出版社，2014.

第二节　商品交易市场专业化、特色化趋势

一、商品交易市场专业化趋势

在商品交易市场中，综合型商品交易市场数量、交易规模呈现下降趋势，而专业型商品交易市场数量、交易额呈现增长势头，商品交易市场向深度拓展，使专业化市场发展越来越好。自2001年以来，我国亿元市场中综合市场和其他市场所占的比重，无论是市场数量，还是成交额、摊位数、营业面积，均逐年下降，而专业市场则逐年上升。

近几年来，我国出现了一批专业化、以批发为主的商品交易市场，在商品交易市场总数中，专业市场和以批发经营的商品交易市场所占比例增大。如上海五金城总建筑面积150万平方米，融研发、生产、销售、贸易及物流仓储等功能于一体；上海建成国内首家葡萄酒仓储式批发交易中心，陕西杨凌建成西北种子大市场，北京新发地建成京西最大的牛羊肉批发市场，安庆建成最大的工艺品市场，安徽肥西建成中部最大的苗木花卉集散中心，郑州建成郑下路家电批发市场，河北黄骅建成大型冬枣市场等。

我国纺织服装专业市场未来发展的主要趋势可归纳为：①专业市场的经营模式向多元化发展；②专业市场经营业态向两极化发展；③专业市场功能由集散型向服务型发展；④专业市场经营体制由传统模式化向创新化发展；⑤专业市场由基础管理向市场品牌培育发展；⑥专业市场国内主导型向世界性采购中心发展等。

二、商品交易市场特色化趋势

随着市场的细分，专业化市场形成了各自不同的特色。如商流市场、物流市场；开放型市场、封闭型市场、半封闭型市场；网上市场、网下市场；现金交易市场、远期和期货交易市场；股份制市场、非股份制市场、上市公司市场等特色市场；外向型市场、会员制市场、交易所式市场；正货市场、尾货市场等。各种

模式的商品交易市场是市场核心竞争力的重要表现，如食品出现了以下发展趋势：①向营养保健型转化；②向绿色食品型转化；③向多样型转化；④向加工方便型转化。商品交易市场细分化的市场也随之而出，以无公害为内容的绿色市场建设先后在安徽、内蒙古、杭州、山东、北京、南京（首个无公害）、长沙、武汉（白沙）出现。

第三节　商品交易市场标准化趋势

近几年来，在国际化接轨过程中，我国商品交易市场进入标准化、规范化发展时期，出现了市场经营与管理主体的准入制度、市场商户主体准入制度、市场客体准入制度、市场运行管理制度，如收费、质检、质量等服务制度，许多市场标准化延伸至生产领域，形成加粗、加长的产业链条。

我国先后出台了许多国家、地方、行业标准，甚至采用了许多国际标准。2005年4月，商务部、农业部、国家税务总局、国家标准委联合下达了《关于开展农产品批发市场标准化工作的通知》，国家先后出台了《摊位制建材市场标准》、《农产品批发市场管理技术规范》、《农产品批发市场管理技术规范实施细则》、《品牌市场等级评定》、《大型农产品批发市场质量安全可追溯系统建设标准》、《大型农产品批发市场安全监控中心建设标准》、《大型农产品批发市场检验检测中心建设标准》、《大型农产品批发市场废弃物处理中心建设标准》、《大型农产品流通企业项目建设标准》、《农副产品绿色批发市场》、《农副产品绿色零售市场》、《中国纺织服装专业市场建设与管理规范》、《尾货市场经营管理技术规范》等。

商品交易市场的标准化对新建市场可以起到"有理可依"的作用，提供系统的市场管理与操作模式，对成熟市场可以起到促进交易创新、管理升级的作用。如果没有标准，一些市场就可能满足现状，削弱了其继续加强深化规范经营的力度。一旦有了标准，市场就会在与时俱进的高度方面、完善服务管理方面、交易管理细节方面，以及国际化发展方面，提出更新、更具体、更具有可操作性的要求。对市场行业协会（市场联盟）而言，标准可以提供对行业进行规范管理的作用，成为其促进市场良性发展的有效管理工具。

在标准的引导下，我国出现了许多标准化的绿色市场、星级市场等，如上海出现了第一家标准化茶叶市场——上海满堂春茶叶市场（22000平方米）。2008年西部的青海西宁市农贸市场也将全部走向标准化。

第四节　商品交易市场多功能化趋势

随着商品交易市场的发展，商品交易市场的功能会越来越多，在国民经济中的地位也会越来越大，这是以社会由生产为中心向以消费需求为中心转变的结果。至今我国经济已经经历了四个阶段：[①]

（1）生产寻找市场阶段。改革开放后，我国开始摆脱短缺经济的影响，生产的工农产品越来越多，起初企业不通过市场就能够实现商品价值，后来随着产品的日益丰富，生产商逐渐在一些交通便捷的区域和生产集中的产地聚集，形成了商品交易市场。

（2）产业支撑市场阶段。随着市场规模的扩大，一些生产企业开始通过产业链形成合作关系，形成产业集群，产业集群促进了产业链条的发展，产业通过代理商、经销商模式成为商品交易市场主流，形成"摊位式的市场"。

（3）产业与市场互动阶段。由于产业与市场的同步提升和品牌商品以及品牌专业市场的互动，在相互作用下，专业市场通过需求集聚作用拉动产业集散的规模不断扩张，促使产业链不断延伸。产业集群通过供给的集聚效应所带来的多品种和低价格的商品优势，使商品交易市场的交易规模不断扩大，形成"品牌产业和品牌市场"。

（4）市场引领产业形成产业链阶段。随着商品交易市场功能的多样化，市场已经不是单纯的物业提供商，而是综合服务的提供商。商品交易市场开始结合品牌会展等多种功能，提高对各类商户的增值服务能力和水平，拓宽了商品交易市场在产业链上的关键作用，形成了商品交易市场的市场共同体——市场集群（Market Mall）。

现代商品交易市场呈现出宏观多功能与微观多功能发展趋势，具体表现如表13-2所示。

表13-2　商品交易市场功能表

商品交易市场的宏观功能			
引导生产和消费	规避价格波动	吸纳就业	提供税收
名牌孵化和新品开发	孵化企业家	市场旅游	城市名片
商品交易市场的微观功能			
提供交易环境	商品聚散	信息发布	价格发现

[①] 胡宝钢. 纺织服装专业市场产业与产业链[J]. 纺织服装周刊，2008（15）.

续表

商品交易市场的微观功能			
商品展示	商品结算	经济信用	质量检测
商品配送	进出口代理	配套服务	

第五节　商品交易市场现代化趋势

改革开放以来，我国在政策指导下建设社会主义商品交易市场体系，特别是近几年来，各级政府加大了对商品交易市场基础设施的投资。2003年以来中国连续6年安排专项国债资金共19亿元，扶持全国550家骨干农产品批发市场信息和质量检测系统建设。目前在所建设的重点农产品批发市场中，有些市场实现了POS系统，普遍实行了IC卡为主的电子统一结算方式。自2005年11月8日起，南京市最大的蔬菜批发交易市场白云亭市场开始在土豆、洋葱等8个品种上推行IC卡交易，每次交易仅在20秒内完成，至今重点农产品已经实行了以IC卡为主要内容的电子结算。深圳等许多城市已率先实现市场电子卡结算，深圳2008年给10个行业44个市场个体户安装了POS机系统。

近年来，浙江省网上交易市场成交额从2004年的167亿元猛增到2007年的1318亿元，每年都以几乎翻番的速度增长。2008年上半年，全省网上交易额达507亿元，继续呈良好发展态势。嘉兴中国茧丝绸市场作为依托有形市场发展起来的网上市场，网上交易额从1998年的11亿元增长到2007年的175亿元，现货交易一直维持在10亿~20亿元。浙江塑料城网上交易市场创建于2004年11月，次年网上交易额就达180亿元，2006年、2007年更是发展到380亿元和415亿元。2008年上半年，浙江省已登记网上市场11家，网上交易额达507亿元，与受原材料、劳动力价格上涨等诸多不利因素影响而陷入困境的传统行业相比，网上交易市场的成功为推动浙江经济又好又快发展起到了重要作用。

寿光蔬菜电子交易市场自2006年5月15日正式开业以来迅猛发展，交易额屡创新高，已成为全球最大的网上蔬菜交易市场。截至2007年底，其网上交易客户已达5000余家，遍布全国各省市和十几个国家及地区；完成交易额216亿元，是2006年的3倍。

近几年是我国网上交易市场大发展的时期，网上交易市场的数量和交易额将更上一个阶段，网上交易模式将呈现多样化趋势。

第六节　商品交易市场外向型趋势

一、商品交易市场的外向化

随着改革的进一步深化，我国国内市场已经逐步国际化，许多商品交易市场成为跨国公司采购基地，许多商品交易市场成为进出口的交易中心，如中国义乌小商品城、中国轻纺城、中国五金城、常熟服装城、天雅大厦等。

此外，我国还在边境建立了许多中外合资的商品交易市场（交易中心、物流园区等），如中俄边境线上建成两国最大的商品交易市场，即中俄东宁—波尔塔夫卡市贸易区商品交易中心正式建成并开始营业。该贸易区于 2000 年 9 月 21 日由国务院正式批准设立，规划占地 6 万平方米，一期工程商品交易中心占地 30 万平方米，建筑面积 60 万平方米，投资 5.5 亿元，共有摊床和精品屋 6000 余个。其运营模式是"一区两国、封闭运行，境内关外、自由贸易"。

二、商品交易市场"走出去"办市场

近几年来，我国商品交易市场纷纷走出国门建设具有中国特色的商品交易市场——中国商贸城。据不完全统计，我国在国外已建和在建的有 200 多个中国商贸城，如伊朗中国商贸城、瑞典中国商贸城、洛杉矶中国商贸城、瑞典卡尔玛中国商贸城、越南芒街中国商贸城、叙利亚中国商贸城、马格德堡市中国商贸城、莫斯科中国商贸城、埃及中国商贸城、韩国首尔中国商贸城、韩国忠清北道中国商贸城、肯尼亚中国商贸城、菲律宾中国商贸城、智利中国商贸城、沙特吉达中国商贸城、南非中国商贸城、马来西亚中国商贸城、哈萨克斯坦共和国亚联中国商贸城、阿塞拜疆中国商贸城、芬兰中国商贸城等。

第七节　商品交易市场法人主体化趋势

改革开放以来，商品交易市场最大的变化是市场法人主体化，许多商品交易市场已经初步由市场有限公司代替，改变了过去政企不分、政社不分办市场的状况，并形成了特有的"市场板块"。

随着商品交易市场投资主体的多元化，市场将充分采用股份制形式为核心的现代企业制度，市场由股份制公司来经营，商品交易市场将公开向社会发行股票和上市，一些政府的投资将转变为股份。

对一些大型批发公司，可给予商品交易市场更加开放的上市发行股票和发行债券的政策，试行批发市场上市融资的改革，并对市场上市的"市场板块"进行扶持和监管。

通过推行现代企业制度，改变现有商品交易市场的治理结构，吸引公众投资者进入批发市场进行投资，商品交易市场也可以利用社会闲散资金进行提档升级，并参与世界市场竞争。

一些商品交易市场利用其品牌价值进行品牌输出，以资本运营为主要手段整合现有的商品交易市场的资源，强势市场兼并弱势商品交易市场，对不同市场结构和空间结构的调整将改变"有场无市"和"有市无场"两种形式并存的状况，积极支持强势商品交易市场兼并、收购、联合、分解等多种形式，鼓励商品交易市场上市融资。

商品交易市场的商户（业主）委员会或交易人协会在协调市场商户与市场主办人（投资者或经营管理者）之间的关系具有重要意义。

第八节 商品交易市场主导供应链及多渠道趋势

一、商品交易市场主导供应链趋势

商品交易市场在产品供应链中发挥关键性的作用。如积极支持农产品交易市场向生产领域和消费领域两头延伸，探索多种形式的产业链、供应链、客户关系系统等。

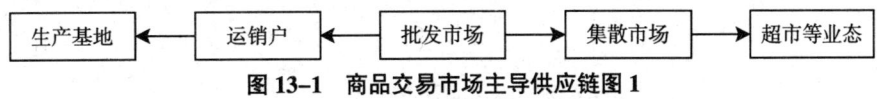

图 13-1 商品交易市场主导供应链图 1

向公司、生产基地延伸，与物流与配送中心联手：

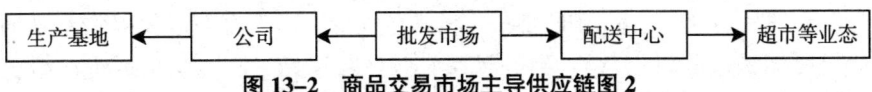

图 13-2 商品交易市场主导供应链图 2

向运销组织、生产基地延伸，与农副产品运销个体户联手：

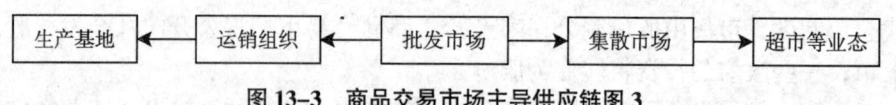

图 13-3　商品交易市场主导供应链图 3

除此之外，还有多种形式可以探索，形成跨产销区、跨所有制、跨部门的多种产业链条，使农产品交易市场充分发挥作用。

二、农产品交易市场多渠道趋势

农产品交易市场将呈现多渠道的趋势，并在许多节点形成许多物流配送中心，在多种渠道的选择中，产地竞卖、批发市场、批发商、零售商等传统销售方式所占的比重逐年减少，通过加工企业、储藏企业、大型流通企业的销售比重逐步增大。由于在农贸市场采购，不用大规模投资，同时又可大批量多品种采买农产品，所以大型流通企业和农贸市场的关系是既相互竞争又相互补充。①

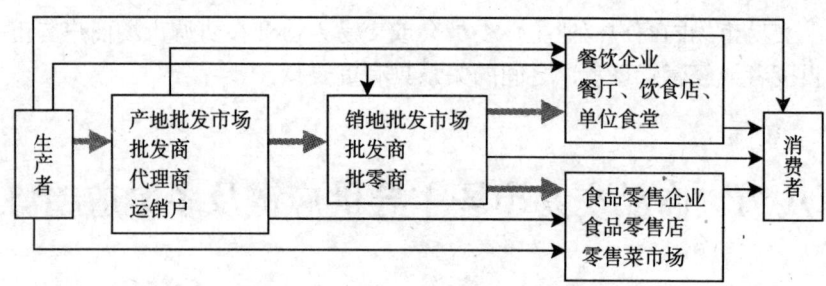

图 13-4　农产品城乡市场联动多渠道图

第九节　商品交易市场严格准入制度及全面质量提升趋势

一、商品交易市场严格准入制度趋势

商品交易市场的准入制度将越来越规范，它包括商品交易市场投资方的准入、经营管理者的准入、商户的准入、客体准入等。随着城乡居民消费水平的提高，居民更加注重健康、营养。政府继续推进"三绿工程"（绿色通道、绿色市场、绿色消费）需要推行商品交易市场的准入制度；随着《食品安全法》的出台，

---

① 韩国农产品流通现状及发展趋势 [N].农博网，2007-03-13.

明确了食品安全监管各相关部门的职责：国务院卫生行政部门承担食品安全综合协调职责，负责食品安全风险评估、食品安全标准制定、食品安全信息公布、食品检验机构的资质认定条件和检验规范的制定，组织查处食品安全重大事故；国家质量监督总局、国家工商行政管理总局、国家食品药品监督管理局依据《食品安全法》和国务院规定的职责，分别对食品生产、食品流通、餐饮服务活动实施监督管理。

在严格、规范的商品交易准入制度下，商品交易市场在竞争过程中越来越理性，如不采取过度优惠的方式，也不采用过度的竞争策略，而是用优秀的服务、较好的交易环境来吸引客户。

在严格、规范的商品交易准入制度下，随着市场的发展，城乡市场出现分工，城市市场数量逐渐增加，农村市场在结构调整过程中数量减少，这是区域经济"极—点"规律在商品交易市场的具体反映。

商品交易市场在发展过程中也呈现分化趋势，一些市场转变为物流配送中心，一些生鲜超市将逐渐取代农贸市场等。

二、商品交易市场全面质量提升趋势

20世纪末，我国商品交易市场得到迅速发展，市场数量已经能够满足国民经济发展的需要，市场结构调整成为21世纪商品交易市场发展的主题。当前要控制商品交易市场的总体规模，特别是超大型市场的数量，在空间布局上可重点适量发展中西部地区的市场；在商品交易市场的类型上可发展产地批发市场，可重点发展粮食、棉花等批发市场的建设；一些中药材批发市场应符合GSP标准，加强药剂师队伍建设，并按规范运作；在调整结构中将一批商品交易市场转变为专业化、商品化、社会化的物流配送中心；重点整治一些商品交易市场，如：①加强市场准入制度，建立对商品质量负责制，对一些生鲜食品、药品率先实行资格准入制度；②加强农残畜残检验制度建设，建立分层次的检验检测体系；③加强税收管理，采取交易建账制，鼓励使用发票。在未来20年，我国将形成上百个销售超过100亿元的具有一定品牌价值的特大型商品交易中心。

思考题：
1. 我国商品交易市场的发展趋势有哪些？
2. 网上交易市场的发展趋势如何？
3. 未来商品交易市场的主要功能有哪些？

第十四章 商品交易市场专论

第一节 我国建材市场的"多资本运营模式"

一、建材家居市场进入资本运营新阶段

(一)我国建材家居市场发展的背景

1. 建材家居市场进入第三次消费浪潮时代

自 1978 年以来,我国 GDP 以接近 10%的速度高速增长,我国人均 GDP 已进入 6000 美元时代,深圳、广州、上海、北京等城市的人均 GDP 分别超过 1 万美元,城乡居民消费进入由吃穿用为主到住行为主的"体验经济"时代。

改革开放以来,我国建材家居经历了三次消费浪潮:第一次消费浪潮是商品房刚刚开始,那时候的要求也是普通的装修,配上简单的家具。第二次消费浪潮是更多的消费者在获得商品房以后,在商品房装修上有更高的要求。第三次消费浪潮是对高端消费的要求更加突出。近几年来建材家居进行了比较大的调整,除了硬件条件的调整,下一步是要提升服务。建材家居市场的结构性调整能够使更多的品牌厂商在建材家居市场获得更大的利益。

2. 建材家居市场由数量扩张进入质量提升阶段

改革开放以来,特别是进入 20 世纪 90 年代以来,我国经济进入一个大的发展时期,消费、投资、出口成为经济增长的三驾"马车",其中投资有力地推动着我国建材市场的发展。据不完全统计,全国各类建材市场经营面积在 3000 平方米以上的有 3000 多个,其中具有规模(30000 平方米以上)的建材市场有 1000 多个,装修装饰材料 2/3 的流通量是通过这类市场实现的。如今各种类型的建材城、装饰城、家居城以及各类交易中心、超市不断涌现。

(二)外资建材商大量进入中国

中国对外开放零售领域后,欧倍德(1999 年)、百安居(1999 年 6 月 18

日)、宜家（1998年）①、家得宝（2002年）、乐华梅兰（1999年）、特力屋（2007年）等建材家居跨国商相继进入中国，2005年百安居兼并欧倍德，现有63家门店②，家得宝虽然比百安居进入中国的时间（1999年进入，2007年开店）晚了8年，但是在收购天津家世界12家门店后，使其在中国家居建材市场迅速占有一席之地。

1999年百安居进入中国后曾经辉煌一时，但在经历了"欠款门"、"关店门"、"质量门"、"奖金门"等事件后，百安居在中国的发展可谓几经波折，到2012年连续6年亏损。

2006年底，家得宝收购家世界12家建材超市分店，2012年9月14日家得宝关闭了其在中国的7家大型家居建材零售商店，并宣布全面退出中国市场。

1999年法国乐华梅兰以世界第四的排名进入中国，直到2004年才在北京开设科兴店，2007年北京大郊亭店开业，2011年7月停业。

至2007年瑞典宜家在中国设立了7个采购中心，至2014年5月，在上海、北京、广州、成都、深圳、哈尔滨等16个城市开店21家，它逐步改变了原有的品牌形象，开始倡导平民化的经营理念、人性化的营销模式和精明独到的品牌化战略。

（三）我国建材家居市场进入资本运营的时期

1. 多类型、多层次的建材家居市场创新发展

改革开放以来，一些建材家居市场采取了多种市场创新形态，如：①摊位制市场；②建材超市，又叫标准建材超市；③建材综合超市，又叫家居"大卖场"模式；④"市场化经营、商场/超市化管理"型；⑤建材家居摩尔型，或建材家居交易中心型；⑥建材、家居捆绑型，或者合作联盟型；⑦品牌专营店（曲美家具、德国柏丽厨具）；⑧业主团购和商业团购的模式；⑨"一站式购齐，先行赔付"，或者"先行赔付、无理由退货、差价返还"模式；⑩家居建材连锁经营模式；⑪市场联盟模式；⑫建材网上交易型（含网上超市）；⑬网上交易与网下交易相结合型；⑭"1+5"连锁模式介入建材零售市场等。

---

① 至2007年，宜家进入中国市场已有9年时间，开了5家门店，分别在北京、上海、广州、成都、深圳。宜家很早就在深圳设立了采购中心，但深圳开店较稳，进入中国市场头几年，宜家发现很多消费者虽然喜欢宜家的商品，但很多人无法接受宜家的商品价格。在欧美等发达国家，宜家产品定位于"低价、精美、耐用"，但到了中国之后，国外所谓的低价品在这里成了奢侈品。经过一段时间的适应，宜家才慢慢熟悉中国家居消费市场。

② 2008年3月15日，由中消协和百安居共同发起的"绿色责任·安心家居"大型公益调查在中北路百安居武昌店启动。此次调查活动在全国26个城市的63家门店同时开展。这是中国家居建材行业首次关于"绿色环保"主题的全国性大型公益调查，调查涉及上万个家庭，全面、真实地呈现了中国"绿色环保家装"的现状。此次"绿色环保家装"大型公益调查由中国消费者协会负责审定，问卷内容涉及"绿色装修的市场环境"与"绿色环保家装消费及相关知识"等消费者关注的热点话题，引起众多消费者关注。

在北京许多建材家居市场采取广场的业态形式，如北京居然之家家居广场、城外城家居广场、爱家家居（商城）、环三环家居折扣店（商城）、北京建材经贸大厦、蓝景丽家家居广场、北京红星美凯龙国际家具建材广场、集美建材家装市场、家和家美家居文化广场、福丽特家具建材市场等。这些建材家居市场采取市场、商场、超市、专卖店等业态组合的形式，具有 MALL 的特点。

2. 建材家居市场的迅速扩张

随着国内市场的对外开放，许多内资建材企业也纷纷开展跨区域扩张，如红星美凯龙、澳柯玛、香江建材商进入郑州，郑州建材市场也积极调整结构打造品牌，如郑州建材大世界、凤凰城等。

红星美凯龙是近年扩张速度最快的家居流通大鳄之一，自 1986 年创业以来，到 2013 年底已在全国 90 个城市开办了 130 家商场，是在全国同行业中经营家居卖场最多的企业。红星美凯龙提供多种合作经营方式，诚招各大客商前来合作商机，缔造了全世界单体最大的家具商城，成为中国家居第一品牌，超过 100 万种商品在线热销。

居然之家 1999 年开业以来，到 2013 年底已有 84 家店，总营业面积达 500 多万平方米，年销售额超过 100 亿元，连续 8 年蝉联"北京市十大商业品牌"称号。

金海马集团（KINHOM）1990 年开业，是中国最大的家具产品代理商和经销商之一，它首创"专业化家居卖场"、"仓储式销售模式"和"连锁经营商业模式"，推出了"统一采购"、"统一经营管理"、"统一核算"的国际化先进管理模式，连锁网点遍布华南、华东、华北、华中几大区域数十个大中城市。2013 年 8 月 1 日，金海马官方旗舰店震撼上线天猫平台，探索 O2O 商业模式。

好百年 1997 年成立，是深圳的商业地标，已开出了数十家 3 万平方米以上的连锁店，总经营面积超过了 65 万平方米，在珠三角、长三角、环渤海区域不断发展。未来 1~3 年，好百年集团将在南宁、深圳、南昌、合肥、郑州、西安、哈尔滨等城市开设单体超 30 万平方米的国际家居购物中心。

3. 激烈的市场竞争使许多市场面临"死亡之年"威胁

（1）2007 年传统建材市场交易量下降 10%，这是因为受上游房地产业的影响，传统建材市场从 10 月开始，交易量一直不是很好。另外，由于投资客增多，这些投资客只买房不装修也会间接影响到建材市场的交易量。此外，随着人们消费习惯的改变，建材超市的一站式购物成为趋势，传统建材市场的交易量比上年同期下降了 10%。

（2）建材超市竞争十分激烈，2006 年 10 月，北京家福特建材超市因"严重亏损"倒闭，2013 年东方家园建材超市、祥和之家等卖场相继倒闭。虽然中国是一个潜力巨大的市场，但是许多外资建材超市纷纷倒闭，如欧倍德、百安居等。其根本的原因有两个：一是不能适应中国内地的国情；二是本土招商制市场的强烈冲击。

4. 我国建材家居市场进入资本运营时期

随着竞争的加剧，强势建材家居市场通过资本运营来合理配置资源，兼并重组空壳市场、亏损市场，促进我国建材家居市场转变经济增长方式。资本运营与外资建材家居商家的强力推动有直接关系，激烈的市场竞争促进了建材家居市场的资源重组和产业结构的升级，迎来建材家居市场的资本重组时代。

红星美凯龙近年的飞速发展，正是善于借助资本运作的力量：先投资购买土地，建起卖场物业，然后进行资本运作，一方面把建好的商场抵押给银行，以银行贷款去加快连锁，另一方面会引来"风投"的资金。在2007年，红星美凯龙被美国华平投资集团（Warburg Pincus）相中，其旗下基金入股（15亿元私募资金）红星美凯龙家居连锁集团2亿美元，获得了20%的股权。红星美凯龙正在积极运作在国内A股上市融资。

引进风险投资、通过股市融资等资本运作方式正成为家居领域近年来的一大热点：①2006年至今，上海安信地板相继获得全球最大的私募投资机构美国凯雷投资集团、磐石基金与Strong Media等近6600万美元的风险投资。②北京东易日盛引入新加坡瑞胜基金公司3000万美元投资。③2007年联想投资集团以2000万美元注资新四合木业有限公司，中国联想弘毅以6000万元人民币投资科宝博洛尼。④博洛尼家居有限公司出售10%股权吸纳摩根士丹利1800万美元资金等事件。⑤2007年年底，金海马也通过母公司的融资平台香江控股成功融资。⑥香江控股收购武汉金海马置业有限公司70%股权，获得香江控股第四次临时股东大会100%通过，拟收购总价款为1.5亿元。

二、建材市场的资本运营

（一）资本的概念及其类型

1. 资本的概念

（1）资本的概念是不断发展变化的。资本的概念最早产生于货币借贷关系，它原表示贷款的本金与利息。自从亚当·斯密的《国富论》出版以后，资本界定为生产手段的集合体，资本、土地、劳动并列成为生产的"三位一体"要素（Trinity），成为经济理论中最基本的概念。

现代资本是指在动态开放的自然与人类社会经济的分工合作系统中，能够为人们带来未来收益的历史积累和当代创造的人类剩余劳动与自然界（包括人类本身）的有机凝结物。资本的语境限定在动态开放的自然与人类社会经济的分工合作系统之内，不包括系统之外的宇宙自然物等。[①]

（2）资本的本质是人类剩余劳动与自然界（包括人类本身）的有机凝结物，既包括历史积累，也包括当代创造；既包括具有物理形态的有形凝结物，也包括存在于人类自身和人类社会中的无形有机凝结物。

（3）资本的所有者是社会经济系统中的具有社会经济人身份的人，不包括像奴隶社会的奴隶或身份受到极大限制的当代人等。

（4）人类留存资本的目的是当代人类和子孙后代的未来收益，以期更好地服务于人类的可持续发展。

（5）资本的外延性指在自然与人类社会经济系统中，除去具有社会经济人身份的人和当期消费的"物品"之外，一切有形的和无形的有机凝结物。

（6）资本的突出特征是未来收益性、运动连续性和风险不确定性。

2. 资本的类型

按不同的标准，资本可以划分为不同的类型：①按照分析问题的角度层次，可以分为宏观环境资本、微观具体资本和中观网络资本；②按照自然与社会标准，可以分为自然资本和社会资本；③按照表现形态，可以分为物质资本、人力资本；④按照物理形态，可以分为有形资本和无形资本；⑤按照产权主体划分，可以分为公有资本、私有资本和组织资本；⑥按照表现形式，可以分为实体资本与虚拟资本；⑦按照人的表现形态，可以分为人力资本和心理资本。

物质资本按照其内容功能可以分为资源型物质资本、生产型物质资本、介质型物质资本和货币型物质资本。具体来说，资源型物质资本就是以自然资源形态出现的资本，例如土地、原油、森林等；生产型物质资本就是以生产工具形态出现的资本，例如厂房、奶牛、机器等；介质型物质资本是指以介质媒介形态出现的资本，例如书籍、论文、文件、图纸、磁带、磁盘、股票、债券等。介质型物质资本的突出特性是其价值并不取决于物理形式，而是主要取决于其传载的内容；货币型物质资本包括金属货币、纸质货币和电子货币等。

将人力资本作了分类，按照内容功能可以分为体能型人力资本、科技型人力资本、管理型人力资本和生态位人力资本。体能型人力资本是指凝结在自然人身上的含有基本知识、基本智能和基本技能的一般体力的总和；科技型人力资本是指凝结在自然人身上的较为突出的科学知识和技术能力的总和；管理型人力资本是指凝结在自然人身上的较为突出的管理知识和管理能力的总和；生态位人力资本是指凝结在自然人身上的，处于社会、经济系统中的位置以及由此导出的社会经济功能的影响力。

在财务会计方面，"资本"代表公司股东已经认购的资金总量，股东因此相

[①] 张华，刘小军. 资本概念的再界定及特征探讨 [J]. 商业时代，2007 (4).

应地获得了该公司的股份。

按照马克思主义政治经济学的观点，资本是一种可以带来剩余价值的价值，它在资本主义生产关系中是一个特定的政治经济范畴，体现了资本家对工人的剥削关系，因此，资本并不完全是一个存量的概念。

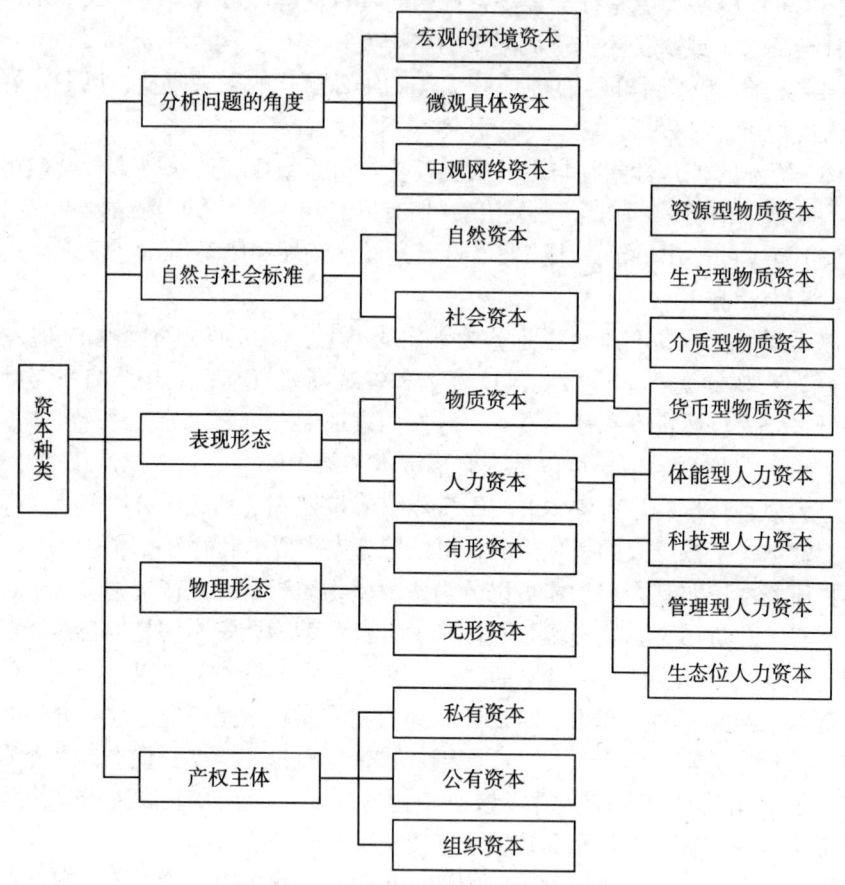

图 14-1 按不同标准划分的资本种类

（二）许多创新资本概念详解

1. 虚拟资本

独立于现实的资本运动之外，以有价证券的形式存在并能给持有者带来一定收入的资本，如股票、债券等。虚拟资本本身没有任何价值，只是资本所有权的证书，表示有取得收益的权利。虚拟资本与厂房、机器、原材料等实际存在的资本不同，它不能在资本主义生产过程中发挥作用，只是间接地反映实际资本的运动状况。因此，它不是真正的资本，而是独立于实际资本之外的一种资本存在形式。[1]

2. 净资本

净资本是根据证券公司的业务范围和资产的流动性特点，在净资产的基础上对资产等项目进行风险调整后得出的综合性风险控制指标。净资本指标反映了净资产中的高流动性部分，表明证券公司可变现以满足支付需要和应对风险的资金数。通俗地讲，净资本是假设证券公司的所有负债都同时到期，现有资产全部变现偿付所有负债后的金额。[2]

净资本指标的主要目的有两个：一是要求证券公司保持充足、易于变现的流动性资产，以满足紧急需要并抵御潜在的市场风险、信用风险、营运风险、结算风险等，从而保证客户资产的安全；二是在证券公司经营失败、破产关闭时，仍有部分资金用于处理公司的破产清算等事宜。

3. 人力资本

人力资本是指企业中的企业家和技术创新者（核心技术人员）。魏杰教授认为技术创新者不属于人力资本；《人力资本概念的准确性质疑》的作者隗寿康认为[3]，人力资本是在人的头脑中虚拟的、计划的、设想的甚至是千变万化的一种概念、经验、思想、品质和素质，说到底人力资本是一种能力的价值，企业家的资本价值就是企业家本人。[4]

人力资本是指对具有能动性人格特征与自然遗传禀赋的人，通过教育、培训、卫生保健、迁移以及"干中学"等投资所形成的具有一定价值并表现为知识、技能、健康和经验等具体形态的依附于人体的特殊资本。人力资本的五个关键环节为：①人力资本是一种特殊"资本"的本质；②知识、技能、健康和经验等要素是人力资本的表现形态；③人力资本不仅包括后天人力资本投资，也包括自然遗传禀赋；④价值是人力资本作为资本所具有的共性内涵；⑤依附于具有独特能动人格特征的人体中，因而人力资本是人格化了的特殊资本。

4. 心理资本

心理资本是个体在成长和发展过程中表现出来的一种积极的心理状态，具体表现为：①在面对充满挑战性的工作时，有信心（自我效能）并能付出必要的努力来获得成功；②对现在与未来的成功有积极的归因（乐观）；③对目标锲而不舍，为取得成功在必要时能调整实现目标的途径（希望）；④当身处逆境和被问题困扰时，能够持之以恒，迅速复原。心理资本至少包含以下几个方面：

---

[1] http: //zhidao.baidu.com/question/36156606.html.
[2] http: //news1.jrj.com.cn/news/2006-01-10/000001402709.html.
[3] 隗寿康. 人力资本概念的准确性质疑 [Z]. 中人网——HR 战略规划, 2002-12-30.
[4] http: //hr.cqjob.com/info_show_4361_2.html.

(1) 希望：一个没有希望、自暴自弃的人不可能创造什么价值。

(2) 乐观：乐观者把不好的事归结为暂时的原因，而把好事归结为持久的原因，比如自己的能力等。

(3) 韧性：从逆境、冲突、失败、责任和压力中迅速恢复的心理能力。

(4) 主观幸福感：自己心里觉得幸福，才是真正的幸福。

(5) 情商：关注自己和他人的感受，进行自我激励，有效地管理自己情绪的能力。

(6) 组织公民行为：自觉、自发地帮助组织，关心组织利益，并且维护组织效益的行为，它并非直接由正式的赏罚体系引起。

由于人的潜力巨大，所以相对于资金、市场和技术资本，心理资本的升值空间是最大的，最好的心理资本可以带来决定性的竞争优势。拥有过人的心理资本的个人，能承受挑战和变革，可以成为成功的员工、管理者和创业者，从逆境走向顺境，从顺境走向更大的成就。自信、乐观、坚韧的人，敢于创新，能够因地制宜地使知识和技能发挥最大限度的作用，成就自己同时也成就了企业。

(三) 并购及并购方式

并购（M&A）是兼并与收购的合称，是指并购方通过资产购买或证券交易等方式获得目标企业所有权和控制权的产权交易活动。归纳起来，目前有八种并购形式：

表 14-1 并购的形式

序号	依据	名称	含义
1	并购方交易后拥有目标公司的股权比	少数股权收购	高于 10%，但低于 50%
		多数股权收购	50% 以上，不足 100%
		全额收购	100%
2	收购者与目标企业所处产业的关系	横向并购	又称水平并购，并购企业与目标企业处于同一产业
		纵向并购	又称垂直并购，并购企业与目标企业是上下游产业关系
		混合并购	参与并购的各方产业之间没有上下游关系和技术经济关系的并购行为
3	并购气氛	友好并购	即收购者的收购行为是受欢迎的，权益出让方对交易收益满意，同时目标企业管理者积极配合并购行为
		敌意并购	即一种不受欢迎的并购活动，目标企业的管理层会采取一定的抵制手段，而收购者往往会绕过目标企业管理者，直接向目标企业的股东发出收购要约
4	并购的目的	协同性并购	收购者意在获得经营或者财务上的协同性收益的并购
		惩戒性并购	并购的目的是驱逐目标企业无能的管理者或者不符合股东要求的管理者

续表

序号	依据	名称	含义
5	出资方式	现金购买	以现金为支付方式的并购
		换股式并购	并购企业增发本公司的股票,并以新发行的股票替换目标公司的股票
		杠杆并购	由一家或几家公司在金融信贷支持下进行并购
6	会计处理规则	权益汇总规则	并购后,目标企业的资产和债务按历史成本同并购企业资产和债务合并会计报表
		购买法	并购后,并购企业要为目标企业的资产和债务重建历史成本,并以新的历史成本合并会计报表
7	获取目标企业方式	协议收购	通过协商,收购者出资购买上市公司非流通股(国有股、国有法人股)或流通股(法人股)的并购
		行政无偿划拨	为了实现政企分开,提高国有股权的管理水平,国有股份的管理部门将所持的上市公司的国有股份无偿划拨给特定的经营机构管理,以实现国有股份的保值增值
		承债式并购	对于负债比率较高且无收购者的企业,政府采取"资产无偿划拨、债务全部承担"的方式无偿划拨给相应的机构
8	购买上市公司股份的性质和购买方式	二级市场举牌	收购者在股票市场上通过直接购买上市公司的流通股股票来控制上市公司的一种并购方式
		非流通股协议收购	收购者与目标公司的非流通股东协商一致而收购其所持有的非流通股股份的一种收购方式

(四)国内流通企业资本运营

资本的运营是指对各类资本的使用,并使之发挥应有的作用。长期以来我们只对货币资本进行研究,而忽视了人力资本等运营问题的研究。

(1) 1981 年我国商业企业实行承包经营。1984 年,新中国第一家股份制百货公司——北京天桥百货股份有限公司成立。1987 年,北京百货大楼、和平商业大厦等大型商场实现两权分离。1992 年 6 月 30 日,第一家中外合资百货店——燕莎友谊商城开业。

(2) 1992 年以来百货公司在 A 股市场上市。中国零售业与资本市场建立联系始于 1992 年后,当时一批国有百货公司在 A 股上市。如豫园商城于 1992 年 9 月上市,第一百货于 1993 年 2 月上市,东百集团于 1993 年 11 月上市,杭州解百于 1994 年 1 月上市,王府井百货大楼于 1994 年 5 月上市,城乡贸易中心于 1994 年 5 月上市,北京西单商场于 1996 年 7 月上市,武汉中商于 1997 年 7 月上市,武汉中百于 1997 年 7 月上市。

(3) 2007 年连锁企业上市形成高潮。2000 年以后,随着连锁经营这一模式的快速发展,企业规模迅速扩大,引起了各类投资公司的关注,企业在资本市场上开始表现活跃,有的在内地上市(如苏宁电器),有的赴香港上市(如联华超市、物美超市),有的引入私募基金(如海王星辰)。

2007年是连锁企业上市的一个高潮时期：3月20日银泰百货登陆香港主板，集资23.4亿港元；5月21日深圳佳华百货在香港上市，融资2.6亿港元；6月7日鞋品零售商盈进集团在香港上市，融资5.79亿港元；7月12日新世界百货中国有限公司在香港上市，集资23.6亿港元；7月16日江苏时代超市在香港上市，发行2.1亿股，集资8.2亿港元；9月25日广百股份拟在中小板发行4000万股获中国证监会通过；10月10日中国动向集团在香港主板上市，创下中国体育用品公司在港最大规模IPO；11月20日全聚德在A股中小企业板上市。

（4）流通企业兼并重组的趋势与类型。2008年企业兼并重组呈现五大趋势：①中央企业重组加速趋势；②海外并购时代到来趋势；③金融业主导并购趋势；④中资狙击外资并购趋势；⑤民企并购潮涌趋势。近几年来，我国国内流通企业兼并重组十分活跃，货币资本是资本运营的主要内容，在运营中主要表现为调整产业结构、进行产业扩张等，具体表现为：一是非上市公司兼并重组，如控股、参股、合资、托管等。二是上市公司兼并重组，如国美收购永乐、国美收购大中、国美收购三联商社等。具体来说，流通企业兼并重组表现为充分利用收购、合资、战略联盟、托管等方式来充分整合流通产业资源：

（1）收购。所有大型企业都是采取收购的方式发展起来的。

（2）合资。通过合资方式可以相互促进，特别是通过相互交融的方式来提高技术、管理等。

（3）战略性联盟。在现今市场经济条件下，企业在经济上的联盟越来越多，不可或缺。

（4）托管。它是现代市场经济条件下的一项重要管理形式，可以避免"大而全"、"小而全"的弊端。

（五）流通领域外资资本运作可资借鉴的模式

1. 外资进入中国的八种模式

我国流通领域对外开放经历了一个逐步发展的过程，零售领域对外开放是自1992年开始试点的。外资进入流通领域主要采取了八种模式：

（1）合资。这是外资进入中国最早采取合资的模式，而且中方与外方所占的比例为51%：49%，直到2004年12月11日后，外资才可以采取独资的模式。

（2）委托管理。由于输入外方管理不受政府限制，所以，一些中方零售企业委托外方管理，或支付管理费，或让渡部分股权，或采取租赁、承包方式，中方只提取保度利润。

（3）移植物业。据统计，1983~1996年，外资投资房地产公用服务业项目28202个，投资商业、饮食、仓储等项目12720个，其中很大一部分有附属零售商店。如家乐福在2003年6月与北京中坤房地产集团签署了合作书，双方采取"夫唱妇随"的方式共同开拓国内市场，即家乐福用提前介入的方式进驻中坤集团开发的房地产项目。中坤集团房地产项目开发到哪里，家乐福店就将随之出现。

（4）授权导入。即外商在华开设品牌专卖店或授权中资企业代理，或以许可证方式在华开设特许经营店。

（5）独资经营。2004年12月11日后，外资可以采取独资的模式，于是许多原有的外资合资企业逐渐变为独资流通企业，如百盛、家乐福、易初莲花、TNT、UPS、联邦快递等。2005年商务部批准的外资独资商业企业达625家，占新批企业数量的61%。

（6）企业收购。这是指企业通过购买证券和证券交换的方式获取其他企业的全部所有权或部分股权，从而掌握其经营控制权的商业行为。企业收购的方式有吸收式收购、控股式收购、购买式收购、公开收购、杠杆收购、跨国收购。

（7）企业兼并。它是指一个企业购买另一个企业的产权，使其他企业失去法人资格或改变法人实体的一种行为。企业兼并的方式有购买式兼并、承担债务式兼并、吸收股份式兼并、控股式兼并、以股票购买资产式兼并、以股票交换股票式兼并、跨国兼并。

（8）企业租赁。它是指出租人和承租人通过契约明确双方权利义务关系，出租人让渡财产使用权和一定范围处分权。租赁契约一般规定财产的归属、租金数额、财产使用、维修、保管等有关内容。现代租赁涉及出租者（租赁机构）、承租者和厂商三方面的关系。租赁机构不是中间人，而是融资者。承租人需要某种物品（机器、设备等），可以直接与租赁机构洽谈，也可以先与厂商或经销商洽谈供货条件，然后再向租赁机构申请租赁预约，由租赁机构向厂商订货，并让其直接向承租者发货，承租者按合同规定支付租金，并取得租赁物品的使用权。

2. 外资并购的九种模式

2005年，英国TESCO公司从境外收购了国内乐购25个大型超市50%的股份，英国百安居从境外收购了德国欧倍德公司在国内开设的25个大型建材专业店。近几年来，外资加快了在中国境内的兼并重组，具体来说有九种模式：

（1）直接收购股权。①协议收购非流通股股权；②在二级市场收购流通股；③通过拍卖方式竞买上市公司股权；④要约收购。

（2）定向增发B股、H股和可转换债券。

（3）反向收购核心资产方式。这是指外资与上市公司组建由外方控股的合资公司，然后由合资公司反向收购上市公司的核心业务。如国美集团就是如此。

（4）通过母公司间接收购方式。这是外资通过收购上市公司的母公司或与上市公司母公司合资的方式，间接持有上市公司的股权，成为上市公司的实际控制人。

（5）通过债权市场间接收购方式。

(6)第三方收购方式,即通过国内投资机构进行替代性收购。国内投资机构可先行收购,政策许可时再转让给外资,实现国内投资机构的替代性收购。

(7)换股并购和融资收购方式。外资采用这种支付方式并购国内上市公司具有很强的操作性,比如外资可以利用国内子公司的资产直接与上市公司的资产进行置换,后者置换给准备转让股份的上市公司大股东。当然,如果涉及国有股份转让需要国家有关部门的审批。同样,采用这种支付方式也要考虑到国家产业政策和竞争政策的限制。

(8)外资机构受托股权方式,即股权托管即受托人以自己的名义行使股权的表决等权利,受托一方可以参与公司管理,有自己独立的地位,可以在公司发展中体现自己的意志,同时可以为将来进一步收购公司打下良好的基础。

(9)机构一致行动人收购方式,即外资企业有可能与国内企业联手通过"一致行动人"方式收购国内上市公司,这样可以增加在二级市场上收购的隐蔽性,并规避《证券法》第八十一条的强制收购义务。

三、探索中国特色建材家居市场资本运作模式

(一)应寻找"适应中国特色"的建材家居市场模式

欧倍德、百安居、家得宝等外资在进入中国后,采用建材超市的模式,但是在中国特定的条件下"水土不适"。同样,国内建材家居企业——天津家世界开业后也采取建材超市模式,但也以失败而告终。中国内地不成熟的物流条件显然不能使这些建材超市在国外那样轻易达到规模效益,并实现成本控制。家得宝在全球有1500家店,却只有7个配送中心,并且有一个规则,即配送中心的货必须在72小时内分配到所有的店中,否则就被视为货物积压和库存。国内建材超市通过建立自己的配送中心来降低成本的策略目前并不可取,而超市一直期待的第三方物流企业目前在建材领域也不曾出现。

家福特失败的主要原因是建材超市模式的本土化问题。宜家除了解决营业面积太小、停车等配套设施跟不上等问题外,同时也通过租金下调控制了成本,重新调整进入中国的战略。

(二)应该错位经营发展建材家居市场

虽然"摊位制比超市优势更大",但是,现有建材家居市场应在提档升级的基础上采取错位经营,这是因为传统摊位制市场竞争激烈,错位经营也是它们的出路。建材超市这种模式在国外是最大的建材业态,但在中国就不一样了,在北京,传统摊位制市场占的份额在95%以上,建材超市作为引入的一个新型业态,存在水土不服问题。建材超市的优势应该体现在其价格上,但是由于目前的超市无法实现统一采购,这个优势无法体现,也就难以和传统市场抗衡。

传统摊位制市场在发展初期以中低档产品为主,发展成规模以后便转而定位

在中高档，这就会引发定位的雷同而导致同质化竞争。品牌产品利润高，同时容易引发同行业采取同质化竞争导致同业损害现象的发生。北京家居建材市场总体上已经饱和了，要根据自己的资金实力和管理水平找准定位。

（三）应重视建材家居市场的细分

细分建材消费大致有三类：①收入水平较高的消费一族，他们不考虑价格而考虑个性，希望购买的商品是小规模生产的，以提高其社会地位。②消费群体考虑产品品质、保障、服务以及卖场品牌，然后再除以价格，这个值可以称为消费比，他们要看这个消费比是否足够大，如居然之家、大钟寺家居广场都是针对这一类消费群的。③刚性消费的比例达到80%，他们以价格为取向，一般在低档卖场购买产品。

近几年来还出现了一些专业卖场，如闽龙陶瓷集散地专门卖陶瓷用品，但它需要专业人士讲解，场地大的话更易于展示，从而能满足部分人群的特定要求。它更多的是与工程对接，实现定向购买。另外，它更能实现大批量的购买，所以在价格上也会有一定的优势。

（四）城外城——本土摊位制市场模式

城外城采取行业内最为普及的摊位制形式，目前在北京市场上具有较大的市场占有率。城外城在产权制度上属于股份合作制，约有30%的股权实质上为地区政府所拥有。此外，城外城约有1/3的员工是土生土长的居民，这是在城外城大量招聘外地职工以及安排京城其他区域的下岗职工再就业之后的结果。这些特点所带给企业的好处是显而易见的。2001年城外城的迁址被认为是其发展历程上的一次重大转折，以此为契机，城外城面积有了很大的扩展，高达15万平方米，占地460亩，一跃成为北京地区单体面积最大的家居建材市场。而紧邻南四环和成寿寺路，其交通也得到了极大的改观。这与政府的帮助是分不开的。虽然城外城的产权制度不是很规范，但这种体制给城外城的发展提供了很好的平台。

由此可见，城外城是在经营一个家居建材市场，而不是在经营一个商业物业，是商业物业+家居建材行业的形态。

（五）居然之家家居建材MALL

1. 建材家居MALL模式

与早期摊位制代理商简单租借场地、设置摊位不同，居然之家模式已经演变为传统摊位制市场的一个升级版本。开设新店选址时对运营面积的要求是6万~8万平方米，如此大的面积需求是为了囊括数目繁多的家居和建材种类，实现"一站式购物"。这与传统摊位制市场多偏重某一品种建材的营销有所不同，也是居然之家称之为"主题购物中心"的原因。

2. 输出管理和运营品牌

居然之家异地拓展所需的成本仅限定在场地租金、人员工资以及异地宣传费用上，对资金流的要求并不高。当然，由于中国目前家居建材制造企业的分散，异地开拓面临着一个入住商户重新整合的问题，这在一定程度上直接影响摊位制市场的开拓速度。

另外，分店的开设对于居然之家来讲，更多的是一种管理和品牌的输出，尽管不接触物流领域可以帮助其降低开店的成本和风险，但同时也使其失去了具备规模效应后统一采购给物流领域带来的成本降低的好处。分店给集团带去的效应似乎只是一个简单的加法，毫无递增的效益。

（六）集美建材家居市场"无形商圈"与优惠价格

1. 365辆免费客车

北京集美为了吸引消费者，除了对卖场进行大量的广告宣传外，还投入了365辆免费客车。集美从建设到营业只用了10个月的时间，而且营业额很高，免费班车无形中扩大了市场商圈半径。

2. 买建材比其他地方便宜10%

在集美买家具和建材比其他卖场便宜10%，这是其他建材市场不能比拟的，任何一个建材家居市场要做好市场品牌，必须有其独特的市场核心竞争力。

（七）"1+5"连锁模式介入建材零售市场

2008年3月亮相的中捷维家建材超市在国内首次尝试了"1家建材超市+5家建材便利店"的连锁新模式，有效控制了家庭装潢各个环节的质量。

据不完全统计，2007年我国建材市场有1万亿元，其中百安居、好美家等连锁建材大卖场占据的份额还不到5%。

针对这一市场薄弱环节，中捷控股集团以"1+5"的连锁新模式介入建材零售市场：围绕1家中心建材超市，在2公里商圈内开设5家深入社区的建材便利店，充分发挥连锁门店在品质控制、物流配送、标准服务等方面的优势，控制家装各个环节的质量保障。

（八）大武汉家装"品牌大本营"模式

在大武汉家装"品牌大本营"，品牌建材商户的总数超过了400家，并汇聚了众多原装国际知名品牌，2008年3月18日，大武汉家装2期开业，在"品牌建材大本营"的基础上又上一个新台阶，充分整合国内外建材市场的高端资源，进一步向更"高"更"远"迈进，引进了像宝路莎、碧莎这样的原装国际品牌。

近年来，大武汉家装采取"无理由退货、先行赔付、较低的价格"三项制度，其中大武汉家装"无理由退换"中心已经挂牌成立，消费者自商品交货之日起30天内，在商品未被安装且无任何损坏、不影响二次销售的情况下，可以要求换货、退货。装修后的剩余材料（如瓷砖、地板等），在商品交货之日起180天内，在产品完好无损，不影响二次销售的情况下可以退货。无论消费者错买、多买还是因家装风格改变都无须担心，"无理由退换制度"都将为消费者提供最有力的售后保障。

(九) 建材家居电子商务得到发展

据不完全统计，全国建材家居电子商务网站达到 100 多家，其中较有代表性的有中国家装家居网、搜房装修家居网、慧聪灯饰网、居泰隆家居网、中国网众、中国建材第一网、佳家建材网、中国陶瓷网、中国建材网、中华橱柜网、北京家居网、瑞丽家居网、居然专线、装修家、中国木门网、家居在线等。2009 年，全国装修家居建材类电子商务网站销售额约 176.7 亿元，占整个装修家居建材行业的 2.5%；2010 年，销售额增到 228 亿元，占比 2.9%；2011 年，这个数字是 282 亿元，占比提升到 4%左右；2012 年，销售额飙升到 700 亿元，约占全国建材家居市场份额的 3%~4%。

预计 2015 年我国建材产品电子商务规模将达到 2050 亿名，网均率达到 17.5%。

我国建材家居市场资本运营过程中应注意以下四个方面的问题：

（1）在高速扩张的同时，加强管理、建立现代管理制度也是各建材家居市场的一项重点。居然之家、好百年、金海马等巨头在其 2008 年战略发布中，均以较大篇幅提及了完善管理制度，其中居然之家还在 2007 年斥资 1500 万元引进了 ERP 管理平台。

（2）过于重视货币资本重组而忽视了现代多重资本运营，特别是人力资本运营以及心理资本等新的概念应引起人们的高度重视。

（3）对国有流通企业兼并重组时，有时会遇到"零价收购"问题，即企业经济效益差、债务包袱较重等，因此，切不可忽视其债务和人员包袱。

（4）重视建材市场信用体系建设的问题。2007 年 12 月 12 日，由中国建材市场协会主办的 2007 年中国建材市场协会和市场信用等级评定工作会议在环渤海建材中心举行。为了贯彻《关于加强行业协会信用评价试点管理工作的通知》，全国整顿与规范市场经济秩序领导小组办公室和国资委授权中国建材市场协会率先在全国建材家居市场和建材生产企业的行业中开展"企业信用等级评定"试点工作。经过几年。企业信用等级评价是市场经济有序发展的必然产物，是信用体系建设的一项重要工作，主要内容包括企业综合素质、财务能力、管理水平、竞争力状况和社会信用记录五个方面。

第二节 我国粮食交易市场体系创新

一、我国粮食交易市场体系的发展过程

粮食交易市场是指粮食交易的场所和空间，由有形市场与无形市场构成，也是粮食交易的一种服务性组织。我国粮食交易市场既有纯批发的市场，也有批零兼营的市场，笔者将其称为粮食交易市场。

改革开放以前，我国粮食集贸市场在曲折中发展，形成了粮食批发市场的基础。我国比较规范的粮食交易市场是从郑州粮食批发市场开始的。1990年10月12日，我国第一家粮食批发市场——中国郑州粮食批发市场起航。经过24年的艰辛发展，我国粮食交易市场已经初具规模，形成了具有中国特色的粮食交易市场体系和市场集群，至今经历了四个阶段：

（一）第一个阶段：我国批发市场规范发展时期（1990~1993年）

1990年10月12日，中国郑州粮食批发市场正式开业，制定了中国第一部引进期货交易机制的现货交易规则及与之相配套的管理细则，规范了交易行为，降低了交易成本，有效地避免了困扰现货流通的违约现象和"三角债"问题。郑州粮食批发市场建立后起到了带动和示范效应，我国出现了建设粮食批发市场高潮，各地相继建设了一批各种形式的粮食批发市场。

（二）第二阶段：我国粮食批发市场的调整阶段（1994~1999年）

1993年底，从广州开始，进而在全国范围内出现了粮食价格大幅度上涨的局面。为了平抑粮价，稳定市场，政府采取了挂牌销售、凭本供应等措施，并用计划分配方式抛售储备粮400亿斤，同时对粮食市场的管理进一步加强。这一时期，由于粮食流通政策的变化，粮食批发市场的地位和作用曾一度被弱化，大多数粮食批发交易市场交易惨淡，有场无市。但一些粮食批发市场仍在积极探索发展新路子，在完善功能、创新交易方式等方面取得了进展。

（三）第三阶段：我国粮食批发市场发展的新阶段（2000~2005年）

2000年2月，《国务院办公厅关于部分粮食品种退出保护价收购范围有关问题的通知》（国办发〔2000〕7号）下发，明确对退出保护价收购范围的粮食品种拓展收购渠道，鼓励粮食生产者通过粮食批发市场和集贸市场出售。特别是2001年国务院下发《关于进一步深化粮食流通体制改革的意见》（国发〔2001〕28号），我国粮食购销市场化改革迈出了实质性步伐，东南沿海的浙江、上海、福建、广东、海南、江苏和北京、天津放开粮食收购，粮食价格由市场调节。在

放开粮食市场的同时，政府积极培育粮食市场体系，搞活粮食流通。

（四）第四阶段：我国粮食批发市场进入新阶段（2006年至今）

2005年,《国家粮食局关于粮食批发市场的指导意见》颁布，经过一年多的酝酿，国家粮食局在完善粮食批发市场重点联系制度的基础上，国家粮食局根据粮食品种和粮食批发市场的区位特点，确定了25家国家粮食交易中心，即郑州、武汉、合肥、济南、哈尔滨、长春、福州、兰州、银川、广州、吉林、南京、成都等城市。2007年9月，国家粮食局颁布了《全国粮食市场体系建设"十一五"规划》，我国粮食批发市场进入一个稳定发展的时期。

二、我国粮食交易市场的现状特征

（一）我国粮食交易市场的现状

1. 粮食市场的总体概况

据统计，我国现有粮食收购市场取得收购资格的市场主体已近8.2万家。在郑州、大连商品交易所上市的粮食期货交易品种有小麦、玉米、菜籽油、黄大豆、豆粕、豆油、鸡蛋等16个粮油品种，其中大连商品交易市场成为世界大豆交易中心，是世界第二大农产品期货交易市场。

改革开放以来，我国现有粮食批发市场600余家，经营主体有国有、股份制、民营等。粮食交易市场可以归纳为三种类型：①由政府有关部门参照国外经验进行规范设计而建立起来的；②在粮食集贸市场基础上自发形成，有关部门加以选择、引导、规划、建设而成的；③按照现代商品交易市场的模式建设的粮食商品交易市场，有商流市场、物流园区市场、交易中心市场、商业街区型市场。第三类市场相当活跃，代表着粮食商品交易市场的发展方向。

2. 亿元以上粮食商品交易市场的现状特征

2005年我国亿元以上的粮食商品交易市场有146家，交易额达到687.62亿元；2007年减少到91家，交易额增加到720.67亿元；2012年增加到111家，交易额达到1641.26亿元。我国亿元以上粮油交易市场呈现出八个特点：

（1）亿元以上市场数量增加。2000年亿元以上粮油交易市场为52个，2005年亿元以上粮油交易市场为146个，2006年为86个，2007年为91个，2012年为111个。2006年、2007年我国粮食商品交易市场按经营方式分，以批发为主，分别为75家、84家；按营业状况分，以常年营业为主，分别为84家、89家；按经营环境分，以封闭型为主，各为56家。

（2）市场摊位数量超过2万个。2000年亿元以上粮油市场的摊位数为8371个，2006年达到26004个，比2000年增加17633个。

（3）市场营业面积超过260万平方米。2006年为289.75万平方米，比2000年增加219.74万平方米；2005年亿元以上粮油营业面积336.8万平方米，比

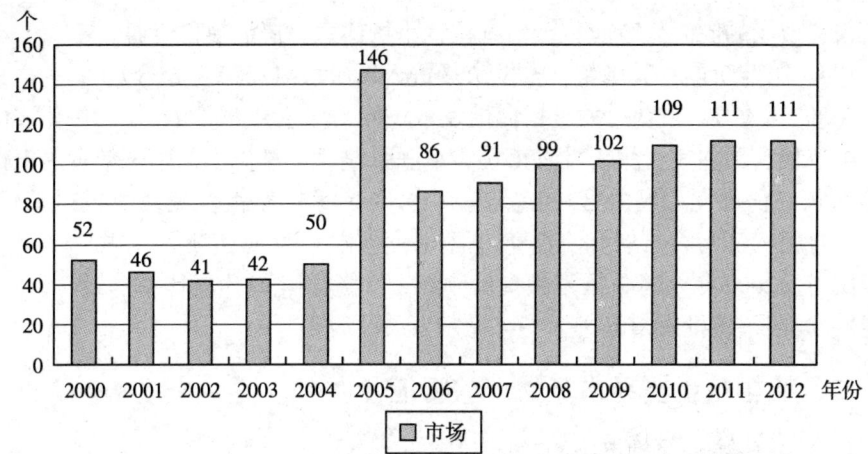

图14-2 2000~2012年我国亿元以上粮食交易市场

2004年的119.31万平方米增加了217.5万平方米，2012年为394.99万平方米。

（4）交易额逐年提高。2006年交易额达到520.3亿元，比2000年增加295.25亿元，2005年交易额达到687.63亿元，2007年达到720.67亿元，2012年达到1641.26亿元。

（5）大型化趋势十分明显。2005年亿元以上粮油市场大型化趋势明显，全国亿元以上粮油交易市场146个，2006年、2007年、2012年分别达到86个、91个、111个。2012年我国粮油交易市场交易前三名分别为临沂国际粮油市场、北京盛华宏林粮油批发市场、广州市逸越企业发展有限公司。

（6）初步形成了绿豆、小麦——郑州、天津；大豆——大连、黑龙江；玉米——郑州、天津、吉林；稻米——中南（武汉、九江）、华南（广州）、华北（北京）、东北（黑龙江）粮；杂粮——甘肃；油脂油料——四川；芝麻——中原；花生——威海等粮食批发交易市场的格局。

（7）粮油网上交易市场继续活跃，且发挥了政府的宏观调控作用。中国郑州粮食批发市场在中华粮网开始了网上交易，全国首家保税区稻米电子交易市场在大连保税区建成开业，九江粮食批发市场网上交易活跃。2007年通过中华粮网销售最低收购价小麦3716万吨，进口小麦30万吨、稻谷1825万吨、中央储备玉米60万吨、中央储备油20万吨。截至2008年4月17日，国家有关部门利用全国粮食统一电子竞价交易系统平台，成功举办了190余次国家政策性粮食集中竞价交易活动，总成交量突破5400万吨。

（8）粮油交易市场的现代化水平大幅提高。2003年以来，国家发展和改革委员会已连续6年安排中央预算内资金19亿元，带动社会资金250亿元，累计扶持全国550个大型农产品批发市场项目建设，这对推动农产品市场的现代化建设具有重要意义。国家粮食局、农业部、商务部等职能部门开展了重点定点联系制度，促进了粮油市场的现代化水平。至 2007 年 9 月，国家粮食局重点联系粮食批发市场 43 家，同时建立了 13 个国家粮食交易中心。

（9）粮食商业街区型、园区型市场出现。福建泉州南安市官桥镇的"中国粮食城"占地 1300 亩，将开发建设成为一个集仓储、加工、现货交易、农产品及加工机械展示、订单、期货交易（远距离异地同步）、物流、信息平台等为一体的多元化、现代化的粮食市场。其现货交易功能的粮油现货交易区全长 700 米，共有 326 套店铺，260 套办公住宅，有来自国内外 200 多家企业签约入驻，主要经营水稻、玉米、大豆、小麦、面粉、大米、豆油和杂粮等粮油产品，是一个以直销、批发为主要经营方式的大型粮油交易市场。

（二）我国粮食交易市场的功能

1. 粮食集散功能

中国一家一户的农民生产出来的粮食商品需要迅速销售出去，以实现其价值。如果没有粮食批发市场这一中间环节，就会出现交易次数多、批量小、交易成本高、风险大、效益低的情况，从而使粮食商品的"卖难"和"买难"交替出现，造成严重的社会和经济问题。粮食批发市场的强大生命力在于它能够吸引和汇集各地的客户和粮食商品，再发散到全国各地，从而使粮食商品的价值迅速实现，使用价值顺利让渡。

2. 价格形成功能

由于粮食批发市场具有较大范围内集散粮食商品的功能，来自全国各地的粮食商品同场竞争，同一种粮食商品就可以通过比较，按质论价，有利于反映粮食商品价值和供求关系的价格迅速形成，粮食批发市场所产生的价格比较真实，能在一定程度上起到稳定粮食商品市场价格的作用。如郑州粮食批发市场通过公开、平等、竞争形成的粮食交易价格，被称为"郑州价格"，通过新闻媒介的宣传，已成为有关部门制定政策、企业、农民确定生产经营决策的重要依据，对全国粮食市场起到了价格导向作用。

3. 信息中心功能

准确的信息对于粮食生产者和经营者来说都极为重要，而粮食批发市场联结着产需两头，粮食信息来源比较多。加之粮食批发市场拥有多样化的信息传递手段，是一个良好的收集、整理、发布信息的场所，实际成了粮食信息中心。

4. 调节供求功能

由于粮食受自然条件的影响较大，它的生产和供给与其他商品相比具有更多的不确定性，而粮食商品消费则是比较均衡的。因此，实现粮食商品的供求平衡是一件非常困难的事情。人们能够努力做到的就是尽量避免供求严重失衡和价格剧烈波动。而粮食批发市场正是可以调节市场供求和预测价格的良好场所。粮食批发市场大批量集散粮食的特点，使之对粮食供求产生了重要影响，还可以通过价格等信息服务来协调粮食产销关系。

近几年来，政府通过粮食批发市场调节供求，起到宏观调控的作用。各重点联系的商流粮食批发市场积极承担国家最低收购价粮食的竞价销售任务和其他政策性粮销售任务。截至2006年底共组织24次最低收购价稻谷拍卖，累计销售169亿斤，组织7次最低收购价小麦拍卖，累计销售101亿斤。

(三) **粮食交易市场运作模式**

1. 粮食批发市场的构成主体

粮食批发市场的构成主体有三个：

(1) 市场经营管理者——粮食交易的中间人，不直接从事商品的买卖，为买卖双方提供第三方交易服务，提供相应的市场交易环境，承担经营商户、管理商户、服务商户的功能。其主要职能是：制定市场规章制度并负责执行；检查确认交易者的资格、资金状况和经营范围；制定设施使用费标准并负责维修；负责场内安全和卫生；从事与市场、业务有关的宣传普及工作；与有关地区和部门进行磋商和协调。经过多年的发展，市场经营管理者已由政府部门变为企业或机构法人。许多市场经营管理者提供大量的服务活动，如：①粮食结算中心，负责成交合同的鉴定认可和保证金的收取、交易金额的结算等；②粮食商品检测中心，负责上市粮食商品等级、质量的确定；③粮食信息中心，负责统计和公布当日成交粮食数量和价格情况，以及与粮食市场行情有关的政府、社会信息；④仲裁委员会，负责交易纠纷的仲裁调解，违章查处。此外，还包括金融、运输、通信、保险、警卫等进驻机构。当然有些服务是委托第三方来完成的。

(2) 市场的卖方商户。进场的卖方商户应是资信良好的经济法人，粮食批发市场对批准进场卖方商户一视同仁。为保证粮食批发市场的适度竞争，进场交易者要保持一定数量，商户在取得资格后不得随意停业，市场对违反规则者给予一定的处罚。

(3) 市场的买方商户，即市场的采购商，其中包括一些消费者群体，他们来到粮食市场从事采购活动、参与投标，或者与卖方商户讨价还价、协商议价，达成交易协议。

2. 粮食批发市场交易的原则和方式

(1) 资格交易者的制度。凡进入粮食批发市场的经营者，必须符合法定条件。

(2) 保证金制度。凡经过批准有资格的交易者，必须向所进入的市场拨付一次性定额资格保证金，这笔保证金仍归拨付者所有，主要用于交易资格及信誉保证，由市场的结算部门代管。退出市场时，保证金如数退回。

(3) 定期开市制度。市场可以根据实际情况和国家的有关政策明确限定各自的交易日期，交易日期一旦确定下来，就不得随意变动和更改，否则须通过市场管理机构来决定。

（4）限定价格制度。粮食批发市场内当日成交的粮食价格不能超过规定的升降幅度。当市场出现价格暴涨暴跌时，市场管理者有权宣布闭市和交易合同无效。同时，报请有关部门采取粮食吞吐措施，稳定粮食市场。

（5）交易合同制度。粮食批发市场在交易过程中采取一系列合约的方式，但是这里的合同与期货交易作为"买空卖空"的标准化合同不一样，这里的合约是现货合约，能够到仓库提取到合约所规定的产品。

（6）公开叫价制度。如拍卖、协商价格等。粮食交易市场既要按规范的现代市场规则运营，又应符合中国的实际，采取联系实际的方式，如现有的拍卖、协商交易等。

（四）粮食批发市场的三级层次

我国粮食商品交易市场是具有中国特色的市场体系，即期货市场—粮食批发市场—城市零售市场与农村收购站。其中批发市场是我国粮食交易市场的骨干，由三级层次构成：

1. 中央粮食批发市场

在粮食商品主要集散地、交通转运中心和消费者密集的大城市建立全国性的跨地区、跨部门的中央粮食批发市场。中央粮食批发市场由国务院批准开办，国家粮食局指导，市场所在地的政府管理。它的主要功能是负责组织各省之间粮食的批发贸易，指导全国的粮食市场价格，平衡农产品市场供求。如郑州粮食批发市场现有会员300多家，年成交各类粮油40多亿公斤，成交金额近40亿元，交易辐射范围达20多个省、市、自治区。在调剂余缺、规范交易、价格指导、监督调解等方面都表现出了很多的优势，充分显示了国家级批发市场的实力。

2. 区域粮食批发市场（地方粮食批发市场）

它一般设在产地，由各省、市、自治区人民政府批准，同级粮食厅（局）管理，组织和监督区域内的粮食批发交易。中国幅员辽阔，粮食商品受地理条件影响大，单靠中央粮食批发市场的流通是很难实现的。尤其是在中央粮食批发市场尚不完善的情况下，培育区域粮食批发市场具有十分重要的意义。

3. 自由粮食批发市场（地方粮食批发市场）

自由粮食批发市场的规范性较差，其中办手续也要经当地政府和有关部门批准，领取营业执照后才可开办。它交易的规模较小，甚至也进行少量的零售交易。一般来说，自由粮食批发市场与粮食集贸市场有着紧密的关系。

这三级粮食批发市场都应是独立的市场组织，同政府机构间没有行政隶属关系，但是政府有义务加以扶持。在建立了中央、区域、自由三级粮食批发市场后，把全国的粮食交易置于政府的监督、指导、控制之下，有助于建立正常的粮食市场秩序。

（五）规范的粮食批发市场与自发形成的粮食批发市场的区别

一般前者为粮食商流市场，后者是粮食物流市场，这两类粮食市场的区别主要可以归纳为五个方面：

（1）交易品种范围不同。前者交易的品种主要是小麦、稻米、玉米、大豆、花生、芝麻等几个大宗品种，后者交易品种繁多且复杂，范围较广。

（2）交易参加者不同。前者对交易参加者有严格的限制，只有取得了会员资格的单位才可进场交易，因此社会参与度较低；后者对交易参加者的资格没有限制，国有企业、集体企业、个人或混合所有制企业都可以进场交易，其社会参与度较高。

（3）交易方式不同。前者采用的交易方式比较单一，主要有拍卖方式、协商买卖方式、信托交易方式，一般采用代理结算方式，即市场的结算机构代买卖双方结算，高效安全；后者采用的交易方式比较灵活多样，但是大多采用传统的"一对一"谈判买卖方式，基本实行当面现金结算，效率低，风险大。

（4）管理规章制度不同。前者一般都有一套完整的市场内部管理规章制度；后者相对较自由，具有地方性的特点。

（5）投资主体和方式不同。前者的投资主体是中央或地方政府；后者的投资主体多元化，有地方政府、部门、企业、个人等。随着改革的深入，政府由直接投资改变为间接通过财政税收进行支持，不直接进行市场投资和管理。

（六）粮食批发市场与粮食期货市场的关系

粮食期货市场是指在特定的粮食商品交易所内进行粮食标准期货合约买卖的场所。它脱胎于粮食批发市场，因为粮食批发市场的现货交易难以解决发现未来预期价格和规避风险的功能。粮食批发市场和粮食期货市场的相同之处是都存在着管理主体，区别在于：

（1）粮食批发市场所从事的经营活动是粮食的现货交易，而粮食期货市场所从事的是标准化合约交易。

（2）粮食批发市场进行的是实物性的粮食商品流通，粮食期货市场则是信用制度在流通领域的扩展，是一种新形式的保险活动。

（3）粮食批发市场的粮食商品没有过多的限制条件，而粮食期货市场上交易的粮食商品必须是标准化、规格化、耐储藏的粮食品种。

三、粮食交易市场的发展趋势

（一）总体判断

我国粮食市场目标模式是以粮食收购市场和零售市场为基础、批发市场为骨干、国家粮食交易中心为龙头、期货市场为先导，商流与物流、传统交易与电子商务、现货与期货有机结合的统一、开放、竞争、有序、安全的粮食市场体系。

随着我国社会主义市场经济的完善，粮食市场化是一个大的方向，它表现为：粮食市场的地位将逐渐提高，作用将逐渐增大；粮食法律法规体系将逐步健全；粮食市场与全球市场的联动性增大；粮食市场在引导生产和消费方面的作用将增大；粮食企业将真正成为市场的主体；粮食经纪人将在市场中发挥较大作用等。

（二）发展趋势

(1) 大型化趋势。粮食交易市场的规模将呈现不断增大的趋势，表现为亿元以上商品交易市场数量减少，但是交易量和交易额呈现增长的趋势。但是在粮食市场体系中需要不同类型的粮食交易市场的优化结构，粮食交易市场也不是越大越好，许多具有特色的中小型粮油交易市场将发挥越来越重要作用。

(2) 综合化趋势。粮食交易市场将呈现商流、物流、信息流、资金流以及大量的采购或销售流，以商流为核心的"五流合一"体系是一个发展趋势，同时功能也呈现出多样化的趋势，如交易、信息、展示、结算、物流、配送、融资、质检、进出口等多种功能。

(3) 多样化趋势。粮食交易市场的类型也呈现多样化，如网上与网下、商流与物流、开放与封闭等创新型粮食交易市场也不断会出现。

(4) 国际化趋势。许多粮食交易市场（特别是港口城市）成为国际性的粮食进出口集中和发散中心，成为联结中外市场的重要节点。

(5) 市场化趋势。许多粮食交易市场采取股份制、上市等多种现代企业制度形式，用现代企业制度来进行商品交易市场的运作。

(6) 现代化趋势。许多粮食交易市场采取了现代科技进行经营与管理，使交易、信息、物流、展示、结算更具现代化气息。

(7) 一体化趋势。在计算机和网络技术的支撑下，许多粮食商品交易市场可以采取异地、同步进行远程交易，商品交易市场可以进行即期、远期、期货交易（进行远距离的期货交易），因此，在现代市场经济条件下，没有必要再新建期货交易所，因为通过计算机和网络技术可以打破时间和空间的限制。

四、粮食经纪人与商品交易市场的关系

目前我国粮食经纪人主要由城市粮食经纪人和农村粮食经纪人构成，而不仅仅是指农村的流动经纪人。城市粮食经纪人包括粮油经纪公司、期货公司、代理公司等构成。

我国农村粮食经纪人类型主要有四种：一是有固定经营场所，已办理《粮食收购许可证》和《工商营业执照》的个体粮食加工户；二是有固定经营场所，已办理《粮食收购许可证》和《工商营业执照》的个体粮食经营户；三是无固定经营场所，年收购量在50吨以下，未办理《粮食收购许可证》的粮食经营人员；四

是原国有粮食企业的下岗职工。

目前，农村粮食经纪人的发展还处在初级阶段，从这支队伍的整体来看，主要还存在整体素质较差、组织程度偏低、缺乏约束力、各地农村粮食经纪人发展不平衡、"无证"经营严重干扰粮食市场等问题，应注意加以引导，抓紧农村粮食经纪人的培育与发展。在现代市场经济条件下，粮食交易市场需要大量的经纪人，粮食经纪人与市场不可分割。

第三节　北京市商品交易市场结构创新

一、北京商品交易市场结构现状的特点

（一）亿元商品交易市场迅速增加

2000年北京有亿元以上商品交易市场62个，到2012年达到143个，还有大宗商品交易市场29家。2007年摊位数为9.55万个，营业面积达到623.48万平方米，交易额超过1512.27亿元，2012年北京亿元以上商品交易市场摊位数为13.33万个，营业面积达到737.08万平方米，交易额超过3045.70亿元。北京现有各类商品交易市场1306家（含亿元市场），其中停业的有114家，比例接近一成，比例出租率不满50%的有249家，占比近20%[①]。

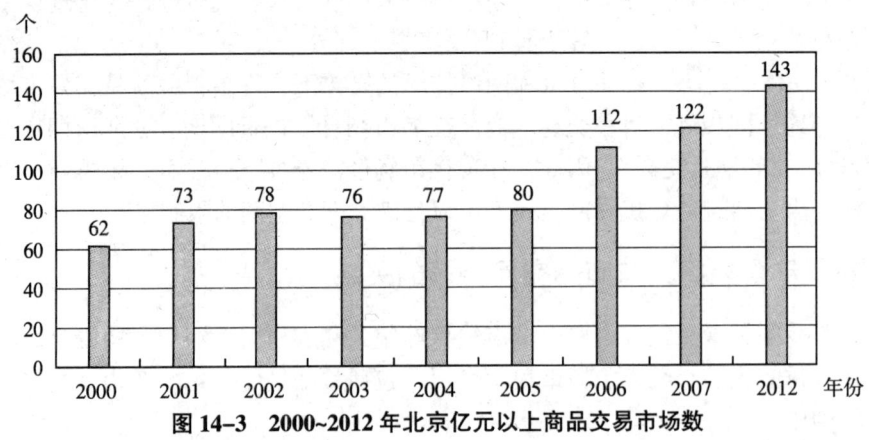

图14-3　2000~2012年北京亿元以上商品交易市场数

---

① 楚超.北京近两成批发市场空置率过半［N］.北京商报，2013-08-19.

（二）城市功能拓展区集中了近半数市场

从区域分布看，朝阳区、丰台区和海淀区是市场分布最集中、成交额较大的地区。从2007年的数字来看，城市功能拓展区占全市46.6%的市场个数，创造了占全市75%的市场成交额；城市发展新区市场个数占全市的26.5%，但成交额只占全市的16.5%；首都功能核心区市场个数占全市的14.9%，成交额占全市的5.6%；生态涵养发展区市场个数占全市的12.0%，但成交额仅占全市的2.9%。

（三）市场的经营环境有较大的改善

从经营环境看，北京市封闭式市场成交额占全部成交额的比重已达65.8%。2005年末，全市有548家为封闭式市场，占全部市场数量的比重为67.2%；露天式市场217家，占市场数量的26.6%；其他市场50家，占市场数量的6.2%。

（四）常年性营业市场较为普遍

从营业状态看，北京市商品交易市场绝大部分为常年性营业，其年成交额占全部成交额的比重为99.2%。全市有772家市场为常年性营业市场，占全部成交额的比重为94.7%；季节性营业的市场有19家，占2.3%；其他市场有24家，占3.0%。

（五）商品交易市场中零售市场占主体

北京市商品交易市场多数直接服务于最终消费者，2005年全市有664家市场为零售市场，占全部市场的81.5%；批发（或以批发为主）市场151家，占全部市场的18.5%。但批发市场的成交额大于零售市场，2005年零售市场成交额为434.1亿元，占43.2%；批发市场成交额为571.2亿元，占56.8%。

（六）1996年以后开业的市场占大多数

从开业时间看，北京市商品交易市场大多开业十几年。全市有344家市场为2001年以后开业的，占全部市场数量的比重为42.2%；有310家市场为1996~2000年开业的，占38%。这两者占全部市场数量的80.2%。有106家市场为1991~1995年开业的，占13%；有39家为1981~1990年开业的，占4.8%；有16家为1980年前开业的，占2%。

（七）地域分布由内向外扩散

从市场地理位置看，北京商品交易市场呈现由内向外扩散的趋势。2005年末，全市有71家市场位于二环路以内，占全部市场数量的比重为8.7%；有107家市场位于二环路至三环路以内，占13.1%；有146家市场位于三环路至四环路以内，占17.9%；有113家市场位于四环路至五环路以内，占13.9%；有149家市场位于五环路至六环路以内，占18.3%；有229家市场位于六环路以外，占28.1%。

（八）综合市场和专业市场平分秋色

从市场类别看，北京市有387家商品交易市场为综合市场，有329家为专业市场，99家为其他市场，各占47.5%、40.4%和12.1%。综合性市场和专业性市场各具特点。

（九）农产品批发市场具有举足轻重的地位

北京商品交易市场以消费品市场为主，农产品综合市场的成交额巨大，占全部成交额的40%以上。至今比较活跃的大型市场有新发地农产品中心批发市场、岳各庄农副产品批发市场、玉泉路粮油批发市场、八里桥农产品中心批发市场、北京农产品中央批发市场、八达岭蔬菜交易市场、顺鑫石门农副产品批发市场、大洋路综合批发市场、花乡花卉市场、昌平水屯农副产品批发市场等，具有较大的社会和经济影响。

（十）北京服装商品交易市场的变化

1. 零售型市场由城市中心区转向周边

目前北京已有几百家不同规模的服装市场，几乎遍布京城的各个角落，比较有名的有"动物园批发市场"、万通、三里屯、木樨园、秀水、天兰天以及天通服装尾货市场等。这些已经成型的服装市场多以服装的批发和零售为主打，有的市场甚至在经营服装的基础上向小商品、百货等多元化领域拓展。

2. 一些小商品市场升级改造成购物中心

2006年万通、官园等小商品市场陆续升级改造完成，购物环境、服务水平、产品经营等方面都有明显提升。一些国内外二线品牌也纷纷进驻小商品市场。而西单华威、明珠、女人街等市场也有明确定位，成为时尚青年的"淘宝"之地。一些消费者表示，去小商品市场购物越来越像到购物中心"血拼"，市场里全方位的购物体验与大商场无异。

3. 服装基地引领批发市场升级

2007~2008年陆续落成使用的各大服装产业基地和专业市场虽然都是围绕服装产业的整体需求进行经营定位，但是也有着不同的特点，比如大红门服装商贸区以贸易为主，北京国际时尚中心侧重引进品牌，英超国际服装研发设计产业园则偏重于设计研发。

4. 服装市场同业竞争优胜劣汰

目前京城服装批发市场的激烈竞争已进入白热化，随着市场的规模化程度大大提高，也抬高了市场的准入门槛。市场经营者都在争取构建大面积、高品位、全系列的中心市场，获取聚众效应，在北京服装专业批发市场发展史上，浙商开办的市场已稳居主导地位。

5. 市场分工越来越细化

对于新建市场，许多投资人首先要对周边消费群体进行周密调查，在得到翔实的资料之后再进行市场定位。比如对于市场潜在消费能力和饱和度的调查，从城市服装批发业的整体规模、发展速度、发展状况进行宏观的分析，然后对本区域商圈内重要的商业设施进行摸底调查，包括经营规模、经营状况、租户结构、市场购买力等。

6. 市场与服装生产加工业相互联动

许多北京服装批发市场经过十多年的探索，在当地已建成产、供、销紧密结合的稳固产业基础。服装企业在大红门各大批发市场购买摊位，开设窗口，辐射国内外市场；在丰台、大兴等城乡结合部兴建服装加工厂，形成"前店后厂"；目前在大兴南小街、德茂庄一带已集中了600多家大、中型服装加工厂，每个厂都具有随机应变的设计加工能力。在大红门，浙江乐清商人开办了方仕国际轻纺城、威涛服装辅料城等批发市场，集中了来自全国的服装面料、辅料畅销产品，可以确保服装加工企业就近得到面料、辅料供应，从而能够使服装批发商快速跟进市场，把握消费潮流，降低流通成本。

7. 市场有成熟的批发物流网络支撑

各大专业市场集中了商户长期培育的产品经销网络，从批发店到遍及城乡大大小小的零售店，这张巨大的网已经覆盖了中国北方，并伸向国际市场。以百荣世贸商城为例，一、二期总建筑面积70万平方米，市场商户近1万户，经营品种近10万种，产品实现销售，对促进市场繁荣起到了关键性作用。

（十一）北京汽车交易市场具有较大影响

北京汽车交易市场是全国汽车销售的晴雨表，其特点不仅显示汽车销售量的变化，也对汽车文化、流行趋势、新品展示有着举足轻重的展示作用。未来北京市的汽车销售网点可以分为汽车博览中心—综合汽车交易市场—汽车专卖店—小型汽车修理及配件店4个层次。

北京亚运村汽车交易市场成立于1995年，2006年整体搬迁至奥运公园北侧，更名为北京北辰亚运村汽车交易市场中心，占地300亩，建筑面积15万平方米，集新车销售、二手车销售、汽车维修、汽车美容于一体，日均客流量3000多人，年销售新车8万余辆，年交易额达120多亿元，新车销售量占北京销售量的1/5，进口汽车销售量占全国销售量的1/5。近两年来受政策影响，销售增幅有所下降。

（十二）涌现出了许多特色商品交易市场

近年来出现了许多具有特色的商品交易市场，如红桥珍珠市场、北京永外城文化用品市场、集美建材家居市场、马连道茶叶街区型市场、秀水街市场、雅宝路市场、天兰天服装尾货市场、婚订服务商业街、报国寺邮票收藏市场等。

（十三）北京图书批发市场十分活跃

近十几年来，先后有北京图书批发交易市场（1993年5月11日开业）、北京市首都图书音像批发市场等相继开业。2007年11月8日，全国规模最大的图书批发市场——北京出版发行物流中心在通州区台湖开业，有50万种图书展销，同时国内最大的国有网络书店——北发图书网（www.beifabook.com）开通，整合了北京图书大厦、王府井新华书店、中国书店等近10家网络书店的资源。

（十四）中关村电子卖场也在进行结构调整

2007年中关村电子卖场面积达到32万平方米，相当于44个足球场。那时北京有近70%的电子产品是由中关村卖出的。鼎好、海龙等电子卖场也成为中国电子产品零售业主渠道。近几年来，政策驱动与电商来袭让中关村电子卖场的地位逐渐下降。2013年京东电子商务交易额超过1255亿元，相当于2010年中关村电子卖场最红火时销售额的5.43倍。

二、北京与上海、天津、重庆亿元市场的比较分析

（一）北京市场成交额与上海相比悬殊较大

2012年，北京有亿元以上商品交易市场143个，实现商品成交额3045.7亿元，占全部成交额的80%；上海有亿元以上商品交易市场188个，实现商品成交额10778.64亿元，2007年最大的上海市物质中心有色金属交易市场交易额超过910.78亿元，居全国之首。2012年上海市场总成交额为北京的2.54倍。

表14-2　2006~2012年4个直辖市亿元以上商品交易市场的比较

直辖市	亿元以上商品交易市场				
	年份	市场数量（个）	摊位数量（个）	营业面积（万平方米）	成交额（亿元）
上海	2006	127	48645	271.56	2649.95
	2007	144	59112	415.27	3770.80
	2012	188	84332	963.85	10778.64
北京	2006	112	99352	610.24	1222.78
	2007	122	95530	623.48	1512.23
	2012	143	133332	737.08	3045.70
天津	2006	68	40800	451.09	980.55
	2007	75	48896	288.31	1261.21
	2012	78	53718	503.40	2276.32
重庆	2006	76	55044	322.95	770.55
	2007	83	58880	403.81	938.73
	2012	133	93117	655.00	3130.72

资料来源：国家统计局贸易外经司等.中国商品交易市场统计年鉴（2007）[Z].北京：中国统计出版社，2007.

（二）北京市场更侧重于为居民服务

据2005年的市场资料，北京成交额排在前三位的市场是：①食品、饮料、烟酒类市场；②汽车类；③其他市场。其成交额占全部成交额的比重分别为

53.4%、14.1%和12.6%，其余22类市场的成交额所占比重均低于5%。上海成交额排在前三位的市场是：①金属材料类市场；②化工材料及制品类市场；③食品、饮料、烟酒类市场。其成交额占全部成交额的比重分别为69.2%、10.1%和9.9%，其余22类市场的成交额所占比重均低于4%。

(三) 天津大型商品批发市场建设加快，成交增幅明显

近年来，天津市建设与改造了一批大型专业批发市场，管理经营档次提高，集散辐射功能大大提升。2012年天津有各类批发交易市场78个，总成交额为2276.32亿元，增长较快。

三、北京商品交易市场存在的问题与未来发展的建议

(一) 北京商品交易市场存在的问题

1. 商品交易市场的社会地位不高

近几年来，随着北京商品交易市场的作用不断发挥，地位也在逐步提高，政府先后出台了一系列鼓励商品交易市场交易创新、管理升级的政策。如2006年3月15日，北京市出台了《关于鼓励支持和引导个体私营等非公有制经济发展的意见》，停止针对个体工商户的最后两项行政事业性收费——集贸市场管理费和个体工商户管理费；2007年出台了《北京市商品交易市场设置管理规范》的行业标准等。但是，人们对商品交易市场的地位和作用认识不深刻，将商品交易市场看做传统的、落后的形式，或者用发达国家的市场模式套中国的市场体系及其发展趋势等。

2. 法律、法规体系建设滞后

北京有各类商品交易市场1000多家，但至今没有《商品交易市场管理条例》，在四个直辖市中，上海、天津、重庆都颁布了《商品交易市场管理条例》，但也没有相应的商品交易市场法规。早在1997年9月，北京市人大常委会颁布并实施了《北京市生活消费品、生产资料市场管理条例》，但是，目前已经不能够适应经济和社会发展的实际。随着改革开放力度的加大，北京的经济建设飞速发展，应尽快出台《北京市商品交易市场管理条例》及相应的法规。

3. 商品交易市场的许多政策性问题没有解决

(1) 商品交易市场门槛需要确定。北京服装、建材家居市场、家电市场、IT市场、文化用品市场、农产品市场、尾货市场发展迅猛，商品交易市场盲目建设，布局不合理，过度竞争严重。近几年来，商品交易市场面临着激烈的市场竞争，每年有大量的商品交易市场产生，也出现了一些市场关门或停业的现象。商品交易市场的结构性矛盾也十分突出，商铺过剩问题十分严重。

(2) 商品交易市场政策不完善。①商户重复登记。商品交易市场由许多商户构成，商户应办理工商营业执照，但是，一个商户可能在几个市场设点，因此，

如果设一个点办一个执照，可能会出现"一户多照"的情况，增加商户的成本。目前许多连锁经营企业门店已经解决了由法人单位办理执照，而不是每一个门店都办理执照，但是，现在这一制度还没在商品交易市场落实。②现行《汽车品牌销售管理实施办法》自 2005 年 4 月 1 日实施以来，厂家在售后尤其是配件纵向垄断方面日益突出，至今未得到有效解决。

4. 一些商品交易市场位于城市中心区

由于一些市场处于城市中心区，严重影响了城市的交通环境、市容等。2007 年，北京商品交易市场有 46.6% 位于城市功能拓展区内，交易额占 75%，根据北京的城市定位，应尽快剥离其"批发和物流"功能，但这是一项十分艰巨、长期的任务，需要政府、行业协会、市场、商户的共同配合。

5. 交易方式多样性仍不够

建材市场摊位租赁型为主要方式，而门店集市型、超市管理型、混合型、摩尔型所占比例较少。我国的商品交易市场价格由买卖双方一对一的谈判而形成，这种个别协商形成的价格难以保证价格的公正性，不能完全反映供求关系。产地与销地缺乏一种成梯度的有机结合的关系，市场利润分割不透明，价格波动过大。在商品交易市场交易中欺行霸市、强买强卖现象时有发生。

6. 商品物流配送服务滞后

一些商品交易市场物流配送的发展严重滞后，其科技含量较低，且主要局限于批发和零售环节，生产资料市场的生产性配送较为薄弱。配送的社会化服务程度也十分落后，商品交易市场的配送与其他零售业态和连锁经营方式的结合程度较低。

7. 市场管理相对滞后

许多商品交易市场的管理规则也不健全，当前的管理仍是人治大于法治，一些地方在"管办分离"过程中出现的工商部门仍然与市场服务中心争抢收费，这种"双重收费"的负面效应较大。许多商品交易市场的服务不健全，重经营性服务，轻社会性。有些商品交易市场安全问题十分严重，如火灾隐患严重、欺诈偷窃、强买强卖、欺行霸市等。

8. 商品价格功能、展示功能发挥不够

①价格功能的发挥不够。许多商品交易市场还未形成价格中心。②商品的展示功能也没有充分发挥。当前大多数批发市场发挥的主要功能是交易功能，商品展示功能发挥的不够。③代理中介机构也不足，现存的机构有些不够成熟，行为还不规范等。

9. 行业自律组织的作用没有得到充分发挥

北京市商品批发市场类型较多，结构复杂且不合理，再加上政出多门，缺乏协调一致的管理，因此，很难形成统一、开放、竞争、有序、安全的商品批发市场体系。北京许多市场行业协会组织的作用没有得到充分发挥。

(二)北京商品交易市场发展的政策建议

1. 北京商品交易市场发展的原则

(1) 应考虑环渤海经济区域市场结构。北京市商品交易市场结构调整应与环渤海经济圈内商品交易市场结构调整有机结合,形成一个结构合理、功能协调的环渤海商圈市场体系,形成与山东、河北等省份以及天津、河北(石家庄、廊坊、白沟、保定、正定)、大连、济南、青岛、烟台等城市相互协调的商品交易市场体系。

(2) 应考虑北京城区人口的变化趋势。根据北京市人口规划调整结构。2013 年,北京总人口达 2114.8 万人,中心城区人口将由现在的 650 万人下降到 540 万人,旧城区年均外迁 4 万人。这是调整商品交易市场空间结构的重要依据之一。

(3) 应充分考虑北京市消费群体的多层次性。2013 年末,北京市常住人口 2114.8 万人,其中外来人口 802.7 万人,户籍人口与外来人口的收入差距较大,常住人口与流动人口的差距较大;北京城镇居民的收入差距较大,2007 年,在北京市城镇居民家庭中,20% 的低收入家庭和 20% 的高收入家庭人均可支配收入分别为 6829 元和 28005 元,同比分别增长 15.1% 和 15.5%,高低收入比为 4.1∶1;北京城乡收入差距较大,城镇居民人均可支配收入达到 21989 元,农村居民人均纯收入 9559 元,城乡人均收入比为 2.3∶1。这种多层次的差距必然反映到市场上来,高档奢侈品消费与普通大众消费品消费同时存在,使北京商品交易市场与其他业态形成明显的多层次性。可见,北京大量的奢侈品消费族,以及大量民工与学生族等多层次消费群体,是北京市商品交易市场结构调整不容忽视的客观现实。

2. 北京商品交易市场的总体规划完善和实施

根据北京市经济和社会发展情况的变化,需要对现有的商业布局及其规划进行调整,完善北京商品交易市场的新规划,避免商品交易市场的盲目投资和趋同竞争,将北京商品交易市场与其他商业零售业态有机结合,形成一个相互联系、相互依存、共同发展的有机整体。

(1) 商品交易市场的总体目标。2013 年北京商品交易市场达到 1200 多个,成交易额达到 3000 亿元,亿元以上商品交易市场达到 140 多个,摊位数达到 13 多万个,营业面积达到 737.08 万平方米。

(2) 商品交易市场结构调整。北京市应进一步限制小商品市场的数量,完善城市农产品批发市场基础设施,积极支持新发地农产品批发市场,在河北发展产地型农产品批发市场,在城市外围适当地区重点培育发展大型一级农产品批发市场。小商品交易市场按照"控制数量、促进合作、发展专业、转型创新、服务生活、完善布局、形成枢纽、扩大辐射"的原则，优化布局，提升水平。限制二环路以内小商品市场的发展，鼓励现有的小商品市场改造、转型或迁出；东西北四环路以内严禁新增小商品批发市场；东西北四环路和五环路之间限制新建大型商品交易市场。根据南城新规划发展南城商业。鼓励农贸市场升级改造，向社区菜市场转型，郊区各类商品交易市场要以满足新城发展和居民生活为目标进行升级改造。

（3）明确北京商品交易市场的发展重点。①调整提高四环路周边各类专业市场和批发市场的布局和水平，禁止在城区内新建商品交易市场，逐渐形成向城外辐射的商品交易市场结构，并提高其现代化水平。②完善和分流大型农副产品批发市场为中心批发市场，形成以新发地、通州等10大农产品批发市场为骨干的农产品交易市场体系。③以城区批发市场为基础，进行区域性批零市场的改造。转型一批商品交易市场，撤销一批商品交易市场。④培育社区菜市场、生鲜超市、电子菜箱、智能菜柜的建设，形成农产品批发市场—菜市场—生鲜超市、电子菜箱、智能菜柜、车载市场体系。⑤适应消费和流通的新变化，培育发展25条特色市场，与特色商业街、步行街等街区型市场升级相结合，形成一批具有北京特色的市场。

（4）加强商品交易市场诚信银行建设。针对商品交易市场的信用状况（A、B、C、D四个类别），采取不同的监管方式。A类市场要求交易商品明码标价；没有发生过重大或严重商品质量安全责任事故和销售国家明令禁止交易商品的行为；消费纠纷解决率达到95%以上；市场开办单位与场内经营者全部签订进场经营合同，双方权利义务责任明确；涉及商品安全质量保障、知名品牌商品保护、消费者权益保护等主要责任条款，双方要具体、清晰地约定。还有一些"硬件"条件要求，如市场内须配备市场交易安全电子监控设备设施，在市场内的显著位置建立信息公示牌，及时发布商品质量监测、消费者申诉处理、场内经营户的奖惩及违法违规等信息。

（5）加强北京商品交易市场的税收征管。应进一步完善北京商品交易市场的税收征管，做到坚持查账征收，完善户籍制度，防止漏征漏管，推行电脑定税，强化以票管税，建立科学的管理机制。税务机关应采取培育市场的原则完善税收征管，要充分考虑商品交易市场中商户的特殊性，可以允许其在同城"一主多铺"办理工商营业执照，进一步落实"2万元以内免税收"的政策。

（6）加强对商品交易市场的监管。政府要在宏观上加强管理和服务，把商品交易市场建设管理工作纳入法制化、规范化轨道，依法加强管理，将批发市场100%纳入质量安全监测范围。建立市场信息管理系统，可以强制市场经营者建账建制、使用发票或税控收款机等，把所有市场交易及管理信息纳入可管理、可调控的范围，真实反映经营情况。同时加大税收征管力度，实行查账征收、网络申报、电话申报等多种方式，据实纳税。

3. 加快推进现代化农产品交易市场升级

2013年末，北京人口超过2114.8万人，有2.5亿人次来自国内的游客和450.1万境外游客，80%的蔬果产品来自境外，因此，应加快推进现代化农产品交易市场升级，有条件的市场应积极采用电子化管理、电子化拍卖竞价、网上交易等现代交易方式，并积极引进代理、经销等现代营销方式。

4. 加快市场结构调整、升级改造、品牌创新

①加快蔬菜批发市场、菜市场、生鲜超市、车载市场的体系建设，实施分类指导，依法调整关闭一批农贸市场；②发展商品交易市场应根据当地城市建设规划以及周边经济现状和产业状况、人口密集程度等情况合理分布、科学规划、有效整合；③鼓励强势的大型市场兼并重组、输出管理模式去管理一些有场无市的"空壳市场"；④鼓励品牌市场利用现有市场品牌效应进行品牌输出。

5. 商品交易市场经营组织方式需要创新

应鼓励北京商品交易市场进行产权制度改革，培育有条件的市场上市，建立现代市场企业制度。应尽量减少"产权式"商铺所占的比例，加强市场的统一经营与管理。商品交易市场应加快市场组织创新、结构创新、形式创新。要积极采用现代流通技术，逐步完善商品交易市场的信息、结算、价格、质量监督等功能，建立现代化的电子报价、电子信息发布、电子统一结算系统，引导市场向现代化、国际化方向发展。

6. 加强对市场中重点商品名牌、质量的监管

针对少数市场中存在的重点问题进行重点监管，如品牌商品经营中的假冒伪劣产品，少数不法商户存在掺杂使假、缺斤短两、虚假标识和欺诈销售等违法行为，特别是涉及人民群众身体健康和生命安全的粮食、鲜肉、蔬菜、水果、水产品、酒类产品、饮料、糕点、乳制品、熟肉制品、调味品等食品和家用电器、移动电话、化妆品等商品，要作为监管的重点，严查销售过期霉变、有毒有害食品和"三无"、不合格商品。在加强日常检查的同时，应认真组织开展专项整治和商品质量监测活动，确保商品消费安全，严惩侵害消费者合法权益的违法行为，确保市场安全与稳定。

7. 培育特色市场创新

北京有许多特色商品交易市场，在全国乃至全球有较大的知名度和美誉度，如新发地农产品批发市场、新亚市汽车市场、集美建材家居市场、秀水街市场、雅宝路服装市场、北京永外城文化用品市场、马连道茶叶特色街区、天通尾货市场等，在全国具有较大的影响，政府应积极培育，促进其强势品牌市场的形成。

8. 引导商品交易市场积极转型

随着居民的消费升级和流通方式现代化程度的提高，商品交易市场需要具有创新管理以及更完善的设施和更清晰的市场定位；一些以零售为主的小商品市场可以转型为购物中心，实行统一收款统一结算；有些市场可以引进连锁店、专业店、品牌店，类似国外的专业购物街或购物中心；有些市场可以转为总代理、总经销集中的批发交易场，并进行商品配送；有些市场可以转向商品展示中心，有些市场可以转型为批发采购中心、创意中心，以发展多功能的批发会展经济等。

附件：关于进一步加强农产品市场体系建设的指导意见[①]

2014 年 2 月 27 日

近年来，我国农产品市场体系建设取得长足发展，在服务"三农"、保障和改善民生方面发挥了重要作用。但总体上看，我国农产品市场体系依然薄弱，流通成本高、流通效率低的问题仍然突出。为加快建设高效畅通、安全规范、竞争有序的农产品市场体系，现提出如下意见：

一、指导思想、基本原则和发展目标

（一）指导思想。深入贯彻党的十八届三中全会和中央农村工作会议精神，落实中央1号文件部署，处理好政府和市场的关系，厘清中央与地方事权。把增强公益性、高效性和稳定性作为农产品市场体系建设的主线，加快完善促进市场公平交易和提高流通效率的制度建设，着力健全符合统一大市场要求的体系架构和内在机制，集成流通科技进步的新型驱动力，切实发挥市场配置资源的决定性作用并更好地发挥政府作用。

（二）基本原则。

——加强规划。坚持立足当前和着眼长远相结合，综合考虑人口布局、交通和用地条件、流通设施基础，统筹规划农产品集散地、销地、产地批发市场建设，完善各具特色的区域农产品市场网络，优化农产品市场结构和布局。

——推动创新。立足实际，借鉴发达国家经验，不断创新发展理念，集聚技术、项目和要素，推进农产品流通方式创新、管理创新和组织制度创新。

——体现公益。在市场化运作基础上，加大政府投入力度，建立公益性保障机制，增强农产品市场公益性功能，发挥市场服务宏观调控的积极作用。

——协调发展。坚持以批发市场为中心，促进各类农产品市场协调有序发展。

[①] 国家商务部、国家发展改革委、财政部、国土资源部住房城乡建设部、交通运输部、农业部、中国人民银行国资委、税务总局、银监会、保监会、国家标准委等13部门联合发布。

健全产销衔接机制，促进农产品市场与农业生产、城镇化建设的统筹协调发展。

（三）发展目标。利用5~10年时间，健全统一大市场基础机制，优化农产品市场体系架构，提升农产品市场功能，规范农产品市场秩序，初步建立起以功能集聚的农产品批发市场为中心，以绿色便捷的农产品零售市场为基础，以高效规范的电子商务等新型市场为重要补充，有形市场和无形市场相结合、产地和销地市场相匹配的，统一开放、竞争有序、制度完备、业态多元、互动高效的中国特色农产品市场体系。

二、加强农产品市场规制

（四）加强立法工作

出台《农产品市场管理条例》，明确农产品批发市场基础性公共设施地位，规范农产品市场投资主体资格和市场交易行为，为农产品市场运营管理和公益化发展提供法律保障。鼓励地方加快出台地方性农产品市场法规，将农产品零售市场作为新建小区的公益配套建设纳入城市控制性详规，将农产品产地集配中心和田头市场纳入村镇规划。

（五）加强规划指导

加快制订全国农产品市场发展规划，建立商务、发改、农业、国土、住建等多部门联动的规划协调落实机制。地方要加快制订与国家规划相衔接的本地区农产品市场规划。坚持优化整合存量、适度控制增量的原则，结合本地区人口规模和布局、既有农产品市场基础、服务半径、资源禀赋、产业结构、产销区分布和交通条件等因素，合理布局流通设施。在我国优势农产品产业带和集中生产基地，规划建设一批全国性、区域性和农村田头等产地市场。鼓励按照特大城市双核或一主一副，大中型城市确保一个的标准，培育一批全国性批发市场，根据市场规模和发展需求辅以适量区域性批发市场。

三、优化农产品市场体系架构

（六）完善农产品市场骨干网络

在全国重要流通节点和优势农产品区域，推动农产品批发市场或物流中心升级改造，提升市场功能，加快打造一批具有国内外影响力的农产品集散中心、价格形成中心、物流加工配送中心和国际农产品展销中心。重点加强综合集配中心、冷藏储运、废弃物处理和信息化等流通基础设施建设。建设销地综合性加工配送中心、产地集配中心和田头市场，提升农产品流通"最后一公里"和上市"最初一公里"组织化水平。

（七）推动零售市场多元化发展

硬化细化"菜篮子"市长负责制，将农产品市场规划建设落实情况纳入考核机制。鼓励城市建立与市场发展相适应的菜市场管理机构。改进产销区域联动制度，以区域保障为主，搞活品种调剂流通，优化"菜篮子"供应保障模式。积极发展菜市场、便民菜店、平价商店、社区电商直通车等多种零售业态，推动连锁经营。鼓励将新建小区的菜市场作为公益性配套设施纳入建设规划。

（八）积极稳妥推进公益性农产品市场建设

建设改造一批长期稳定提供成本价或微利公共服务，具有稳定市场价格、保障市场供应和食品安全等功能的公益性农产品市场。推进农产品市场公益性功能建设，对享受政策扶持的农产品市场，逐步建立农产品市场发挥公益性功能的刚性约束机制。完善国有企业业绩考核机制，支持国有企业参与公益性农产品市场建设。以竞争性择优方式支持有条件的城市开展公益性农产品市场试点，在体制机制、法规政策、规划建设、市场监管等方面先行先试，总结成功经验，逐步向全国推广。

四、培育农产品现代流通主体

（九）增强市场培育现代流通企业能力

创新农产品批发市场服务模式，搭建多层次的生产性及生活性服务平台，增强市场服务及培育现代批发商及相关企业的能力，促进各类流通主体协同发展。加快培育农产品综合加工配送企业和第三方冷链物流企业。鼓励市场与批发商合作共建农产品流通产业链，建立市场培育和稳定现代批发商的长效机制。鼓励有条件的农产品批发市场积极培育农产品批发商联合体，提高流通组织化程度。

（十）促进新型流通主体发展

鼓励有条件的主产区省份探索推行农产品委托交易，通过地方立法或政策引导，建立发展委托交易的体制和机制，促进农民合理分享流通增值收益。加快培育专业大户、家庭农场、农民合作社、农民经纪人队伍、经销商、农产品批发市场经营管理者、农产品流通企业及市场流通服务企业在内的流通主体队伍，支持新型流通主体充分利用农产品批发市场平台，拓宽委托交易的渠道，提高主体在市场中的竞争地位与竞争能力。鼓励主销区省份建立产销合作基金，支持批发商与农民合作社加强合作，发展订单农业。

五、推动农产品流通创新

（十一）大力发展农产品电子商务

把农产品电子商务作为重要战略制高点，积极开展农产品电子商务示范培育工作。积极发展县域服务驱动型、特色品牌营销型等多元化的农产品电子商务模式。支持农产品批发市场依托场内加工配送中心或依托产地集配中心和田头市场，开展线上线下相结合的产销一体化经营。加强农产品电子商务服务平台建设，深入推进农村商务信息服务,力争在重点地区、重点品种和重点环节率先突破。

(十二)建设互联互通的信息化体系

开展农产品批发市场信息化提升工程,完善信息化管理系统,推广电子结算系统。依托农产品批发市场及多种类型农产品流通主体,整合各类涉农信息服务资源,构建覆盖生产、流通、消费的全国公共信息服务平台和多层次的区域性信息服务平台,促进农产品流通节点交易数据的互联互通和信息共享。建立、编制、发布农产品交易指数、价格指数和统计数据。支持引导农产品市场积极参与农产品流通追溯体系建设,实现来源可追、去向可查、责任可究。

(十三)提高农产品冷链流通率。支持农产品产地预冷、初加工、储存设施建设,将具有公益性质的农产品冷链设施列入流通基础设施指导目录。培育重点品种农产品冷链物流集散中心,形成一批具有集中采购和跨区域配送能力的农产品低温配送和处理中心。开展农产品冷链示范工程,支持流通企业整合上游生产和下游营销资源,促进农产品冷链与供应链、物联网、互联网的协同发展。

(十四)提升流通标准化水平。强化农产品流通标准体系建设,重点推进等级及包装标识标准化。支持龙头企业结合品牌建设推进产品标准化。鼓励农产品批发市场设立标准化销售专区。支持农产品仓储、转运设施和运输工具标准化改造。鼓励应用射频、卫星定位系统等现代信息技术,提高市场装备水平。推动绿色循环技术标准化应用,提升农产品市场节能减排水平。支持农产品批发市场开展环境及质量体系认证。

六、加强农产品市场监督管理

(十五)建立农产品市场信用体系。加强农产品批发市场信用体系建设,提供农产品市场信用认证和信用信息查询服务,实现全国性农产品批发市场信用信息共享。依法征集市场主体开展交易、经营产品质量、违法违规处理情况及其他信用信息,形成"黑名单"和"红名单"制度,引导经销商诚信守法经营。

(十六)完善农产品市场监管体系

将农产品市场体系建设作为发展现代农业、促农增收的重要领域,综合运用自律、经济、行政、法律等手段建立多部门联动的市场监管工作机制,着力清除农产品市场壁垒,重点打击通过不正当竞争抢占市场和垄断、控制市场交易等行为。对在农产品市场体系建设方面有显著成绩的单位和个人,按照国家有关规定给予奖励。建立农产品批发市场信息披露制度,加大安全审查和跟踪力度。建立完善投诉举报机制,充分发挥媒体、群众等社会力量的监督作用,打造"社会防火墙"。

(十七)发挥行业协会作用

将行业协会作为加强和改善农产品市场行业管理的重要支撑,指导行业协会健全各项自律性管理制度。加大政府向行业协会购买公共服务力度,支持行业协会参与行业调查统计、公共信息服务、产销衔接促进和标准化推进等工作。发挥行业协会优势,推进农产品市场国际交流与合作。

七、完善政策支持体系

(十八)创新财政投入方式

有条件的地方要整合财政涉农资金,探索采取政府回购、政府股权投资、建立基金等方式,支持公益性农产品市场建设,引导带动银行、保险等社会资本加大对公益性农产品市场建设的投入力度。鼓励将公建配套等多种国家投入作价入股。

(十九)落实完善税收政策

落实完善有利于农产品市场和批发商发展的税收政策。对于专门经营农产品的批发市场、农贸市场使用的房产、土地,按规定享受税收支持政策。对于使用电子结算的农产品批发市场及批发商,符合税法规定小型微利企业条件的,享受相关企业所得税优惠政策。

(二十)加大金融支持力度

加强宏观信贷政策指导,鼓励银行业金融机构创新开展农产品仓储设施抵押、订单、仓单质押贷款等多种信贷产品和"农产品流通企业+农产品批发市场+专业大户"等供应链融资模式,拓宽农产品市场抵押担保范围。支持大型银行业金融机构通过银团融资等方式促进农产品市场建设和农产品流通企业发展。积极支持融资担保公司对农产品批发市场及商户提供担保增信服务,培育优质农产品流通主体。联通农产品批发市场电子结算系统与银行结算系统,并鼓励对农产品批发市场商户银行卡刷卡手续费采取优惠措施。

(二十一)加大用地保障力度

在土地利用总体规划和城乡规划中统筹安排农产品批发市场用地规模、布局,优先保障符合农产品市场发展规划的市场用地供应。支持利用工业企业旧厂房、仓库和存量土地资源兴办农产品市场。在符合规划和用途管制前提下,鼓励农村集体经济组织依法以集体经营性建设用地使用权入股、联营等形式与其他单位、个人共同兴办农产品市场。

(二十二)加大运输保障力度

保障农产品运输的便利性,继续执行对整车合法装载运输鲜活农产品车辆免收车辆通行费的政策。利用科技手段提高鲜活农产品运输车辆检测效率,严厉打击假冒等违法行为,确保绿色通道的高效便捷通行。保障鲜活农产品配送车辆在城区便利通行和停靠。鼓励使用专用运输车辆进行鲜活农产品运输。

参考文献

1. 国家统计局. 2007年全国商品交易市场发展状况分析［A］. 中国商品交易市场年鉴（2008）［C］. 北京：中国统计出版社，2008.
2. 国家统计局，商务部，中国商业联合会. 中国商品交易市场统计年鉴（2008）［Z］. 北京：中国统计出版社，2008.
3. 国家统计局贸易外经统计司等. 2001~2014中国商品交易市场统计年鉴［S］. 北京：中国统计出版社，2001~2014.
4. 国家统计局等. 中国商品交易市场年鉴（2008）［Z］. 北京：国家统计局出版社，2008.
5. 国家统计局. 中国统计摘要2001［S］. 北京：中国统计出版社2001.
6. 国家统计局. 中国统计摘要2002［S］. 北京：中国统计出版社2002.
7. 国家粮食局课题组. 中国粮食批发市场发展研究报告［M］. 北京：经济管理出版社，2004.
8. 全国城市农贸中心联合会. 中国农产品批发市场行业通鉴［M］. 北京：中国农业科技出版社，2007.
9. 万典武. 当代中国商业简史［M］. 北京：中国商业出版社，1998.
10. 洪涛. 中国商品交易市场30年——体系与模式创新［M］. 北京：经济管理出版社，2008.
11. 陆江. 中国商品市场大全［M］. 北京：中国经济出版社，1996.
12. 丁俊发. 调整、创新、提升［J］. 中国商贸，2001（15）.
13. 李经谋. 2008中国粮食市场发展报告［M］. 北京：中国财经出版社，2008.
14. 任兴洲. 中国批发业如何面对21世纪——对我国商品批发市场发展趋势的几点思考［J］. 中国商贸，1999（11）.
15. 聂振邦. 确保国家粮食安全和粮油价格基本稳定［N］. 人民日报，2008-4-14.
16. 荆林波. 中国商品交易市场竞争力分析报告（2005/2006）［M］. 北京：社科文献出版社，2006.
17. 荆林波. 中国商品市场发展报告［M］. 北京：科学文献出版社，2007.

18. 徐柏园，李蓉. 农产品批发市场研究［M］. 北京：中国农业出版社，2000.

19. 郑勇军. 时空协同视角下的义乌中国小商品城演进历程分析［J］. 商贸经济，2006（12）.

20. 郑勇军. 浙江专业市场发展的前景及其对策［J］. 市场营销导刊，1994（4）.

21. 曲立涛. 牢固把握粮食物流的发展方向 建设区域性粮食市场［EB/OL］. 南京粮网，2008-5-2.

22. 刘丽琴. 我国应投建公益性的现代化农批市场——访北京八里桥农产品批发市场总经理赵尔烈［J］. 中国市场，2008（12）.

23. 周勇. 颠覆性思考农产品批发市场［N］. 名牌时报·超市周刊，2008-8-1.

24. 乔均，储俊松. 我国批发市场的现状物流探析［J］. 市场周刊（理论研究），2006（2）.

25. 王斌. 武汉市小商品市场发展与管理创新问题［J］. 湖北经济学院学报，2003（1）.

26. 黄子璎，李慧敏. 小商品批发市场业态的发展趋势［J］. 学术交流，2000（1）.

27. 张春法. 批发市场税收政策及管理研究［J］. 中国商贸，1999（2）.

28. 程炳卿，赖存理. 义乌小商品市场发展研究［J］. 浙江学刊，1997（2）.

29. 司丹. 关于建设与发展商品批发市场之我见［J］. 商业研究，2000（2）.

30. 方小山，肖大威. 专业批发市场发展动态研究及规划探析［J］. 城市规划，2002（10）.

31. 金鹏，季剑平，沈利发. 中国专业商品批发市场发展：原因、趋势及目标［J］. 济体制改革，1999（1）.

32. 肖怡. 广州市批发市场对现代流通功能的不适应及其发展对策［J］. 广东商学院学报，2005（1）.

33. 林家宏，温思美，罗必良. 企业办市场、企业管市场、市场企业化［J］. 中国农村经济，1999（9）.

34. 罗必良. 走向企业一体化——小商品批发市场的体制模式选择［J］. 南方经济，2001（3）.

35. 罗必良，温思美，林家宏. 市场化进程中的组织制度创新［M］. 广州：广东经济出版社，1999.

36. 温思美. 广东农村的市场化变革［M］. 北京：中国人民大学出版社，1993.

37. 温思美，罗必良. 论中国农产品批发市场的组织形式创新［J］. 学术研究 2001（1）.

38. 克里斯·安德森. 长尾理论 [M]. 北京：中信出版社，2007.

39. 菲利普·科特勒. 营销管理（第9版）[M]. 北京：上海人民出版社，1999.

40. 徐红. 国内市场繁荣活跃 [N]. 经济日报，1999-9-30.

41. 刘林青，王春芬. 汉正街竞争力减弱的系统思考 [J]. 商业时代，2004(21).

42. 王缉慈等. 创新的空间——企业集群与区域发展 [M]. 北京：北京大学出版社，2001.

43. 朱成晟. 浙江产业群 [M]. 杭州：浙江大学出版社，2003.

44. 王南方等. 汉正街当奋起追义乌 [N]. 长江日报，2003-7.

45. 聂丽娟. 武汉汉正街：托运部为何频频"蒸发"？[N]. 楚天都市报，2003-8-24.

46. 付涛. 白沟金盆洗手创品牌，义乌汉正街年内上市 [N]. 中国经营报，2001-6-26.

47. 田文会. "华商所事件"凸显大宗商品交易市场监管缺失 [N]. 财富时报，2008-7-13.

48. 闻目. 我国商品交易市场的税收征管 [J]. 中国税务，2002(6).

49. 戴永才. 浅谈如何加强专业市场税收管理 [J]. 市场经营决策参考，2008(14).

50. 李敏. 跨入新世纪的我国商品交易市场 [J]. 市场营销导刊，2001(2).

51. 卢福财，胡大立. 产业集群与网络组织 [M]. 北京：经济管理出版社，2004.

52. 胡宇辰. 产业集群支持体系 [M]. 北京：经济管理出版社，2006.

53. 胡彬. 零售业同业损害评估方法面临"重估" [N]. 中国商报，2007-3-2.

54. 张华，刘小军. 资本概念的再界定及特征探讨 [J]. 商业时代，2007(4).

55. 资料链接：净资本概念与内涵 [N]. 上海证券报，2006-1-9.

56. 陆军. 义乌商圈：形成机理与发展趋势 [J]. 商业经济与管理，2006(6).

57. 李圣军. 需求倒逼、供给推动与中国农产品冷链体系的建设 [DB]. 中国冷链产业网，2008-7-18.

58. 龙文军. 农产品行业协会发展的国际比较及对中国的启示 [J]. 世界农业，2007(4).

59. 李碧珍. 我国农产品物流模式演进分析 [J]. 当代中国史研究，2008(3).

60. 海南省政府研究室. 构建海南特色的农产品流通模式 [DB]. 价值中国网，2008-6-4.

61. 张庶平. 沃尔玛的成功在于把工业思想引入商业 [DB]. 中国商业联合会，

2008–5–22.

62. 习银生. 2006 年上半年玉米市场形势分析及后市展望 [J]. 农业展望，2006 (8).

63. 郑有贵. 农产品行业协会发育路径与政策选择 [DB]. 农业部农村经济研究中心，2007–12–7.

64. 王兢. 农产品批发市场存在的问题与发展思路 [N]. 农民日报，2007–6–22.

65. 洪岚，张滨. 现代农业科学和技术发展及其产业化问题研究 [J]. 陕西农业科学，2007 (3).

66. 马增俊. 政策导向与第三代批发市场建设 [DB]. 全国城市农贸中心联合会，2007–4–20.

67. 何亚东. 加强农村流通基础设施建设促进农村消费 [N]. 国际商报，2007–4–3.

68. 黎元生. 我国农产品批发市场组织机制：缺陷与创新 [J]. 青海社会科学，2006 (1).

69. 潘劲. 农产品行业协会发展中的政府行为分析 [J]. 中国农村观察，2004 (6).

70. 李永江. 中国流通业的发展趋势 [N]. 国际商报，2006–7–31.

71. 李永江. 关于中国流通业发展趋势的若干基本判断 [DB]. 中国管理咨询网，2006–7–12.

72. 胡德锌. 关于大力发展农民合作经济组织的思考 [J]. 重庆工商大学学报（社会科学版），2003 (4).

73. 王丽荣. 谈山西省农产品批发市场发展策略 [J]. 商业时代，2006 (17).

74. 崔凯. 食品物流：第三利润源 [DB]. 中国食品产业网，2006–6–13.

75. 郑海浪. 加快发展农产品现代物流 [J]. 中国储运，2005 (1).

76. 许庆军. 走近义乌——中国小商品城探秘 [M]. 北京：中共党史出版社，2006.

77. 何培松. 兴市之路 [M]. 北京：经济管理出版社，2005.

78. 靳远涛，姜文舫. 汉正街论坛文集 [M]. 武汉：湖北长江出版集团/湖北人民出版社，2007.

79. 洪涛. 我国中心批发市场及其现代化管理模式初探 [J]. 商业经济与管理，1998 (1).

80. 洪涛. 2000 年商贸流通理论观点综述 [J]. 北京工商大学学报，2001 (6).

81. 洪涛. 我国小商品批发市场面临的挑战和发展趋势 [J]. 中国流通经济，2000 (1).

82. 洪涛. 我国小商品批发市场面临的挑战和发展趋势 [J]. 商贸经济，2003 (12).

83. 洪涛. 大商场改办批发市场的理论思考 [J]. 市场营销导刊，1999 (2).

84. 洪涛. 我国农产品批发市场信息交流与网上交易的实现方式 [A]. 2000 年中国农副产品批发市场信息管理与网络建设研讨会会刊 [C]. 中国物流与采购联合会，2000.

85. 洪涛. 我国小商品批发市场面临的问题 21 世纪发展趋势 [J]. 学习与实践，2000 (12).

86. 洪涛. 农副产品批发市场如何持续发展 [N]. 人民日报，2000-10-9，中国人民大学报刊复印资料转载.

87. 洪涛. 重现金字招牌——小商品批发市场面临二次创业 [J]. 中国商贸，2001 (9-10).

88. 洪涛. 农副产品 e 化的六种模式 [J]. 中国商贸，2001 (15).

89. 洪涛. 充分发挥粮食批发市场的功能，促进我国粮食市场化取向改革 [A]. 2001 年 8 月全国粮食批发市场研讨会演讲集 [C]. 2001 (20).

90. 洪涛. 充分发挥批发市场的功能作用，促进国民经济发展 [J]. 市场营销导刊，2001 (5-6).

91. 洪涛. 21 世纪我国商品批发市场的发展趋势 [A]. 中国国内贸易年鉴 2001 [C].

92. 洪涛. 构建北京市现代化农副产品流通市场体系的基本思路——建立和完善与入世、绿色奥运、国际化大都市相适应的市场体系 [J]. 首都经济（现北京投资），2002 (4).

93. 洪涛. 完善和创新粮食交易市场体系和功能，促进我国粮食市场取向改革 [J]. 粮食科技与管理，2002 (4).

94. 洪涛. 俄"禁商令"引发中国商品交易市场反思 [N]. 中国商报，2007-3-2.

95. 洪涛. 对俄罗斯非理性"禁商令"的关注与反思 [N]. 市场经营决策参考，2007 (5).

96. 洪涛. 国有流通企业改革模式创新 [M]. 北京：经济管理出版社，2006.

97. 洪涛. 流通基础产业论 [M]. 北京：经济管理出版社，2003.

98. 洪涛. 流通产业经济学 [M]. 北京：经济管理出版社，2007.

99. 洪涛. 中国粮食市场大趋势 [M]. 北京：经济管理出版社，2004.

100. 洪涛等. 北京流通产业结构创新报告 [M]. 北京：知识产权出版社，2008.

101. 洪涛. 市场服务中心"应加快再转型——工商局"管办分离中存在的问

题及其走向［J］. 现代装饰市场，2004（D12）.

102. 洪涛. 商品交易市场下一步如何走［N］. 经济日报，2005-02-25.

103. 洪涛. 升级改造、管理创新、诚信规范——2005年中国商品交易市场的三大主题［J］. 北京市财贸管理干部学院学报，2005（1）.

104. 洪涛. 升级改造、管理创新、诚信规范——商品交易市场三大主题［N］. 市场报，2005-2-1.

105. 洪涛. 多模式创新　多形式升级　规范化的运作　增长方式转变——中国建材批发与零售市场的发展趋势［J］. 现代装饰市场，2005（4）.

106. 洪涛. 北京商品市场存在9大问题［J］. 北京财贸干部学院学报，2005（4）.

107. 洪涛. 建材市场孕育"生态商圈"［N］. 中国商报，2005-05-27.

108. 洪涛. 中国商品交易市场的几大特点［N］. 市场报，2005-11-24.

109. 洪涛. 商品交易市场存在10大问题［N］. 市场报，2005-11-30.

110. 洪涛. 品牌创新是市场制胜法宝［N］. 服装时报，2006-01-20.

111. 洪涛. 2005年中国商品交易市场回顾，2006年中国商品交易市场展望［J］. 中国市场，2006（3）.

112. 洪涛. 2005年粮食15大特点，2006年粮食12大趋势［J］. 中国市场，2006（3）.

113. 洪涛. 尽快建设现代化的棉花物流交易市场［J］. 中国市场，2006（2）.

114. 洪涛. 如何提高商品交易市场的核心竞争力［N］. 中国商报，2006-07-14.

115. 洪涛. 在结构调整中提高商品交易市场竞争力［J］. 中国市场，2006（8）.

116. 洪涛. 粮油交易市场：大型化趋势明显，盲目发展应该刹车——2005年我国亿元以上粮油交易市场增加96个［J］. 中国粮食经济，2006（9）.

117. 洪涛. 我国建材装饰市场电子商务与"装饰诚信通"革命［J］. 现代装饰市场，2006（11）.

118. 洪涛. 商品交易市场：调整与升级［J］. 中国市场 2007（2-3）.

119. 洪涛. 俄"禁商令"引发中国商品交易市场反思［J］. 中国商报，2007-3-2.

120. 洪涛. 我国商品交易市场的政策取向及其发展趋势［J］. 中国市场，2007（2-3）.

121. 洪涛. 俄罗斯的非理性"禁商"［J］. 中国外资，2007（4）.

122. 洪涛. 市场集群与市场联盟创新［J］. 现代世界，2007（4）.

123. 洪涛. 加快我国现代易货贸易的发展［J］. 北京工商大学学报，2007

124. 洪涛. 用四个统一监管商品交易市场［J］. 中国工商管理研究，2007（4）.

125. 洪涛. 商品交易市场的2007［J］. 中国市场·商品交易市场，2007（12）.

126. 洪涛. 2007年商品交易市场大事回眸［J］. 纺织服装周刊，2008（5）.

127. 洪涛. 中国商品交易市场走势与发展［J］. 纺织服装周刊，2008（8）.

128. 洪涛. 粮食市场营销模式与市场模式创新［J］. 粮食科技与经济，2008（2）.

129. 洪涛. 不容忽视的商品交易市场问题［J］. 中国物流与采购，2008（10）.

130. 洪涛. 我国建材市场的多资本运营模式探讨［J］. 现代装饰，2008（4）.

131. 洪涛. 中国商品交易市场走势与发展［J］. 中国市场，2008（8）.

参考文件/标准

1. 建立商品交易市场信用分类监管制度的指导意见
2. 全国粮食市场体系建设"十一五"规划
3. 大嶝对台小额商品交易市场管理办法
4. 农产品批发市场建设规范
5. 摊位制建材市场规范标准
6. 尾货市场规范与发展标准
7. 纺织服装专业市场建设和管理技术规范
8. 汽车交易市场管理暂行规定
9. 汽车品牌销售管理办法
10. 商品交易市场设置与管理规范
11. 浙江网上商品交易市场管理暂行办法
12. 北京菜市场管理规范

参考网站

1. 中华人民共和国商务部网站
2. 中华人民共和国农业部农业信息中心网站
3. 中国商品交易市场信息网
4. 中国专业市场信息网
5. 中国专业市场网 www.em.com.cn
6. 中国建筑装饰材料市场信息网
7. 全国城市农贸中心联合会网
8. 中国商品市场网

9. 中国商品交易市场
10. 中国批发市场研究中心——中国市场投资网

参考杂志
1. 中国市场·商品交易市场
2. 市场经营决策参考
3. 中国商品交易市场